**NEDERLANDSE ARCHITECTEN/
DUTCH ARCHITECTS**

BIS PUBLISHERS

NEDERLANDSE ARCHITECTEN
VOL. 9

004 VOORWORD / PREFACE
Door / by Rudolf van Wezel
006 FEITEN + CIJFERS / FACTS & FIGURES
Door / by David Keuning
008 #1: Leegloop en groei /
Exodus and growth
010 #2: Bouwen en slopen /
Building and demolition /
012 #3: Energieverspilling /
Energy wastage
014 #4: Recycling / Recycling

016 ARCHITECTEN / ARCHITECTS
018 4D architecten
020 A12 Architecten BNA
022 AAARCHITECTEN bv
024 van aken architecten
026 ARCADIS
028 Archipelontwerpers
030 Architecten aan de Maas
032 architectenbureau visser
en bouwman bv
034 ArchitectenConsort bv bna
036 architecten_|_en_|_en
038 Architektenkombinatie
040 archivolt architecten bv
042 Bureau B+O Architecten B.V.
044 BBVH Architecten bv
046 bd architectuur
048 BDG Architecten Ingenieurs
050 Böhtlingk
052 Cita: architecten bna
054 Crepain Binst Architecture nv

056 Dam & Partners -Architecten
060 DKV architecten
062 döll - atelier voor bouwkunst
064 ENGELMAN ARCHITECTEN BV
066 Factor Architecten bv
068 FARO architecten
070 Fillié & Verhoeven
072 FKG architecten aan de zaan
074 Frencken Scholl Architecten
076 Greiner Van Goor Huijten Architecten bv
078 Groosman Partners architecten
082 Henket & partners architecten
084 Van den Hout & Kolen architecten
088 hvdn architecten
090 IAA Architecten
092 Inbo
094 Jeanne Dekkers Architectuur
096 K3 architectuur en planning bv BNA
098 Klous + Brandjes Architecten bna
100 Architectenbureau Korbee
102 KOW
106 KuiperCompagnons
108 Bureau van der Laan
110 luijten|smeulders|architecten
112 MIII architecten
114 Maat architecten BNA
116 Marge Architecten
118 Mei Architecten en stedenbouwers
120 Min2 bouw-kunst
122 Molenaar & Van Winden architecten
124 Odeon Architecten bv
126 van den Oever, Zaaijer &
Partners architecten

DUTCH ARCHITECTS
VOL. 9

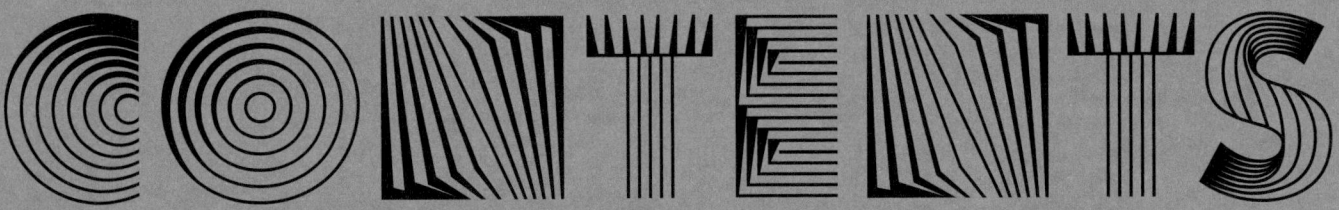

128 Ontwerpwerk
130 OPL Architecten
132 Oving Architekten bv
134 PBV architecten
136 Poolen Architekten
138 Quadrant Architecten bna
140 Quant Architectuur
142 SATIJNplus Architecten
144 SCALA architecten
146 Soeters Van Eldonk architecten
148 Spring architecten
152 Stijl Architectuur BV
154 SVP Architectuur en Stedenbouw
156 TANGRAM Architekten
158 Van Tilburg Ibelings von Behr architecten bv
160 Topos Architecten bv
162 UArchitects
164 architektenburo irs. VEGTER b.i.
166 Architectenbureau Weeda van der Weijden bv
168 Frank Willems Architecten bna
170 De Witte - Van der Heijden Architecten
172 De Zwarte Hond

174 INTERIEURARCHITECTEN / INTERIOR ARCHITECTS
176 Ontwerpburo Heilig & Buit
178 MERKX + GIROD BV
180 StudiOzo
184 workshop of wonders

186 STEDENBOUWKUNDIGEN EN LANDSCHAPSARCHITECTEN / URBAN PLANNERS AND LANDSCAPE ARCHITECTS
188 BURO 5 MAASTRICHT
190 Crepain Binst Architecture nv
192 Croonen Adviseurs bv
194 G84
196 Rein Geurtsen & partners
198 Grontmij
200 HOLLANDSCHAP / EUROLANDSCAPE
202 K3 architectuur en planning bv BNA
204 MARCELIS WOLAK landschapsarchitectuur
206 van den Oever, Zaaijer & Partners architecten
208 Palmboom & van den Bout
210 atelier Quadrat
212 Soeters Van Eldonk architecten
214 Strootman Landschapsarchitecten
216 De Zwarte Hond

218 Adverteerders / Advertisers
230 Register deelnemers / Index of participants
252 Colofon / Publication data

VOORWOORD
DOOR RUDOLF VAN WEZEL

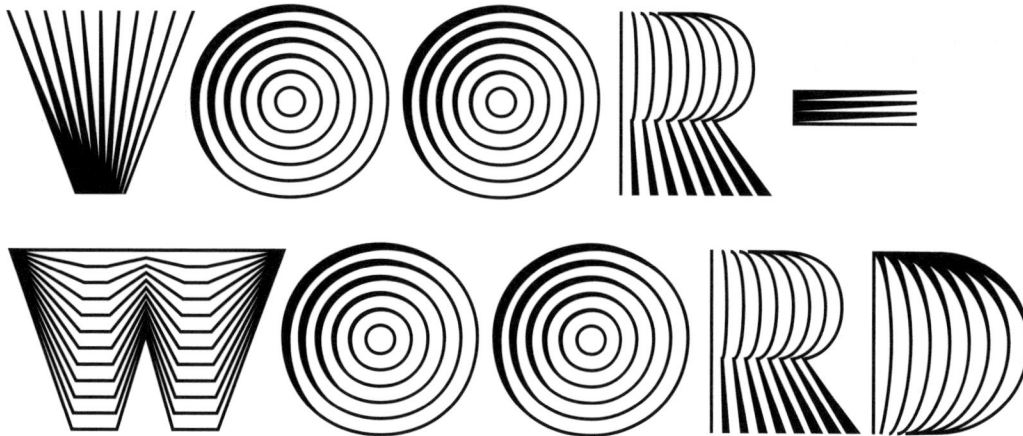

De volgende pagina's tonen aan de hand van vier grafieken de belangrijkste actuele ontwikkelingen op het gebied van bouwen en wonen. De eerste verbeeldt de groei van de grootste Nederlandse steden, die gepaard gaat met krimpende dorpen in het landelijk gebied. De tweede maakt inzichtelijk dat het aantal nieuw opgeleverde woningen in Nederland de laatste jaren weliswaar is gestegen, maar dat een steeds grotere sloopdrift die groei voor een flink deel weer ongedaan maakt. De volgende laat zien dat gebouwen de laatste jaren nauwelijks energiezuiniger zijn geworden, en dat Nederland op het gebied van duurzame energievoorziening op Europese schaal niet erg hoog scoort. De laatste drukt uit dat hergebruik van bestaande gebouwen en herinrichting van bestaande gebieden een steeds groter deel van de totale bouwopgave uitmaakt, maar dat veruit het grootste deel nog steeds bestaat uit nieuwbouw in voormalig landelijk gebied.

Al met al stemmen deze ontwikkelingen niet allemaal even vrolijk. Onder het mom van milieu gaat in Nederland veel energie zitten in juridische pietluttigheden, ten koste van echte investeringen in milieubesparend bouwen. De kredietcrisis die in de tweede helft van 2008 de kop opstak maakt ook de vooruitzichten voor de nabije toekomst weinig rooskleurig. Naar verwachting zal de bouwproductie de komende jaren sterk dalen, wat ook gevolgen heeft voor de opdrachtenportefeuille van architecten. De afnemende kredietmogelijkheden voor zowel bouwers als consumenten leggen bovendien druk op de kwaliteit van nieuwe gebouwen. Toch hoeft de crisis niet alleen maar kommer en kwel te betekenen. In krappe tijden moeten ontwikkelaars beter hun best doen om kritische consumenten tot een aankoop te verleiden. De originele jaren-dertig woningen uit de vorige eeuw kwamen tot stand in crisistijd, maar behoren nog steeds tot het meest geliefde type huis. Het is daarom heel goed mogelijk dat de woonconsument aan het eind van deze eeuw wegdroomt bij een echte jaren-tien woning.

Van u als opdrachtgever van Nederlandse architecten vraagt het moed en visie. Ik hoop dat u nuttig gebruik zult maken van deze uitgave bij uw zoektocht naar de architect die past bij u en uw opdracht.

Rudolf van Wezel
Uitgever BIS Publishers

FOREWORD
BY RUDOLF VAN WEZEL

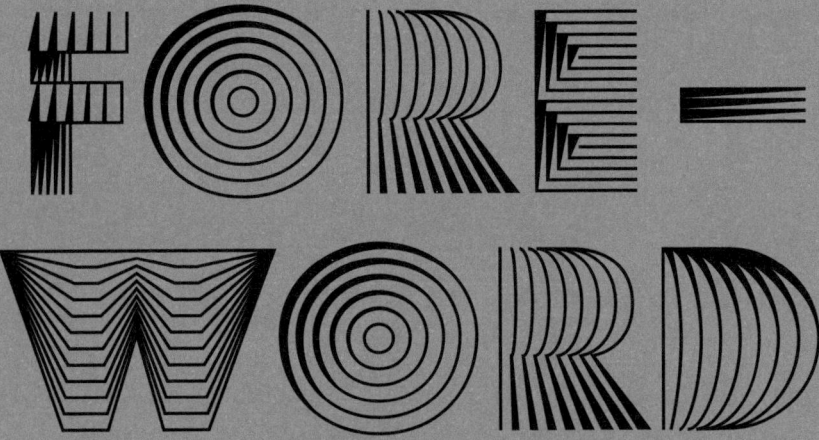

The four diagrams on the following pages show the most important current developments in the field of building and dwelling. The first represents the growth of the biggest Dutch cities, which is going hand in hand with shrinking villages in rural areas. The second makes it clear that the number of newly completed dwellings in the Netherlands may well have risen, but that a steadily growing urge for demolition has cancelled this growth to a considerable extent. The following one shows that buildings have scarcely become more energy-efficient in recent years, and that the Netherlands does not rate very high on a European scale in the field of sustainable energy provision. The final diagram expresses the fact that the reuse of existing buildings and redevelopment of existing areas comprises a larger and larger part of the total task of building, but that the largest part by far consists of new buildings in former rural areas.

All in all, these developments are not all a source of satisfaction. Under the guise of the environment, a lot of energy in the Netherlands goes into juridical pettiness at the cost of real investments in environment-sparing construction. The credit crisis that reared its head in the second half of 2008 hardly makes for rosy prospects for the near future. Construction work is expected to considerably decline in the coming years, which also has consequences for architects' portfolios of assignments. The decrease in credit possibilities for both builders and consumers moreover exerts pressure on the quality of new buildings. Yet the crisis does not have to mean just trouble and affliction. In stringent times developers should better do their best to tempt critical consumers into making a purchase. The original 1930s dwellings came about at a time of crisis, but continue to belong to the most popular type of house. It is perfectly possible, therefore, that at the end of this century consumers will be dreaming of a genuine twenty-teens house.

Courage and vision is required of you as a client of Dutch architects. I hope that you will make profitable use of this edition in your quest for the architect who fits you and your assignment.

Rudolf van Wezel
publisher of BIS Publishers

FEITEN + CIJFERS
DOOR DAVID KEUNING

FACTS + FIGURES
BY DAVID KEUNING

#1

LEEGLOOP EN GROEI

Na een bevolkingskrimp in de jaren zeventig en tachtig van de vorige eeuw, is de populariteit van de grote Nederlandse steden als woonplaats de laatste vijftien jaar sterk gegroeid. Amsterdam en Rotterdam zagen sinds het begin van de jaren negentig hun bevolking met duizenden inwoners toenemen. In diezelfde periode daalde de populariteit van een groot aantal dorpen als vestigingsplaats: van 2001 tot 2006 is in 45 procent van de Nederlandse nederzettingen de bevolking afgenomen. Die afname deed zich vooral voor in de kleine, landelijke nederzettingen (met minder dan 10 duizend inwoners). Daar is het aantal inwoners in die periode gedaald met 4,7 duizend. Daarmee sluit Nederland aan op de wereldwijde trend van verstedelijking enerzijds en ontvolking van het platteland anderzijds.

In de nabije toekomst zal die ontwikkeling zich verder doorzetten. Het Centraal Bureau voor de Statistiek verwacht in 2025 8 miljoen huishoudens in Nederland, 800 duizend meer dan begin 2007. In de provincies Noord-Holland, Zuid-Holland en Utrecht komen er naar verwachting 410 duizend huishoudens bij. In het noordoosten van Groningen en het zuiden van Limburg zal het aantal huishoudens juist dalen, denkt het CBS. Deze gebieden kenden de laatste jaren al een daling van het aantal inwoners, terwijl het aantal huishoudens er ongeveer gelijk bleef. Het verschijnsel 'shrinking cities' is daarmee op Nederland niet van toepassing; de term 'shrinking villages' des te meer. Een voorbeeld daarvan is het Groningse spookdorp Ganzedijk, dat begin 2008 wegens te weinig inwoners door sloop van de landkaart dreigde te verdwijnen. Het provinciebestuur zette daar echter tijdig een stokje voor.

EXODUS AND GROWTH

After a population shrinkage in the 1970s and 1980s, the popularity of the large Dutch cities as a place to live has grown considerably during the last fifteen years. Since the early 1990s Amsterdam and Rotterdam have seen their populations increase by thousands of inhabitants. In the same period there was a decline in the popularity of a large number of villages as a place of residence: between 2001 and 2006 the population decreased in 45% of Dutch villages. This decrease occurred mainly in small, rural settlements (with fewer than 10,000 inhabitants), where the number of residents fell by 4,700. The Netherlands thus links up with the global trend of urbanisation on the one hand and depopulation of the countryside on the other.

This development will continue in the near future. The Central Office for Statistics (CBS) expects there to be 8 million households in the Netherlands in 2025, 800,000 more than at the beginning of 2007. The provinces of North Holland, South Holland and Utrecht anticipate an additional 410,000 households. In northeastern Groningen and the south of Limburg the number of households will actually decline, thinks the CBS. The number of inhabitants in these regions has already declined in recent years, while the number of households has remained about the same. The phenomenon of 'shrinking cities' is thus not applicable to the Netherlands; the term 'shrinking villages' all the more. One example is the Groningen ghost village of Ganzedijk that at the beginning of 2008 was in danger of being erased from the map owing to too few inhabitants. The provincial government, however, put a stop to that in time.

BRONNEN:
- Niek van Leeuwen en Willem Regeer, 'Bevolkingskernen 2001-2006, Groei van dorpen, steden en agglomeraties', *Centraal Bureau voor de Statistiek*, 07 juli 2008
- S.N., 'In 2025 fors meer huishoudens in de Randstad', *Centraal Bureau voor de Statistiek*, 8 juli 2008
- Karin de Mik, 'Regio krimpt, dus Ganzedijk moet weg', *NRC Handelsblad*, 27 februari 2008

SOURCES:
- Niek van Leeuwen and Willem Regeer, 'Bevolkingskernen 2001-2006, Groei van dorpen, steden en agglomeraties', *Centraal Bureau voor de Statistiek*, 7 July 2008
- S.N., 'In 2025 fors meer huishoudens in de Randstad', *Centraal Bureau voor de Statistiek*, 8 July 2008
- Karin de Mik, 'Regio krimpt, dus Ganzedijk moet weg', *NRC Handelsblad*, 27 February 2008

BEVOLKINGSGROEI/
POPULATION GROWTH

AMSTERDAM/AMSTERDAM
POPULATION/BEVOLKING 1950-2000

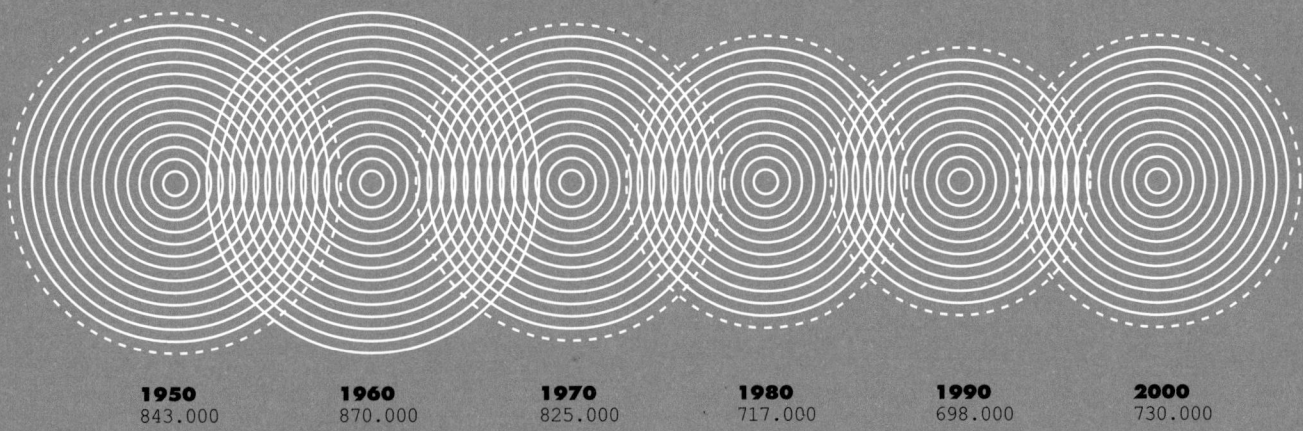

| **1950** | **1960** | **1970** | **1980** | **1990** | **2000** |
| 843.000 | 870.000 | 825.000 | 717.000 | 698.000 | 730.000 |

ROTTERDAM/ROTTERDAM
POPULATION/BEVOLKING 1950-2000

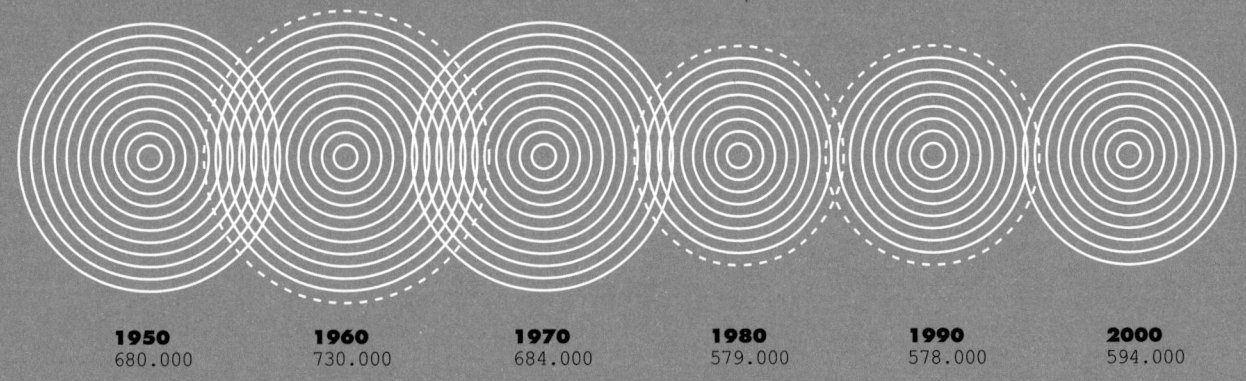

| **1950** | **1960** | **1970** | **1980** | **1990** | **2000** |
| 680.000 | 730.000 | 684.000 | 579.000 | 578.000 | 594.000 |

THE HAGUE/DEN HAAG
POPULATION/BEVOLKING 1950-2000

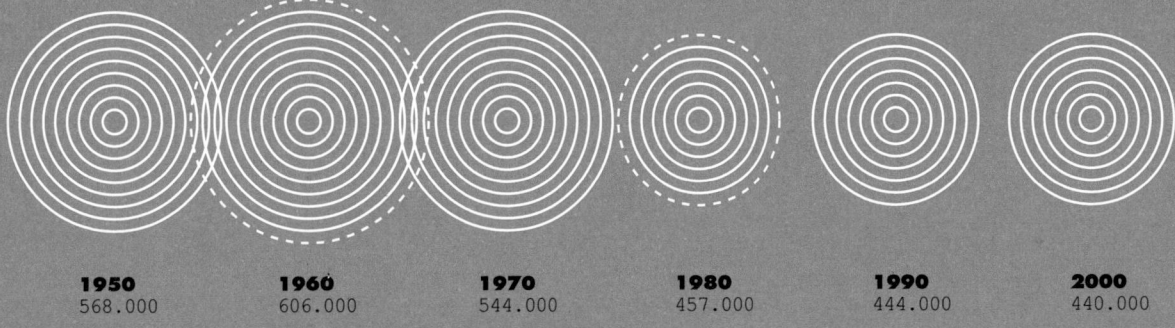

| **1950** | **1960** | **1970** | **1980** | **1990** | **2000** |
| 568.000 | 606.000 | 544.000 | 457.000 | 444.000 | 440.000 |

BRON/SOURCE:
• Atlas of Shrinking Cities, *Hatje Cantz Publishers*, 2006

BOUWEN EN SLOPEN

Op de pieken van de economische zeepbel in de tweede helft van de jaren negentig lag ook de woningbouwproductie in Nederland op een ongekend hoog niveau. In 1995 bouwden projectontwikkelaars 99.000 woningen, aangemoedigd door een hoge vraag en sterke prijsstijgingen. Na het uiteenspatten van de zeepbel daalde de woningbouwproductie sterk. De pogingen van de Nederlandse overheid om de productie op te vijzelen begonnen pas de laatste twee jaar hun vruchten af te werpen: de totale woningbouwproductie steeg van 80 duizend woningen in 2006 tot 88 duizend woningen in 2007. In 2008 zette die stijging door: in de eerste helft van dat jaar zijn ruim 28 duizend woningen opgeleverd, 13 procent meer dan in dezelfde periode van het jaar ervoor.

De grootschalige sloop van woongebouwen in het kader van de stedelijke vernieuwingsplannen in bijvoorbeeld Amsterdam en Rotterdam doet echter een deel van deze stijging weer teniet. De landelijke sloopdrift steeg consistent van 14 duizend woningen in 2000 tot 24 duizend in 2007: een stijging van 70 procent. Per saldo steeg daardoor de woningvoorraad veel minder hard dan de woningbouwproductie: van 61 duizend woningen in 2000 tot 64 duizend woningen in 2007. Dat is een toename van slechts 5 procent. Daarmee wordt de groei van de woningvoorraad in 1995 met 85 duizend woningen bij lange na nog niet gehaald.

Voor de nabije toekomst zijn de vooruitzichten weinig rooskleurig. De komende jaren zal volgens de vereniging voor ontwikkelaars en bouwondernemers NVB de woningbouwproductie door de kredietcrisis sterk dalen, tot 50 duizend nieuwe woningen in 2010 en 2011.

BRONNEN:
- S.N., 'Meer opleveringen van woningen, minder bouwvergunningen verleend', *Centraal Bureau voor de Statistiek*, 23 september 2008
- S.N., 'Forse daling vergunningen woningbouw', *Centraal Bureau voor de Statistiek*, 13 September 2007
- Ron Meerhof, 'Bouw nieuwe woningen dreigt stil te vallen', *de Volkskrant*, 16 oktober 2008

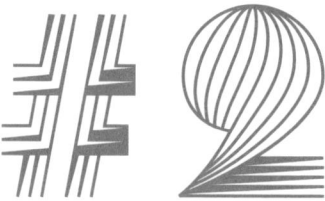

BUILDING AND DEMOLITION

When the economic bubble peaked in the second half of the 1990s, the construction of housing in the Netherlands was also at an unprecedently high level. In 1995, project developers built 99,000 dwellings, encouraged by high demand and considerable price increases. After the bubble burst the production of houses declined sharply. Attempts by the Dutch government to boost production only began to reap their fruits during the last two years: total housing production rose from 80,000 dwellings in 2006 to 88,000 dwellings in 2007. The rise continued in 2008: in the first half of that year more than 28,000 dwellings were completed, 13% more than in the same period the previous year.

However, the large-scale demolition of residential blocks under the auspices of urban renovation schemes in Amsterdam and Rotterdam, for example, undid part of this rise. The national urge to demolish rose consistently from 14,000 dwellings in 2000 to 24,000 in 2007: a rise of 70%. On balance, therefore, the housing supply rose much less strongly than housing production: from 61,000 dwellings in 2000 to 64,000 dwellings in 2007. This is an increase of only 5%. The growth in the housing supply in 1995 with 85,000 dwellings has hence not been achieved by a long chalk.

Prospects for the near future are hardly rosy. According to the Association of Developers and Construction Companies (NVB), housing production will sharply decline in the coming years because of the credit crisis, to 50,000 dwellings in 2010 and 2011.

SOURCES:
- S.N., 'Meer opleveringen van woningen, minder bouwvergunningen verleend', *Centraal Bureau voor de Statistiek*, 23 September 2008
- S.N., 'Forse daling vergunningen woningbouw', *Centraal Bureau voor de Statistiek*, 13 September 2007
- Ron Meerhof, 'Bouw nieuwe woningen dreigt stil te vallen', *de Volkskrant*, 16 October 2008

**GEREED GEKOMEN WONINGEN PER PROVINCIE/
NEW DWELLINGS PER PROVINCE**

	1995	2000	2005	2006	2007
GRONINGEN '95: 2961 / '00: 1769 / '05: 2041 / '06: 2166 / '07: 2147					
FRIESLAND '95: 3780 / '00: 2503 / '05: 2387 / '06: 2732 / '07: 2772					
DRENTHE '95: 3089 / '00: 2043 / '05: 2077 / '06: 2266 / '07: 2793					
OVERIJSSEL '95: 7128 / '00: 4307 / '05: 4968 / '06: 5486 / '07: 6867					
FLEVOLAND '95: 5027 / '00: 4565 / '05: 1786 / '06: 2095 / '07: 2260					
GELDERLAND '95: 10959 / '00: 7360 / '05: 7413 / '06: 8323 / '07: 8650					
UTRECHT '95: 5533 / '00: 6485 / '05: 6587 / '06: 5652 / '07: 6264					
NOORD-HOLLAND '95: 13983 / '00: 10096 / '05: 10749 / '06: 11716 / '07: 14947					
ZUID-HOLLAND '95: 18077 / '00: 14584 / '05: 15749 / '06: 15670 / '07: 16090					
ZEELAND '95: 5772 / '00: 3652 / '05: 3450 / '06: 1686 / '07: 4607					
NOORD-BRABANT '95: 2961 / '00: 1769 / '05: 2041 / '06: 10925 / '07: 2147					
LIMBURG '95: 5772 / '00: 3652 / '05: 3450 / '06: 3665 / '07: 4607					

BRON/SOURCE:
• Statistisch Jaarboek 2008, *Centraal Bureau voor de Statistiek*

ENERGIEVERSPILLING

Energie wordt steeds kostbaarder. Op basis van de tarieven in juli 2008 betaalt een Nederlands huishouden met een gemiddeld energieverbruik volgens het CBS 1.869 euro per jaar aan gas en elektriciteit. Dat is 144 euro meer dan in juli 2007 en een stijging van ruim 8 procent. De hoge prijzen en een toenemend milieubewustzijn leiden de afgelopen jaren tot een zoektocht naar nieuwe, milieuvriendelijke energiebronnen en naar pogingen om het energieverbruik van gebouwen en consumptiegoederen te verlagen.

Die zoektocht heeft vooralsnog niet veel opgeleverd. Zo is volgens Senter Novem het energieverbruik van utiliteitsgebouwen (die het leeuwendeel van het energieverbruik voor hun rekening nemen) de laatste vier jaar nauwelijks gedaald, en in sommige gevallen zelfs gestegen. Zo is in instellingen voor verpleging en verzorging het gasverbruik per m^2 gestegen van 23 m^3 in 2004 tot 24 m^3 in 2006. Dezelfde ontwikkeling is zichtbaar in ziekenhuizen, van 27 m^3 in 2004 tot 28 m^3 in 2006.

Ook op het gebied van duurzame energie zijn de ontwikkelingen in Nederland de laatste jaren teleurstellend. In 2006 bestond volgens het CBS 2,7 procent van het totale energieverbruik in Nederland uit duurzame energie, tegenover 2,8 procent in 2007. Dat is fors lager dan het gemiddelde van 6,8 procent van de vijftien best presterende EU-landen, waarin Nederland op de twaalfde plaats staat. Ter vergelijking: in Zweden, Finland en Oostenrijk was in 2006 het aandeel duurzame energie 20 procent of meer. De overheid streeft naar 5 procent verbruik van duurzame energie in 2010, oplopend naar 20 procent in 2020.

BRONNEN:
- S.N., 'Energiedata Utiliteitsbouw 2007', *Senter Novem*, 2008
- S.N., 'Energierekening valt 144 euro hoger uit', *Centraal Bureau voor de Statistiek*, 11 augustus 2008
- S.N., 'Aandeel duurzame energie Nederland een van de laagste in Europa', *Centraal Bureau voor de Statistiek*, 23 januari 2008
- S.N., 'Verbruik duurzame energie blijft gelijk', *Centraal Bureau voor de Statistiek*, Donderdag 24 april 2008

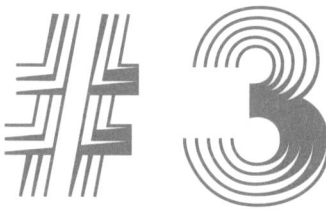

ENERGY WASTAGE

Energy is becoming more and more expensive. Based on the tariffs in July 2008, a Dutch household with an average energy consumption pays, according to the CBS, 1,859 Euros per year for gas and electricity. That is 144 Euros more than in July 2007, a rise of more than 8%. High prices and an increasing environmental awareness has led in recent years to a quest for new, environmentally-friendly sources of energy and to attempts at lowering the energy consumption of buildings and consumer goods.

For the time being, this quest has not yielded very much. According to Senter Novem, the energy consumption of utility buildings (which account for the lion's share of energy consumption) has scarcely declined during the last four years, and in some cases has even risen. In nursing and care homes, for instance, gas consumption increased from 23 m^3 in 2004 to 24 m^3 in 2006. A similar development can be seen in hospitals, from 27 m^3 in 2004 to 28 m^3 in 2006.

Developments in the Netherlands in the area of renewable energy have also been disappointing in recent years. In 2006, according to the CBS, 2.7% of the total energy consumption in the Netherlands consisted of renewable energy, compared to 2.8% in 2007. This is considerably lower than the average of 6.8% of the fifteen best performing EU countries, in which the Netherlands occupies the twelfth position. In comparison, the share of renewable energy in Sweden, Finland and Austria was 20% or more in 2006. The government is aiming at 5% use of renewable energy in 2010, rising to 20% in 2020.

SOURCES:
- S.N., 'Energiedata Utiliteitsbouw 2007', *Senter Novem*, 2008
- S.N., 'Energierekening valt 144 euro hoger uit', *Centraal Bureau voor de Statistiek*, 11 August 2008
- S.N., 'Aandeel duurzame energie Nederland een van de laagste in Europa', *Centraal Bureau voor de Statistiek*, 23 January 2008
- S.N., 'Verbruik duurzame energie blijft gelijk', *Centraal Bureau voor de Statistiek*, Donderdag 24 april 2008

**ENERGIEVERBRUIK UTILITEITSGEBOUWEN/
ENERGY USE IN UTILITY BUILDINGS**

	2004	2005	2006

OFFICES/
KANTOREN
2004: 16 m³
2005: 17 m³
2006: 16 m³

ONDERWIJS/
EDUCATION
2004: 14 m³
2005: 15 m³
2006: 15 m³

ZIEKENHUIZEN/
HOSPITALS
2004: 27 m³
2005: 29 m³
2006: 28 m³

V&V/
V&V
2004: 23 m³
2005: 34 m³
2006: 24 m³

BRON/SOURCE:
• Energiedata Utiliteitsbouw 2007, *Senter Novem*, 2008

RECYCLING

Nederland raakt vol. Onzorgvuldig geplande bedrijventerreinen en uitdijende slaapsteden zorgen ervoor dat steeds meer van het Hollandse landschap ten prooi valt aan lelijke bebouwing. Het overheidsbeleid is er daarom op gericht om zoveel mogelijk nieuwbouw binnen de bestaande stadsgrenzen te realiseren. Dat streven heeft gevolgen voor architecten. In plaats van op nieuwbouw in uitleggebieden, komt de laatste jaren de nadruk van de bouwopgave sterker op het hergebruik van bestaande gebouwen te liggen.

De cijfers illustreren deze ontwikkeling. De totale Nederlandse bouwproductie (woningen en utiliteitsgebouwen) steeg, uitgedrukt in Euro's, van bijna 12 duizend in 1995 tot bijna 20 duizend in 2006: een toename van ruim 60 procent. Het aandeel hergebruik hiervan steeg in diezelfde periode met ruim 80 procent veel harder: van ruim 2 duizend in 1995 tot ruim 4 duizend in 2006. Nog steeds maakt hergebruik dus slechts een klein deel uit van de totale bouwopgave, maar de groei is gestaag.

De stadsvernieuwingsprojecten in bijvoorbeeld Amsterdam (met name in de Westelijke Tuinsteden en de Bijlmer) zijn een ander voorbeeld van hergebruik. In plaats van al bestaande gebouwen, worden hier al bebouwde gebieden opnieuw ontwikkeld. In deze gevallen vindt sloop en nieuwbouw plaats, en dit soort projecten valt in de statistieken dan ook voor een groot deel onder nieuwbouw. Toch vormen ze een belangrijk deel van de hergebruikopgave. De enorme schaal waarop wordt gesloopt en hergestructureerd is voor Nederlandse begrippen ongekend en uniek in de geschiedenis. Hopelijk is de nieuwbouw beter bestand tegen de tijd dan de gebouwen die ervoor hebben geweken.

BRON:
• S.N., 'Statistisch Jaarboek 2008', *Centraal Bureau voor de Statistiek*, 2008

RECYCLING

The Netherlands is becoming full. Badly planned business parks and sprawling dormitory towns are ensuring that more and more Dutch landscape is falling victim to ugly built-up areas. Government policy is therefore aimed at realising as much new construction as possible within existing city boundaries. This aim has consequences for architecture. In recent years building tasks have focussed much more on the recycling of existing buildings than on new construction in expansion areas.

The figures illustrate this development. Expressed in Euros, total Dutch building production (dwellings and utility buildings) rose from almost 12,000 in 1995 to almost 20,000 in 2006, an increase of more than 60%. The reuse share of this rose much higher - more than 80% - during the same period: from more than 2,000 in 1995 to more than 4,000 in 2006. Reuse thus continues to represent only a small portion of the total task of building, but the growth is steady.

Urban renewal projects (especially in Amsterdam's Western garden suburbs) are another example of recycling. Rather than the redevelopment of existing buildings, what we see here is new development of built-up areas. In these cases there is both demolition and new construction, so that these sorts of projects fall largely under new construction in the statistics. Yet they represent an important part of the task of recycling. The enormous scale of demolitions and restructurings is unprecedented in Dutch terms and is historically unique. It is to be hoped that the new construction can better stand the test of time than the buildings that have yielded to it.

SOURCE:
• S.N., 'Statistisch Jaarboek 2008', *Centraal Bureau voor de Statistiek*, 2008

HERGEBRUIK/
RE-USE

| | **1995** | **2000** | **2005** | **2006** |

TOTALE PRODUCTIE/
TOTAL PRODUCTION
(IN MLN EURO)

1995: 11913
2000: 17148
2005: 17900
2006: 19784

NIEUWBOUW/
NEW (IN MLN EURO)

1995: 9695
2000: 13871
2005: 14048
2006: 15730

VERBOUWING, HERGEBRUIK/
REBUILDING, REUSE
(IN MLN EURO)

1995: 2218
2000: 3276
2005: 3851
2006: 4054

BRON/SOURCE:
• Statistisch Jaarboek 2008, *Centraal Bureau voor de Statistiek*

NEDERLANDSE ARCHITECTEN
VOL. 9

DUTCH ARCHITECTS
VOL.9

website www.4darchitecten.nl

Midden Engweg 2
3882 TT Putten
Postbus 2
3880 AA Putten
T 0341-356085
F 0341-351733
e-mail putten@4darchitecten.nl

Dorpsstraat 102
7468 CN Enter
Postbus 95
7468 ZH Enter
T 0547-383280
F 0547-384389
e-mail enter@4darchitecten.nl

1

2

3

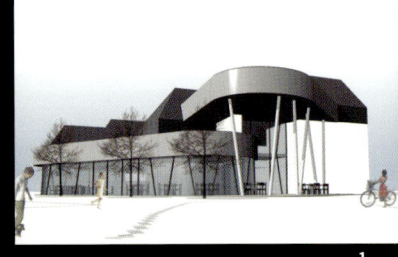

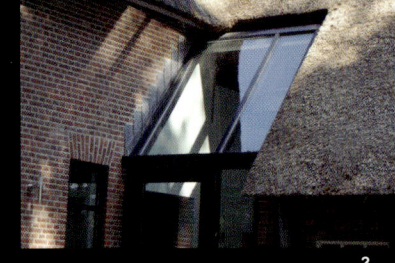

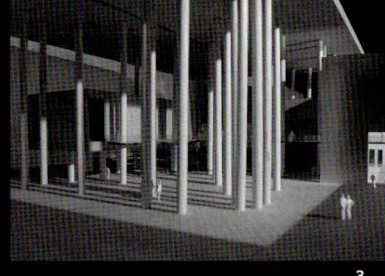

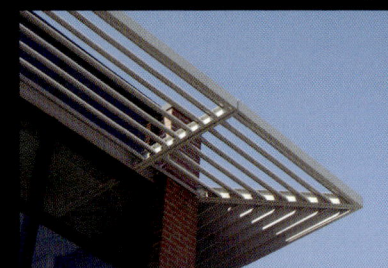

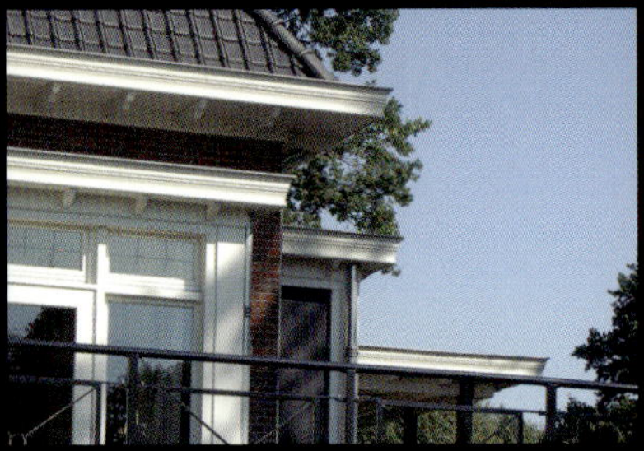
4

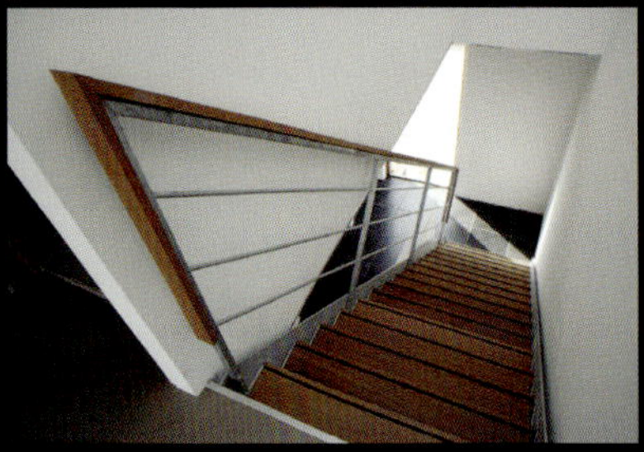
5

6

1
Kulturhus
Kulturhus

2
Restauratie / verbouw woning
Restoration / conversion of dwelling

3
Studie hedendaags kerkgebouw
Study for contemporary church

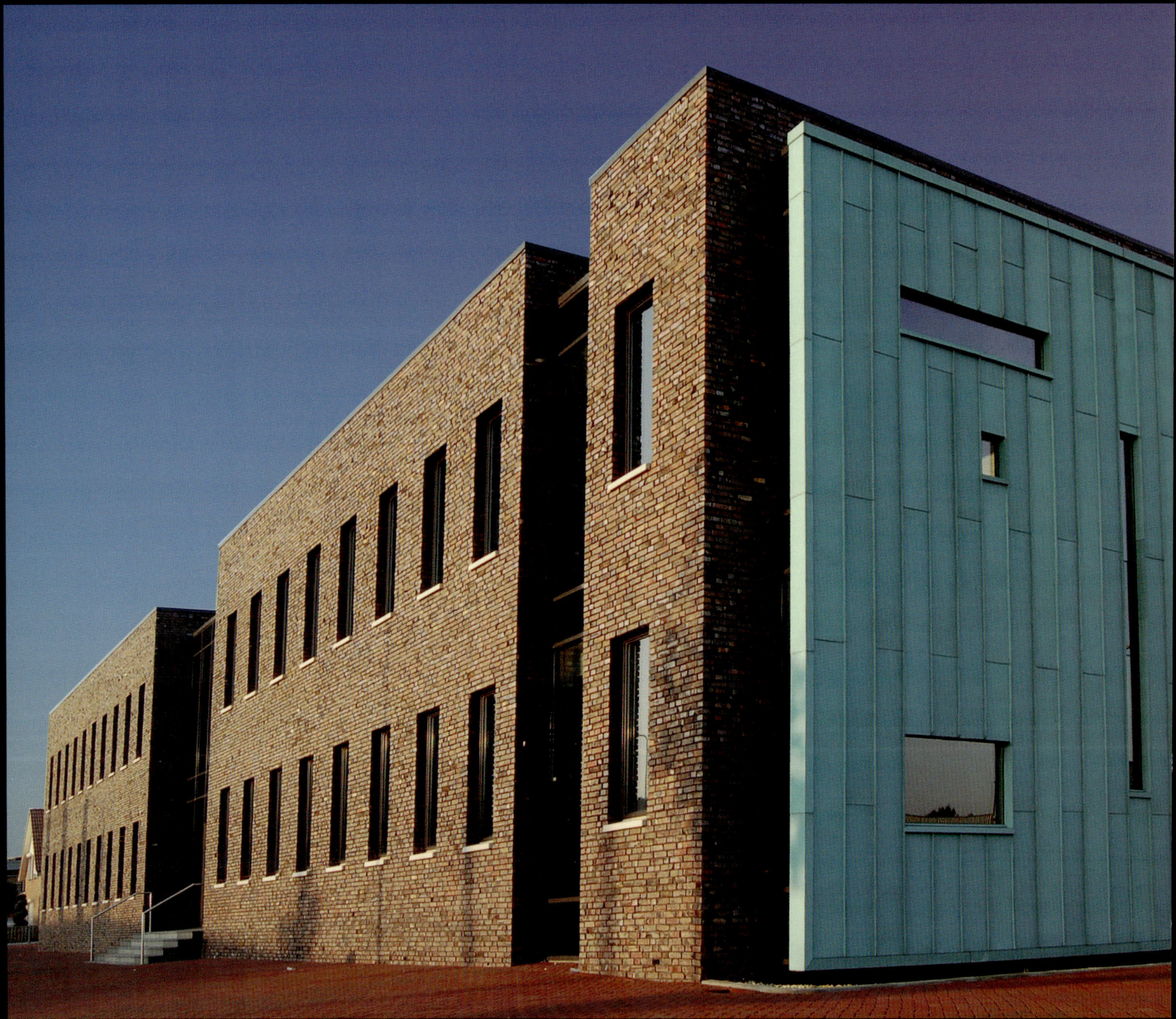

4
Woning
Dwelling

5
Woning 'En passant'
'En passant' dwelling

6
Kantoorpand
Office building

4D architecten neemt u mee op een zoektocht naar een ruimtelijke vertaling van uw dromen en wensen om zo te komen tot een onderscheidend ontwerp. Tijdens dit proces wordt gezocht naar de essentie van de opgave. We geven onze opdrachtgevers waar ze om vragen, niet direct wat ze verwachten.

4D architecten is een ambitieus bureau met nieuwe en verfrissende ideeën die worden ondersteund door terdege kennis op basis van jarenlange ervaring. We zijn breed georiënteerd in de bouwwereld en werken onze ideeën op een vakkundige wijze uit.

4D architects takes you along on a quest for a spatial translation of your dreams and desires so as to attain a distinguishing design. This process involves a search for the essence of the assignment. We give our clients what they ask for, not what they directly expect.

4D architects is an ambitious firm with new and refreshing ideas supported by sound knowledge based on years of experience. With our broad orientation in the world of construction, we work out our ideas in a professional manner.

7-9
Kantoorpand met bedrijfshal
Office building with commercial hall

A12 Architecten BNA

e-mail info@a12architecten.nl
website www.a12architecten.nl

T 0318-519008
F 0318-540436

Landjuweel 20
3905 PG Veenendaal
Postbus 1180
3900 BD Veenendaal

A12 Architecten BNA is een landelijk werkend architectenbureau met 40 medewerkers. De vijf vaste tandems van projectarchitect en -coördinator worden voor elke opgave aangevuld met een team van medewerkers en specialisten. Professionele ondersteuning op alle onderdelen en in alle fasen is daarmee gegarandeerd, continuïteit is verzekerd.
Ons werk bestaat uit nieuwbouw-, renovatie- en herstructureringsprojecten in woning- en utiliteitsbouw. Naast het ontwerp, de uitwerking en de uitvoeringsbegeleiding van projecten verzorgen wij een breed scala aan diensten, zoals het opstellen van programma's van eisen, het maken van huisvesting analyses, het adviseren ten aanzien van herstructureringsopgaven en het maken van model- en haalbaarheidsstudies.

A12 Architecten BNA is a firm of architects working nationwide with a staff of 40. The five permanent tandems of senior architect and senior coordinator are supplemented for each assignment with a team of assistants and specialists. Professional support in all sectors and in all phases is thus guaranteed, ensuring continuity.
Our work comprises new buildings, renovations and redevelopment projects in housing and utility buildings. Besides designing, elaborating and supervising the realisation of projects, we take care of a broad range of services, such as drawing up briefs, making housing analyses, providing advice regarding redevelopment assignments and the creation of model and feasibility studies.

1
Autoshowroom, servicestrook en kantoren
Autoborg, Groningen
Car showroom, service strip and offices
Autoborg, Groningen
Foto / Photo: Studio Seesing Fotografie

2
Appartementen, winkels en parkeerkelder
Brouwerspoort, Veenendaal
Apartments, shops and underground car park
Brouwerspoort, Veenendaal

3
50 woningen in diverse categorieën
De Weide Wereld Vathorst, Amersfoort
50 dwellings in various categories
De Weide Wereld Vathorst, Amersfoort

4
Kantoren op plint met parkeerdek
De Generaal, Veenendaal
Offices on plinth with parking deck
De Generaal, Veenendaal

AAARCHITECTEN bv

Caballero Fabriek
Saturnusstraat 60
2516 AH Den Haag
T 070-3504203
F 070-3512717
e-mail denhaag@aaarchitecten.nl

Driehoek 5
6711 DH Ede
T 0318-616321
F 0318-616322
e-mail ede@aaarchitecten.nl

WWW.AAARCHITECTEN.NL

AVRI Geldermalsen; afvaloverslaghal 7.000 m²
AVRI Geldermalsen; transshipment depot 7.000 m²

A

e-mail info@vanakenarchitecten.nl
website www.vanakenarchitecten.nl

T 040-2163311
F 040-2163399

Stratumsedijk 44
5611 NE Eindhoven
Postbus 6424
5600 HK Eindhoven

van aken architecten

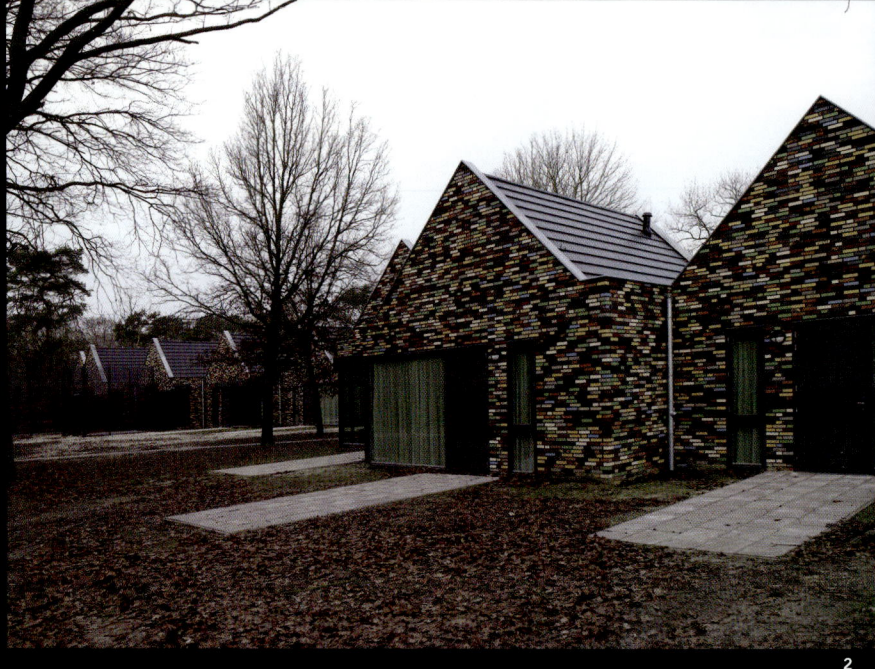

2
Dichterbij, locatie Oostrum
Voor een groep van 42 bewoners is een beschutte, beschermde woonomgeving gemaakt met een eigen werkgebouw. Er is veel aandacht besteed aan de bewoners als individu, wat tot uitdrukking komt in het bewonen van een eigen huis.
For a group of 42 residents a sheltered, protected living environment with their own work building was constructed. A lot of attention has been given to residents as individuals, which is expressed by the residents inhabiting their own house.

3
Oranjehof, Bladel
75 appartementen, 15 eengezinswoningen en 4 patiobungalows vormen samen een krachtige stedenbouwkundige context in het centrum van Bladel. Door het appartementengebouw een sterke verticale geleding te geven, voegt het zich in de maat en ritmiek van het dorp.
75 apartments, 15 family houses and 4 patio bungalows form together a powerful architectural context in the centre of Bladel. By giving the apartment building a strong vertical appearance, it complies with the size and rhythm of the village.

4
Filmhuis, Helmond
13 huurappartementen en een commerciële ruimte voegen zich, door het herinterpreteren van historische stijlelementen, op eigen wijze in de straatwand. Het blok wordt afgemaakt door middel van een binnenhof waaromheen de woningen zijn gegroepeerd.
13 rental apartments and a commercial space conform in their own way to the street façade, by reinterpreting historic style elements. The block is detailed with an inner court around which the houses are grouped.

5
Vossenberg, Helmond
In herstructureringswijk de Dierenbuurt wordt sterke samenhang met de bestaande te handhaven woningen bereikt door een zorgvuldige interpretatie van stijlkenmerken. Voor het appartementenblok met 75 appartementen is tevens het materiaalgebruik hetzelfde als naastgelegen bouwblokken, hetgeen de visuele rust en samenhang waarborgt.
In the restructuring district of Dierenbuurt a strong coherence with the existing houses, which are preserved, is accomplished by a careful interpretation of style features. For the apartment block with 75 apartments the same use of materials as for the adjacent blocks was used, which guarantees visual tranquillity and coherence.

6
Waalpanorama, Nijmegen
De 120 meter hoge Waalpanoramatoren, ontworpen door AA Architects uit Toronto in samenwerking met VAA, gaat de nieuwe skyline van Nijmegen mede vorm geven. In de toren komen appartementen. Het plintgebouw maakt de schaalsprong naar de omgeving. Hierin bevinden zich onder meer commerciële ruimtes, stadswoningen en een grote publiek-private parkeergarage.
The 120 metres high Waalpanorama tower, designed by AA Architects from Toronto in cooperation with VAA, will form part of the new skyline of Nijmegen. The tower will house apartments. The base building fits the scale of the environment. Here commercial spaces, city houses and a big public / private parking garage are located.

7
Rumah Kita, Wageningen
Voor 160 oud-Indische en Molukse Nederlanders is een woonzorggebouw gemaakt waarin, vooral in de beleving van het interieur, veel aandacht is besteed aan de cultuur van de bewoners. In de tuin staat onder meer een echte Pondok, en de keuken biedt volop mogelijkheden om groepsgewijs te koken.
For 160 Indonesian and Moluccan Dutch people a residential care building was constructed, in which, especially in the experience of the interior, a lot of attention has been given to the culture of the residents. The garden features an authentic Pondok, and the kitchen offers plenty of possibilities to cook together.

2

3

4

5

6

7

VA
A.

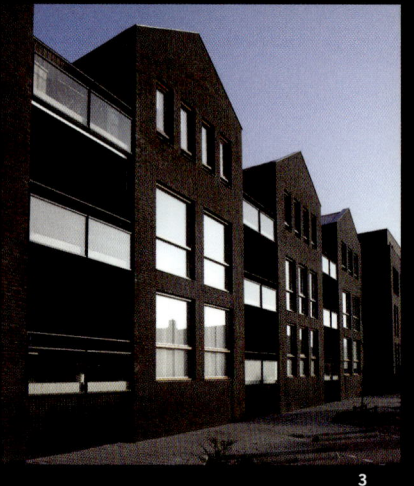

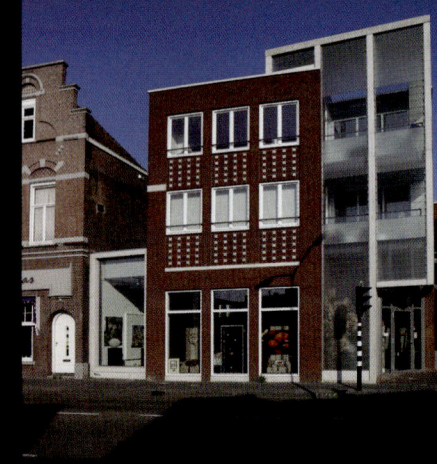

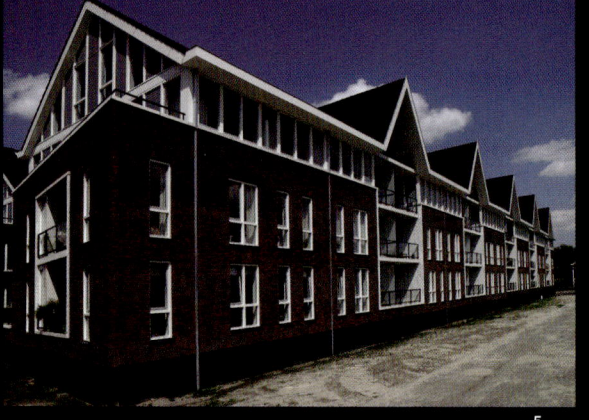

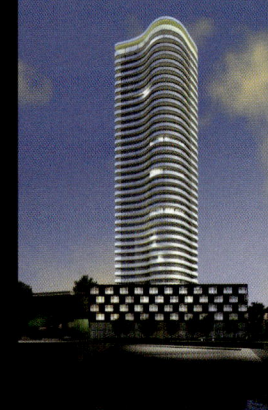

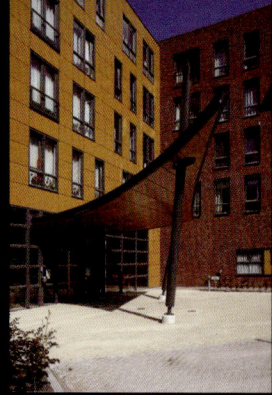

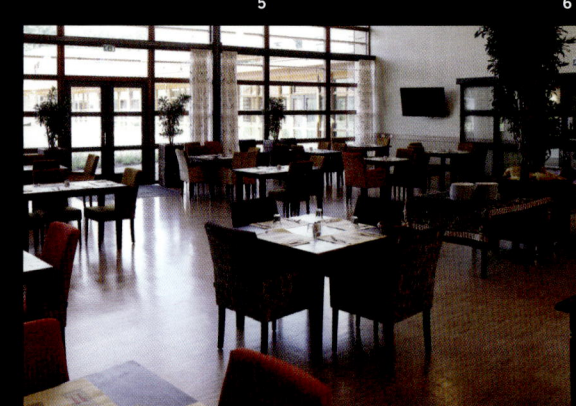

1
Villa De Mast
Door een paar doeltreffende ingrepen in de vorm van het verlagen van het maaiveld èn een grote vide tussen de twee vleugels van het huis is er van de oorspronkelijke bungalow De Mast weinig herkenbaars meer over. De strakke minimalistische detaillering en de sobere materialisering ondersteunen de ruimtelijkheid. De villa vlijt zich op zijn plek in het bos.

As a result of a few effective interventions – lowering the ground level and creating a void between the two wings of the house – little is left of the original bungalow De Mast. The smooth minimalistic detailing and the simple materialisation support the spaciousness. The villa nestles in its place in the woods.

Foto's / Photos: Norbert van Onna

ARCADIS

e-mail info@arcadis.nl
website www.arcadis.nl
www.arcadis-global.com

T 033-4771000
F 033-4772000

Piet Mondriaanlaan 26
3812 GV Amersfoort
Postbus 220
3800 AE Amersfoort

Urban Architecture

Steden zijn wereldwijd uitgegroeid tot sociale en economische hotspots. Voor het eerst in de geschiedenis leven meer mensen in de steden dan op het platteland. De ontwikkelende en groeiende steden krijgen steeds meer behoefte aan logistiek en transport terwijl de beschikbare ruimte afneemt. Deze tegenstelling vraagt om creatieve oplossingen waarbij meerdere functies in een beperkte ruimte worden geïntegreerd.

Onze ontwerpers hebben kennis en ervaring met het uitwerken van deze multidisciplinaire vraagstukken, waarbij de omgeving en de functionaliteit van de opgave maatgevende randvoorwaarden zijn. Mobiliteitsvraagstukken, meervoudig ruimtegebruik en 'van gebouw naar gebied' zijn daar de centrale thema's bij.

Cities have grown worldwide into social and economic hotspots. For the first time in history more people live in cities than in the countryside. Developing and growing cities are requiring more and more logistics and transport, while available space is decreasing.

This discrepancy demands creative solutions involving the integration of several functions in a limited space.

Our designers have knowledge of and experience with working on these multidisciplinary issues where the object's surroundings and functionality are normative preconditions. The central themes involved here are issues relating to mobility, multiple use of space and 'from building to area'.

2

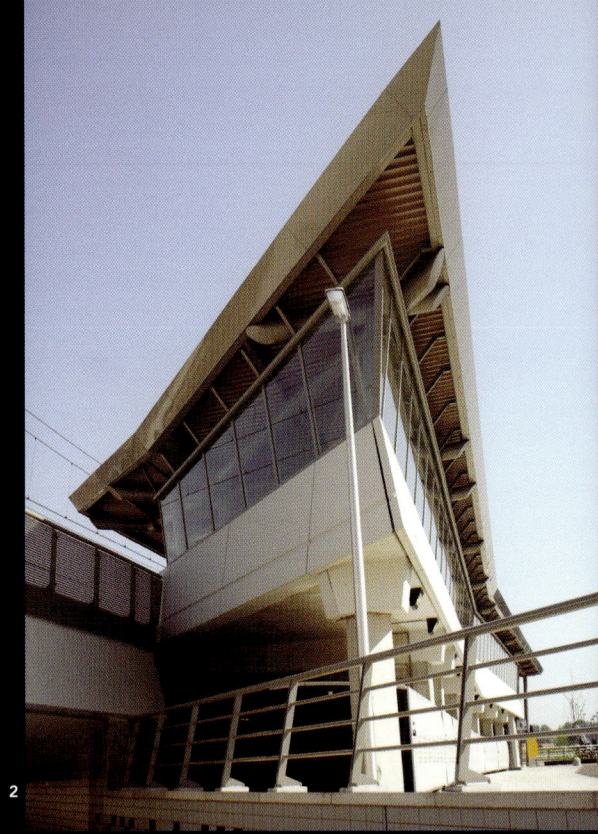

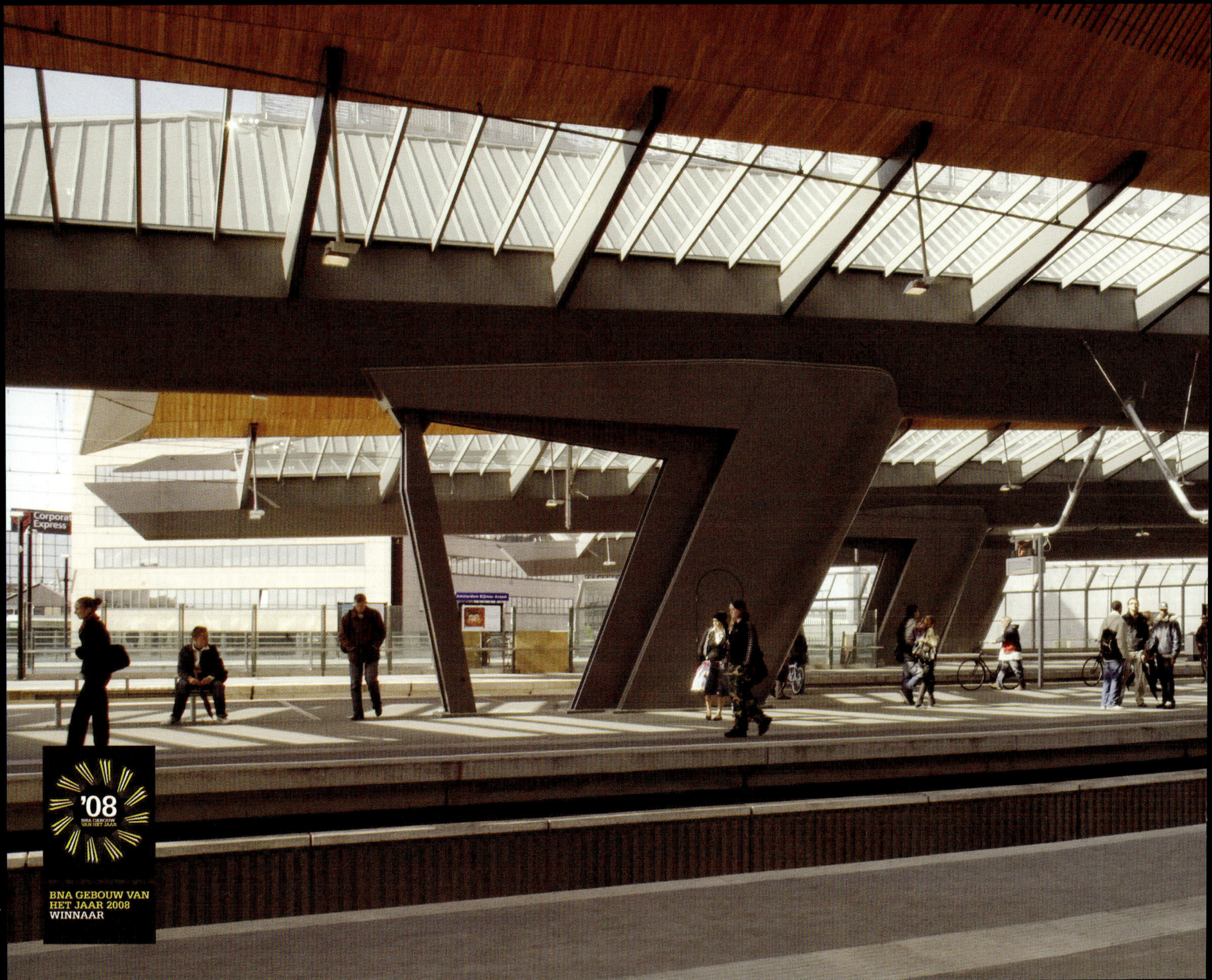

1

1
Station Amsterdam Bijlmer ArenA, 2007
(ontwerp in samenwerking met Grimshaw)
Amsterdam Bijlmer ArenA Station, 2007
(design in collaboration with Grimshaw)

2
Station Weidevenne, Purmerend, 2008
Weidevenne Station, Purmerend, 2008

3
De Slufter, Rotterdam (Maasvlakte), 2005
De Slufter, Rotterdam (Maasvlakte), 2005

4
Fietsbrug over het Wilhelminakanaal, Tilburg, 2007
Cycle bridge across the Wilhelmina canal, Tilburg, 2007

Archipelontwerpers
architecture, urban design, interior, industrial design

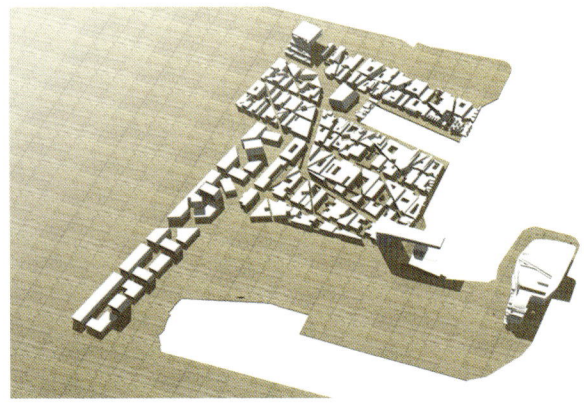

1
Nieuw-Scheveningen, Scheveningen, 2005 / 2006, in samenwerking met West 8
Nieuw-Scheveningen, Scheveningen, 2005 / 2006, in cooperation with West 8

2
IJburg, Amsterdam, 2005, in samenwerking met VYA
IJburg, Amsterdam, 2005, in cooperation with VYA

3
Steel Study House I, Zoetermeer, 2004
Steel Study House I, Zoetermeer, 2004

4
Paviljoen 'Grietje Bosker', IJsselmeer, 2008
Pavilion 'Grietje Bosker', IJsselmeer, 2008

5
De baljurk, Den Haag, 2005
The gown, Den Haag, 2005

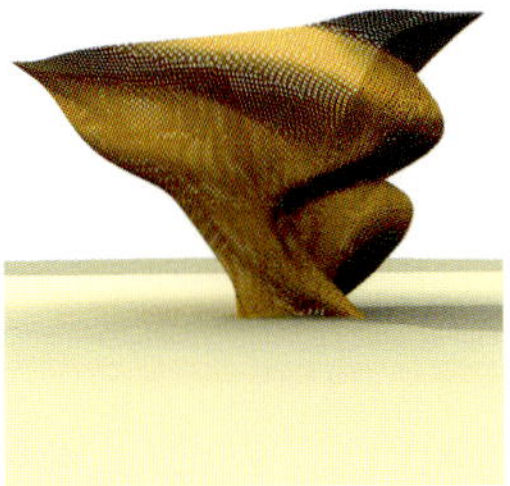

4

5

2

5 5

Architecten aan de Maas
Westelaken Dulfer de Jong

30 / 31

e-mail aadmm@architectenaandemaas.com
e-mail aadmr@architectenaandemaas.com
website www.architectenaandemaas.com

Willemsplein 490
3016 DR Rotterdam
Postbus 23138
3001 KC Rotterdam
T 010-2060222
F 010-2060220

A. Battalaan 7
6221 CA Maastricht
Postbus 3061
6202 NB Maastricht
T 043-3515000
F 043-3515050

Foto's / Photos: Martin Thomas

www.architectenaandemaas.com

Woonzorgcentrum, Weert-zuid / Residential care centre, Weert-zuid / **Projectarchitect:** Sylvie Smeets

architectenbureau visser en bouwman bv

e-mail info@visserenbouwman.nl
website www.visserenbouwman.nl

T 073-6412133
F 073-6413870

Orthen 51
5231 XP 's-Hertogenbosch
Postbus 125
5201 AC 's-Hertogenbosch

architectenbureau visser en bouwman bv (voorheen Passchier ׀ Visser ׀ Bouwman architecten) werkt met ongeveer vijftien medewerkers aan woongebouwen, schoolgebouwen, utiliteitsgebouwen, zorggebouwen en culturele bouwwerken. Wij zorgen voor een professionele projectbegeleiding van idee tot en met realisatie. Daarbij staan de zorg voor architectonische kwaliteit, de stedenbouwkundige context, de kosten en de planning centraal.

The architecture firm of visser and bouwman bv (formerly Passchier ׀ Visser ׀ Bouwman Architects) works with approximately fifteen employees on dwellings, schools, utility buildings, healthcare buildings and cultural buildings. We ensure professional project supervision from idea to completion. Concern for architectural quality, urban context, costs and planning are central.

1
Woningen Huurlingsedam Wijchen
Dwellings, Huurlingsedam, Wijchen

2
Dagbesteding Kadijkerkoog Purmerend
Daytime activities centre, Kadijkerkoog, Purmerend

3
Woonzorg Purmerend
Residential health centre, Purmerend

4
Montessori basisschool Almere
Montessori primary school, Almere

5
Waterwoningen Groote Wielen 's-Hertogenbosch
Lakeside dwellings, Groote Wielen, Den Bosch

6
Marktveld Vught
Marktveld, Vught

7
Horsterbrinken Ermelo
Horsterbrinken, Ermelo

8
Woonhof Empel
Courtyard dwellings, Empel

9
Privé woonhuis Vught
Private dwelling, Vught

Foto's / Photos:
2, 3: Rik Kuyntjes
4, 5, 6, 7, 8, 9: Studio Schuurmans Fotografie

4

5

6

7

8

9

ArchitectenConsort bv bna

Prins Hendrikkade 18
3071 KB Rotterdam
Postbus 2855
3000 CW Rotterdam

T 010-4117814
F 010-4145132

e-mail info@hetconsort.nl
website www.architectenconsort.nl

Foto / Photo: Walter Herfst

www.architectenconsort.nl

architecten|en|en

A

36 / 37

e-mail info@architecten-en-en.nl
website www.architecten-en-en.nl

T 040-2462728
F 040-2462530

Jeroen Boschlaan 144
5613 GC Eindhoven
Postbus 6480
5600 HL Eindhoven

|1|
|2|3|
|4|
|5|

|1| Nieuwbouw Basisschool De Driestam Eindhoven |2| Renovatie Stadhuis Eindhoven |3| Nieuwbouw Twinning Center Eindhoven |4| Uitbreiding en Renovatie Parktheater Eindhoven |5| Renovatie University College Maastricht |6|7| Renovatie Maaskant gebouw Tilburg

Foto's / Photos Arthur Bagen (1 t/m 4,6,7), Philip Driessen (5)

1
New construction De Driestam primary school, Eindhoven

2
Renovation of Town Hall, Eindhoven

3
New construction Twinning Center, Eindhoven

4
Expansion and renovation of Parktheater, Eindhoven

5
Renovation of University College, Maastricht

6-7
Renovation of Maaskant building, Tilburg

|6|7|

ARCHITEKTENKOMBINATIE bv bna
fred bos / dennis hofman / gert wiebing

38 / 39

e-mail info@architektenkombinatie.nl
website www.architektenkombinatie.nl

T 070-3636960
F 070-3656921

Stille Veerkade 35
2512 BE Den Haag

1
Winkel- en woonpleintje,
entree oost-zijde, Dorpsstraat,
Zoetermeer, 2008
Square with shops and dwellings,
eastern entrance, Dorpsstraat,
Zoetermeer, 2008
Opdrachtgever / Client:
BAM Vastgoed

2
Woonblokje Hoge Banka,
Bankastraat, Den Haag, 2007
Hoge Banka block of flats,
Bankastraat, The Hague, 2007
Opdrachtgever / Client:
Residentie Vastgoed

3
Dr. Lelykade - Westduinweg,
Scheveningen, in samenwerking
met Archipelontwerpers
(bouwaanvraag)
Dr. Lelykade - Westduinweg,
Scheveningen, in collaboration
with Archipelontwerpers (building
application)
Opdrachtgever / Client:
Schouten & De Jong,
Volker Wessels,
K.J.D. Bouwpartners

4
Bedrijfsgebouw Bandridge,
Technopolis TU, Delft
(in aanbouw)
Bandridge commercial
building, Technopolis TU, Delft
(under construction)
Opdrachtgevers / Clients:
ING Real Estate, Bouwfonds MAB,
Heembouw

5
Woongebouw
Sophiahof,
Scheveningen,
(in aanbouw)
Sophiahof
apartment building,
Scheveningen
(under construction)
Opdrachtgever /
Client: Residentie
Vastgoed

6
Kantoorensemble
De Delfse Vliet,
Plaspoelpolder,
Rijswijk ontwerpfase)
De Delftse Vliet
office complex,
Plaspoelpolder,
Rijswijk
(design phase)
Opdrachtgever /
Client: AM Real
Estate

7
Kantoor Getronics
PinkRoccade,
Sawa I, Rokkeveen,
Zoetermeer, 2008
Office for Getronics
PinkRoccade,
Sawa I, Rokkeveen,
Zoetermeer, 2008
Opdrachtgever /
Client: LSI Project
Investment

ARCHITEKTEN KOMBINATIE

Fotografie / Photographs:
François Verhoeven
Impressies / Artist's impressions:
Archipelontwerpers 3
Archimago 4, 6
Beeldenfabriek 5

archivolt architecten bv

waarin opgenomen architektenbureau M. van Haaren bv
directie en architectuur: ir. Martin van Dort, ir. Philip Breedveld en ir. Hans Bilsen

40 / 41

e-mail archivolt@archivolt-bna.nl
website www.archivolt-bna.nl

T 020-6905070
F 020-6904679

Eekholt 30
1112 XH Diemen

renovatie, restauratie en nieuwbouw / renovation, restoration and new construction

In de afgelopen jaren heeft archivolt zijn werkterrein op het gebied van herstel en herbestemming geïntensiveerd. Hierbij schuwen wij niet om zo nodig gedeeltelijke sloop en vervangende nieuwbouw te adviseren. Wij zijn echter ook actief op het gebied van onderhoud en herstel, waarbij vakmanschap essentieel is.

Voor het bereiken van een optimaal resultaat zijn wij beschikbaar voor alle werkzaamheden vanaf het verrichten van een haalbaarheidsonderzoek tot en met de nazorg van een gerealiseerd project. Hierbij zijn kennis van en inzicht in voorwaarden stellende aspecten alsmede in relevante procedures deel van ons takenpakket.

Wij zijn een middelgroot bureau actief in een breed veld met uiteenlopende opdrachten. Onze instelling is onderzoekend van karakter, gebaseerd op ruime en brede ervaring.

De bureaufilosofie is 'bouwen aan de verbeelding', hetgeen betrekking heeft op zowel de vernieuwing van waardevolle gebouwen als het ontwerpen van nieuwe gebouwen. Hierbij streven wij niet naar een kortstondig effect maar naar een duurzame oplossing.

Bijgaande willekeurige greep uit projecten waaraan wij de afgelopen jaren hebben gewerkt illustreert onze mogelijkheden.

In recent years archivolt has intensified its work in the field of renovation and conversion. We are not afraid of advising partial demolition, when necessary, and replacement with new construction. Yet we are also active in the field of maintenance and repair, where craftsmanship is essential. So as to achieve an optimal result we are available for all activities from carrying out a feasibility study up to and including the maintenance of a realised project. Knowledge of and insight into aspects relating to stipulations as well as into relevant procedures are part of our job responsibilities. We are a medium-sized office active in a broad field with a variety of assignments. Our attitude is investigative in nature, based on ample and wide experience. The office philosophy is 'building on the imagination', which relates to both the renovation of valuable buildings and the designing of new buildings. We strive not for a short-lived effect but for a lasting solution. The accompanying random selection of projects that we have worked on in recent years illustrates our capabilities.

1
Nieuwbouw Liebergen, Hilversum
Liebergen new construction, Hilversum

2
Renovatie economische controledienst, Utrecht
Renovation of Economic Control Service, Utrecht

3
Restauratie, renovatie Montelbaanstoren, Amsterdam
Restoration and renovation of Montelbaanstoren, Amsterdam

4
Nieuwbouw PI Roermond
New penitentiary, Roermond

5
Verbouw GJZ De Koppeling, Amsterdam
Renovation of De Koppeling GJZ, Amsterdam

6
Nieuwbouw, renovatie, restauratie KNMI, De Bilt
New construction, renovation and restoration of KNMI, De Bilt

7
Nieuwbouw KLPD, Driebergen
New construction KLPD, Driebergen

8, 13, 14
Nieuwbouw / renovatie JOC, Amsterdam
New construction / renovation of JOC, Amsterdam

9
Nieuwbouw PI Amerswiel, Heerhugowaard
New Amerswiel penitentiary, Heerhugowaard

10, 15, 22
Restauratie, nieuwbouw, renovatie Koepelgevangenis, Arnhem
Restoration, new construction, renovation of Koepel Prison, Arnhem

11
Renovatie Zaandammerplein, Amsterdam
Renovation of Zaandammerplein, Amsterdam

12
Nieuwbouw Liebergen, Hilversum
Liebergen new construction, Hilversum

16
Renovatie Ministerie van Financiën, Den Haag
Renovation of Ministry of Finances, The Hague

17
Nieuwbouw, renovatie RIM de Lindenhorst, Zeist
New construction and renovation of RIM de Lindenhorst, Zeist

18
Nieuwbouw PI Zwolle
New penitentiary, Zwolle

19
Restauratie Abdij OLV van Koningshoeven, Tilburg
Restoration of OLV van Koningshoeven abbey, Tilburg

20-21
Nieuwbouw DCL, Lelystad
New construction DCL, Lelystad

23
Renovatie / restauratie Westwand Mercatorplein, Amsterdam
Renovation and restoration of Westwand Mercatorplein, Amsterdam

Foto's / Photos
2, 7, 17 Ernest Annyas
5-6, 10, 14-15, 19-22 Thea van den Heuvel
18 Aerophoto Eelde

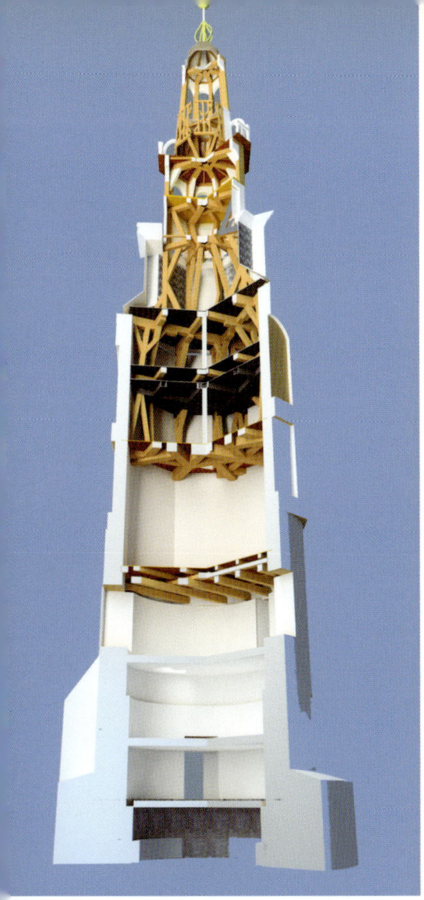

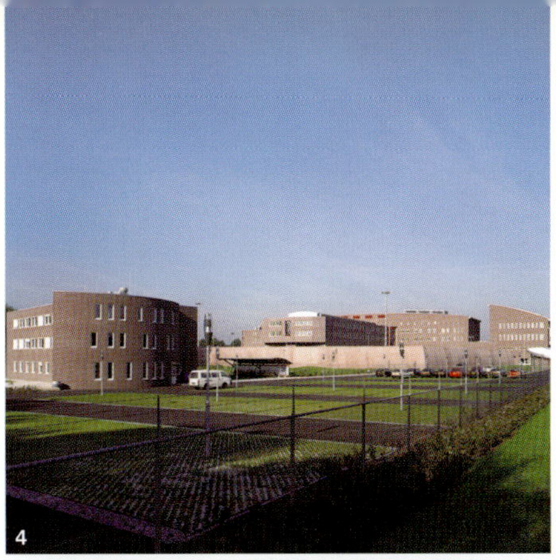

4

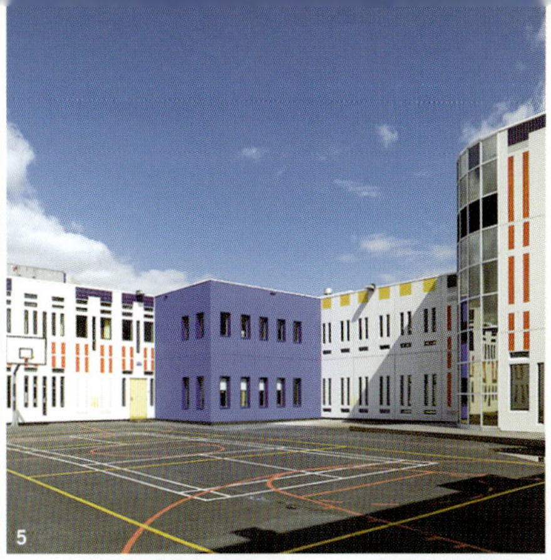

5

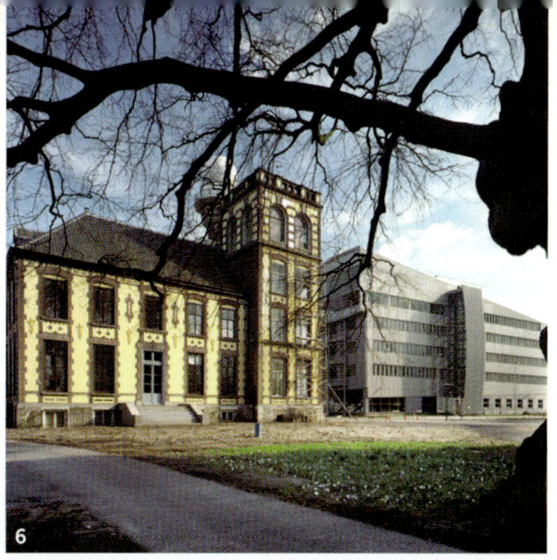

6

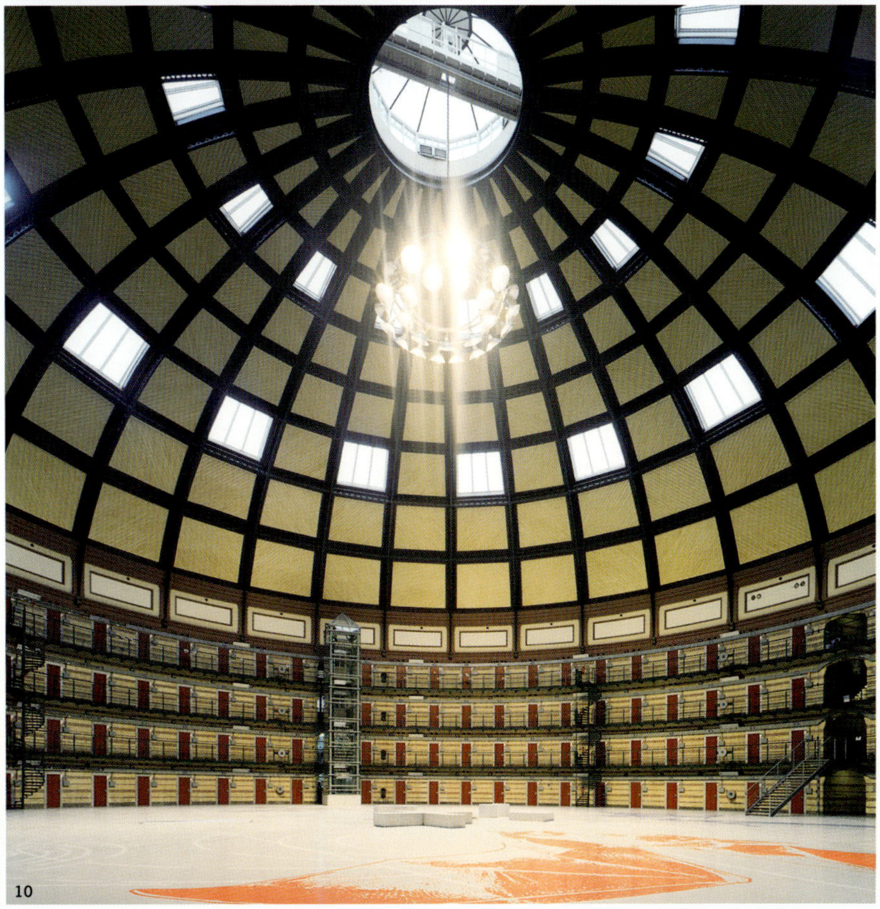

10

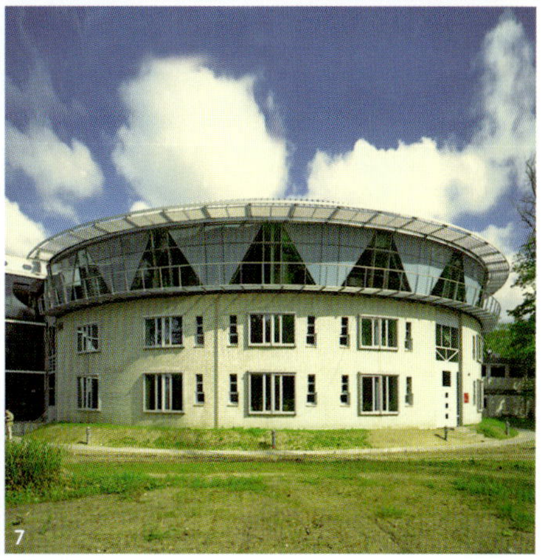

7

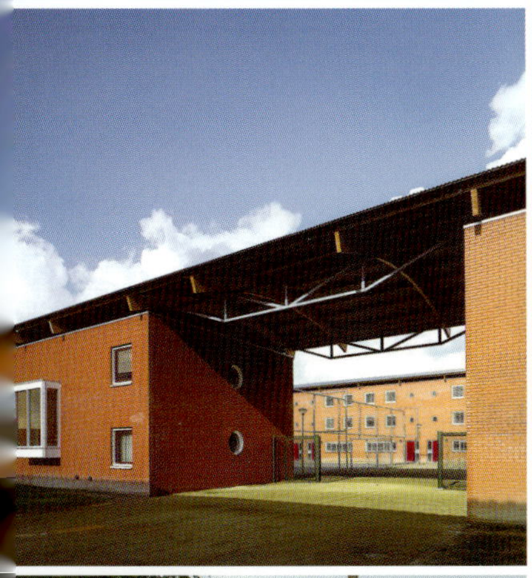

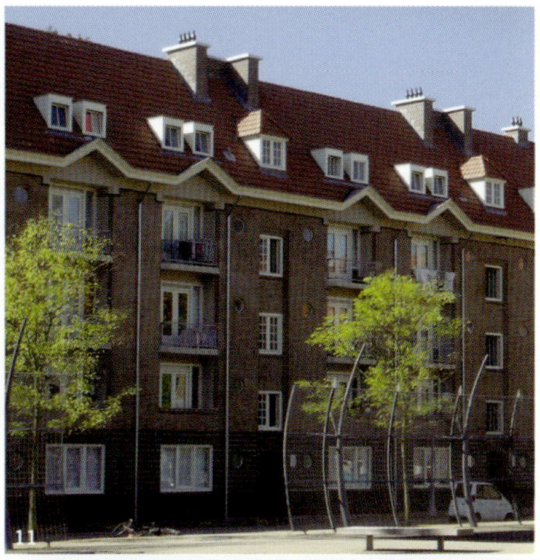

11

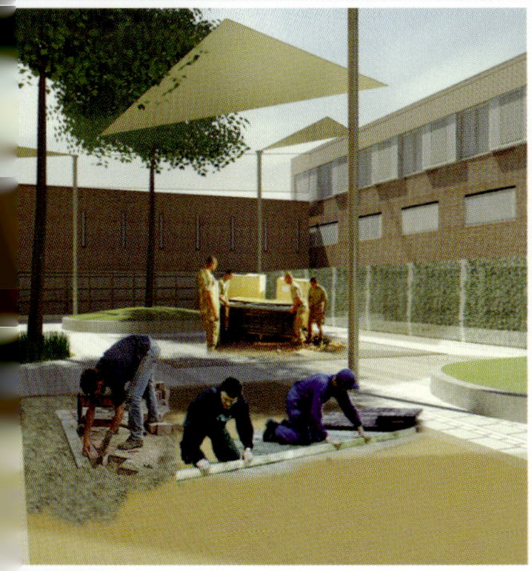

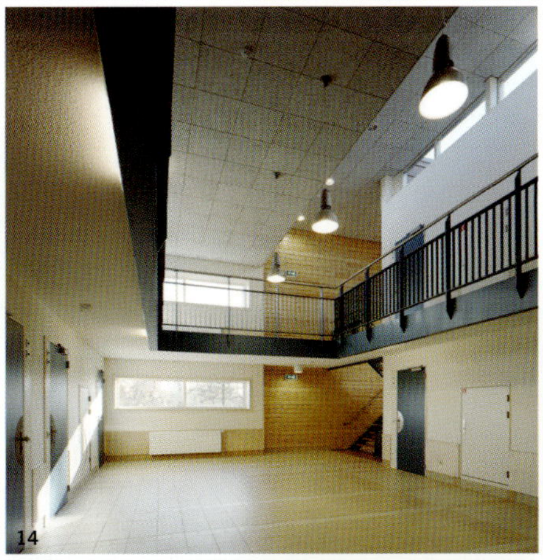

14

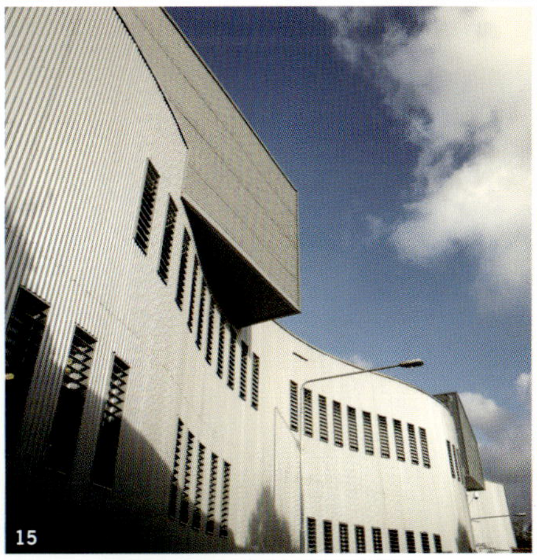

15

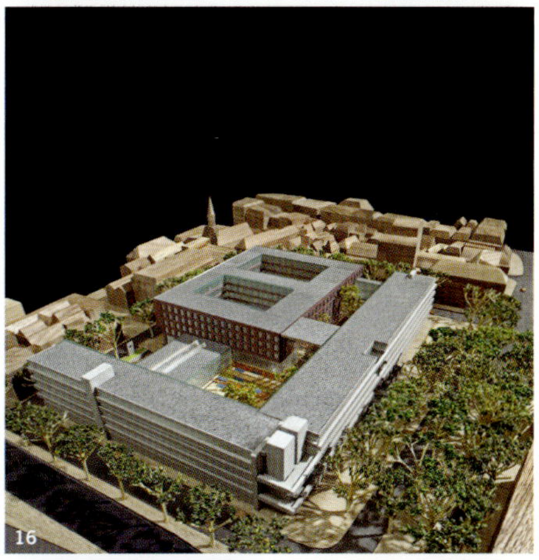

16

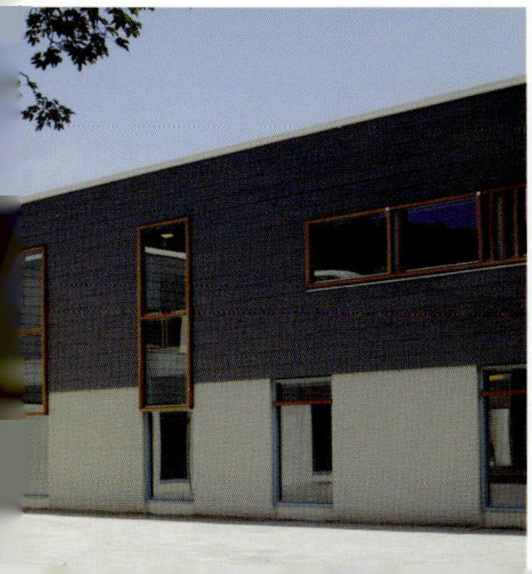

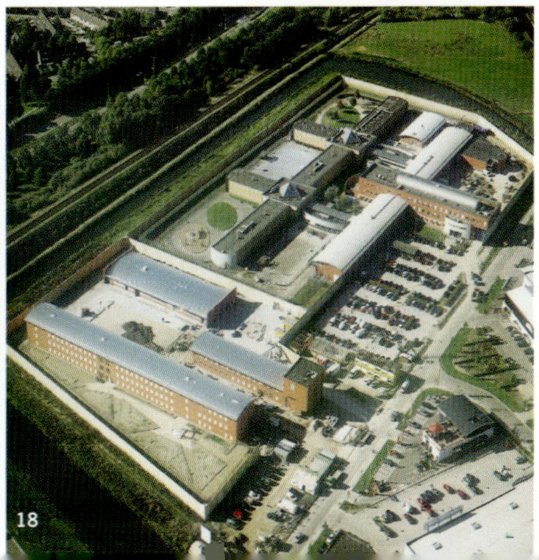

18

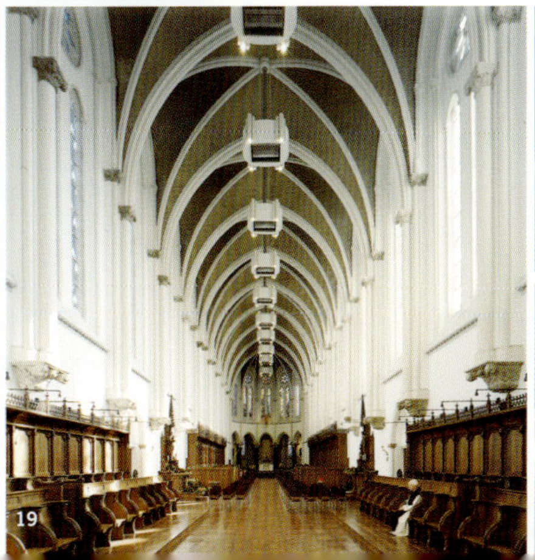

19

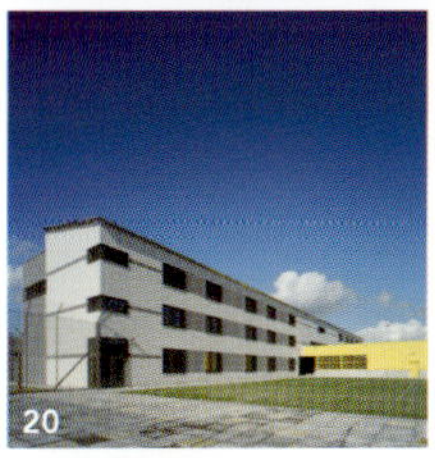

20

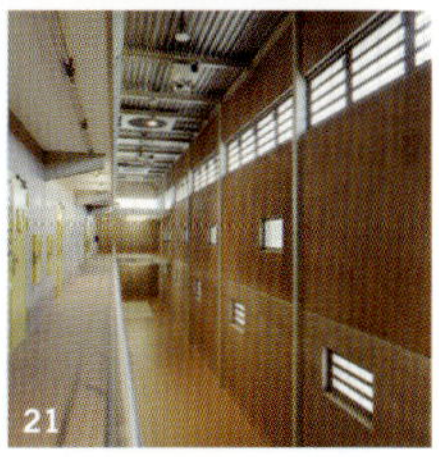

21

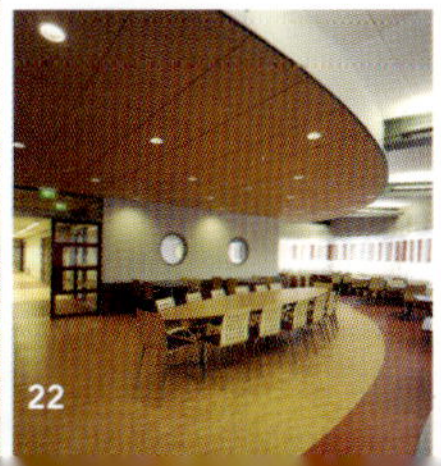

22

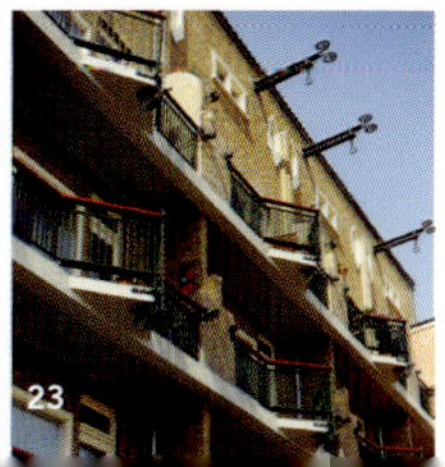

23

Bureau B+O Architecten B.V.

Bureau B+O Architecten B.V. staat voor een nieuwe architectuur: veelzijdig, krachtig, uiterst divers en niet in een stijlvorm te vatten. B+O is een architectenbureau in de klassieke zin van het woord. Het team van B+O bestaat uit overwegend jonge en bekwame mensen, inspirerend naar elkaar en naar de opdrachtgever, die een sfeer kunnen creëren die creativiteit teweegbrengt en grensoverschrijdend werkt. B+O groeit en ontwikkelt zich zelf ook steeds verder, en leert steeds van de projecten die worden opgeleverd, wat een nog hoger kwaliteitsniveau teweegbrengt. Het handelsmerk van B+O is een grote variatie aan projecten. Behalve aan architectonische projecten die geheel en oorspronkelijk van hun hand zijn, werkt B+O aan vele restauratieprojecten en legt zich steeds meer toe op stedenbouwkundige en landschappelijke vraagstukken.

Bureau B+O Architecten B.V. stands for a new architecture: many-sided, powerful, extremely diverse and is not restricted to one particular style. B+O is therefore an architect firm in the traditional way. The team of B+O consists of mainly young and qualified people, inspiring each other and the client. They are able to create an atmosphere in which creativity develops and which opens up new horizons. B+O itself grows and develops itself continuously, and learns from every project delivered. This increases the level of quality. The trademark of B+O is a great diversity of projects. Besides architectural projects, which are complete and original from B+O, we also work on restoration projects and concentrate ourselves more and more on urban development projects and issues of landscape architecture.

1
Villa S te H, winnaar Jan Carmiggeltprijs 2008
Villa S in H, winner of Jan Carmiggelt Prize 2008

2
Modewereld van de Belt, De Wijk
Winnaar Retailjaarprijs 2002
Fashion store Modewereld van de Belt, De Wijk
Winner of Annual Retail Prize 2002

3
Interieur Stef by Nederveen, Enschede
Interior Stef by Nederveen, Enschede

4
Villa B te O
Villa B in O

5
Berylhouse Steengoed, Wapserveen
Berylhouse Steengoed, Wapserveen

6
Woonboot, Muggenbeet
Houseboat, Muggenbeet

Foto's / Photos:
1-3, 5-6 SAPh Rob de Jong
4 Harry Cock

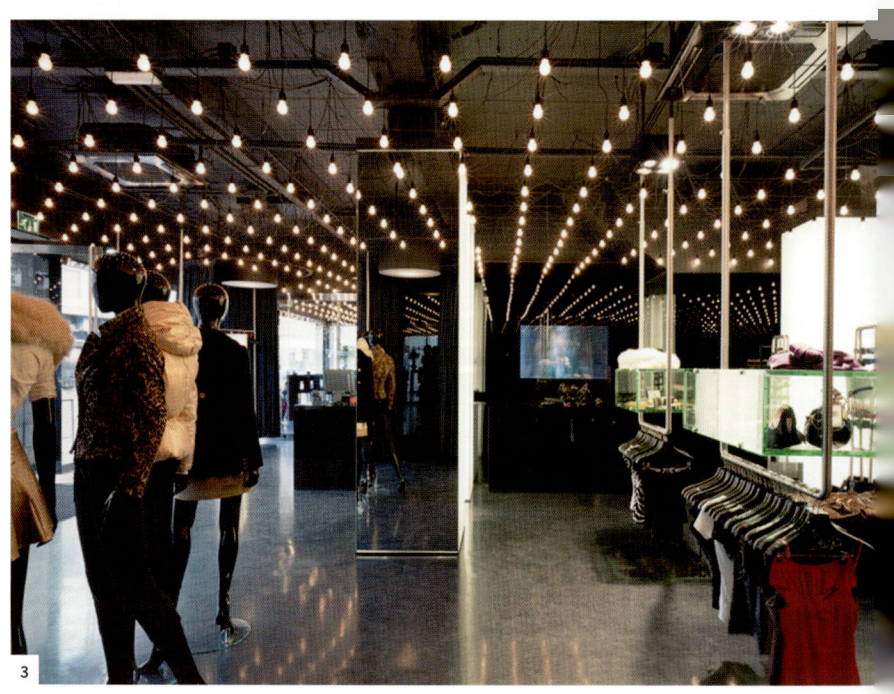

4

5

6

BBVH Architecten bv

**Keuzevrijheid en aanpasbaarheid staan centraal in de woningbouwprojecten van BBVH. Of het nu villa's of rijtjeswoningen betreft, wij vinden dat toekomstige bewoners moeten kunnen meebepalen in ieder project en in elke prijsklasse. Wij streven naar het aanbieden van functionele opties terwijl we de regie over het esthetisch totaalbeeld in eigen hand houden. Om dit proces te stimuleren hebben wij de 'Woonwijzer' ontwikkeld. Met de Woonwijzer kunnen belangstellenden eenvoudig achter de PC hun eigen woning op maat samenstellen.
Kijk voor een demonstratie van de Woonwijzer op www.bbvh.nl/woonwijzer.**

Freedom of choice and adaptability are central to BBVH's housing projects. Whether it's a matter of villas or terraced housing, we feel that future occupants should be able to have a say in every project, whatever the price category. Our aim is to offer functional options while maintaining control over the total aesthetic image. In order to stimulate this process we have developed the 'Woonwijzer', which offers a simple way for interested parties to devise their own custom-made dwelling on their computer.

For a demonstration of the Woonwijzer go to www.bbvh.nl/woonwijzer.

1
Brigidahof Bavel, 17 patiowoningen
Brigidahof Bavel, 17 patio dwellings
Opdrachtgever / Client: HeJa projectontwikkeling
Foto / Photo: Luuk Kramer

2
Binnenhof, 36 appartementen, 5 maisonnettes en parkeerkelder te Heemskerk
Binnenhof, 36 apartments, 5 maisonettes and underground car park in Heemskerk
Opdrachtgever / Client: Woon Op Maat
Foto / Photo: Luuk Kramer

3
Woonhuis en fotostudio Prinseneiland, Amsterdam
House and photography studio on Prinseneiland, Amsterdam
Opdrachtgever / Client: Thesi Geesink
Foto / Photo: Thesi Geesink

4
16 woningen Breda Kroeten
16 dwellings in Kroeten, Breda
Opdrachtgever / Client: HeJa projectontwikkeling
Foto / Photo: Luuk Kramer

5
Kantoor BBVH Architecten en woning architect aan de Rotte te Rotterdam
Office of BBVH Architecten and architect's house on the River Rotte, Rotterdam

6
30 singelwoningen te Hoogvliet
30 canal houses in Hoogvliet
Opdrachtgever / Client: Vestia
Foto / Photo: Erik Leusink

7
De Woonwijzer zoals gebruikt bij de verkoop van de Singelwoningen, www.bbvh.nl/woonwijzer
The Woonwijzer as used in the sale of the Canal houses, www.bbvh.nl/woonwijzer

bd architectuur

B

46 / 47

e-mail info@bdarchitectuur.nl
website www.bdarchitectuur.nl

Boerhaavelaan 4
2334 EN Leiden
T 071-5174911
F 071-5155093

Utrechtseweg 310 | Gebouw B38
6812 AR Arnhem
Postbus 5233
6802 EE Arnhem
T 026-3336943
F 026-3332737

1
Woonwijk Rosa de Lima, Nijmegen
Residential estate Rosa de Lima, Nijmegen

2
Villa, Vierhouten
Villa, Vierhouten

3
Poortgebouwen 'Arenapark', Hilversum
Portal buildings 'Arenapark', Hilversum

4
**Theater 'de Stoep', Spijkenisse
in samenwerking met Blonski architects,
Londen**
Theatre 'de Stoep', Spijkenisse
in cooperation with Blonski architects,
London

5
Herinrichting 'Koemarkt', Purmerend
Redevelopment 'Koemarkt', Purmerend

6
**Gemeentehuis en openbare bibliotheek,
Heemskerk**
Town hall and public library, Heemskerk

7
Woontoren, Ede
Residential tower, Ede

Foto's / Photos: Michel Kievits, Breda
Artist's impression: Blonski architects /
bd architectuur / PI3D

www.bdarchitectuur.nl

bd

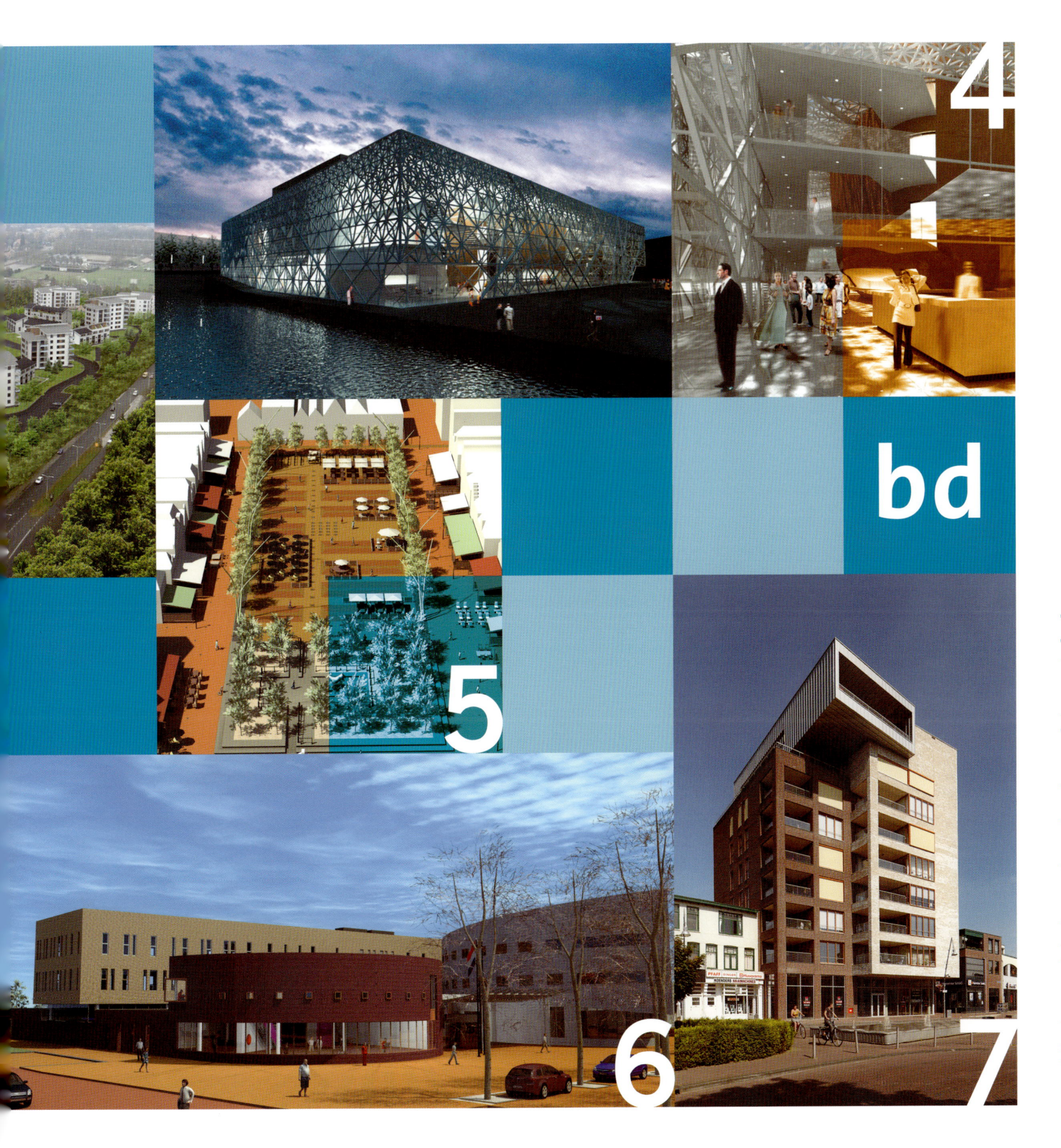

architectuur ■ interieur ■ bouwkunde ■ advies ■ stedenbouw

bd architectuur

BDG Architecten Ingenieurs

BDG Architecten Ingenieurs Zwolle
Postbus 633
8000 AP Zwolle
T 038-4213337
F 038-4215205
e-mail info@bdgzwolle.nl
website www.bdgzwolle.nl

BDG Architecten Ingenieurs Haarlem
Postbus 3139
2001 DC Haarlem
T 023-5517119
F 023-5517188
e-mail info@bdghaarlem.nl
website www.bdghaarlem.nl

BDG Architecten Ingenieurs Almere
Postbus 1611
1300 BP Almere
T 036-5333382
F 036-5342580
e-mail info@bdgalmere.nl
website www.bdgalmere.nl

BDG Architecten Ingenieurs is landelijk werkzaam op het gebied van architectuur, interieurarchitectuur, stedenbouw, civiele techniek, constructies en installatietechniek.
De bureaus hebben veel ervaring met onder andere industriële projecten, kantoren, woningbouw, scholen, theaters, gezondheidszorg, sport en recreatie.
BDG Architecten Ingenieurs operates nationwide within the field of architecture, interior architecture, urban planning, civil engineering, construction and installation engineering.
The firms have a great deal of experience that includes industrial projects, offices, housing, schools, theatres, health services, sport and recreation.

1
Woningen, Groningen
Dwellings, Groningen

2
Woningen, Kampen
Dwellings, Kampen

3
Woningen, Deventer
Dwellings, Deventer

4-5
Appartementen + winkels, Hengelo (O)
Apartments + shops, Hengelo (O)

6
Agrarische Hogeschool, Dronten
Agrarian College, Dronten

7
Brandweer, Weert
Fire-department, Weert

8
Stedenbouwkundige visie, Grudziądz (Polen)
Urban planning proposal, Grudziądz (Poland)

9
Woonhuis, Almere
Dwelling, Almere

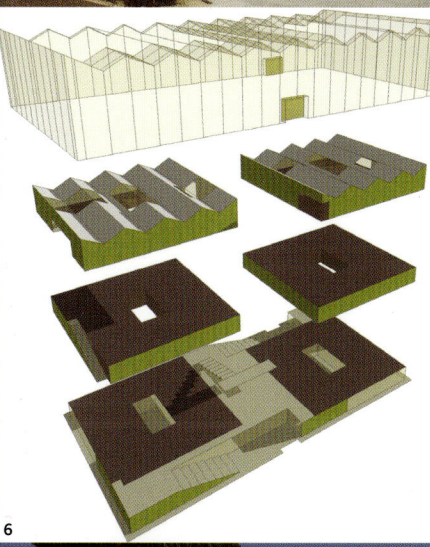

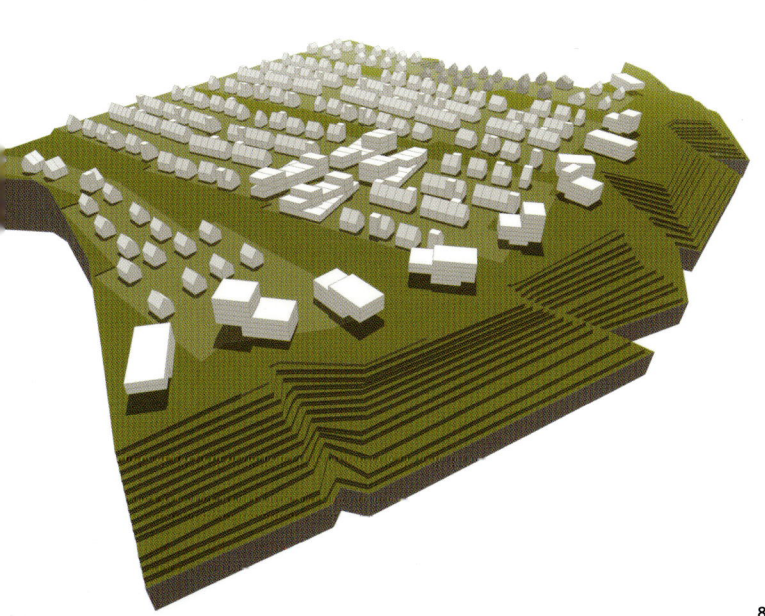

2 3

4 5 6

8 9

Böhtlingk
architectuur

Böhtlingk architectenbureau benadert het werk zoals een uitvinder dat doet. Het vormgeven van ideeën, toegesneden op de functie, en uitwerking tot in het kleinste detail. Na realisatie moet een project zo sterk zijn dat het voor zichzelf kan spreken. Het bureau maakt zowel vaste als mobiele werken, die soms in een opdracht samenvallen.

The firm of Böhtlingk architecten approaches the work in the same way that an inventor does. Giving form to ideas, tailored to the function and worked out down to the smallest details. After its completion a project should be so strong that it can speak for itself. The firm makes both permanent and mobile buildings, which sometimes coincide in one assignment.

Literatuur over het werk van het bureau / literature on the firm's work:
Portable Architecture III - Robert Kronenburg / Elsevier ISBN 0-7506-5653-0
Living in Motion - Vitra Design Museum ISBN 3-931936-35-X
Parasite Paradise - NAi publishers / SKOR ISBN 90-5662-329-X
Collapsibles - Per Mollerup / Thames & Hudson ISBN 0-500-28309-5
Portable Architecture - Pilar Echevarria M. / Linksbooks ISBN 84-89861-38-2
Architecture & Mobility - Gino Finizio / Skira ISBN-10: 88-6130-071-5
Flexible - Robert Kronenburg / Laurence King ISBN 879-1-85669-461-2
Bodyscape - DAMDI ISBN 978-89-91111-27-1

e-mail mail@bohtlingk.nl
website www.bohtlingk.nl

T 010-5914807
F 010-5927003

's Herenstraat 40
3155 SK Maasland
Postbus 80
3155 ZH Maasland

1
Van de fiets op de bus: een dorps transferium in Maasland.
Een open fietsenstalling, wachtruimte, eetcafé en snackbar onder één dak, in hoogte oplopend van fiets- tot bushoogte.
From bicycle to bus: a village transportation exchange centre in Maasland.
An open bicycle garage, waiting room, small restaurant and snackbar, all under one roof, sloping upwards from bicycle to bus height.

2
Zittend en staand werk onder één dak: Drukgroep Maasland.
Een uitbreidbare drukkerij waarbij elke 'moot' van het gebouw een compleet drukkerijsegment bevat. Er is sprake van een wezenlijk nieuw concept voor een drukkerij.
Working sitting and standing under one roof: Drukgroep Maasland.
An expandable printing establishment where every 'piece' of the building contains a complete part of the printery. It is a question of an essentially new concept for a printing establishment.

3
Mobiel wonen: uitklapbare caravan De Markies.
Een verrijdbaar huisje zo mobiel als een caravan. Eenmaal aangekomen op de plaats van bestemming worden de zijwanden uitgeklapt. De Markies is bekroond met de publieksprijs van de Designprijs Rotterdam 1996 en maakt deel uit van de Vitra tentoonstelling Living in Motion.
Mobile living: The Markies collapsible caravan.
A little house on wheels, as mobile as a caravan. Having arrived at its destination, the side walls are folded out. The Markies was awarded the public prize of the 1996 Rotterdam Design Prize was included in the Vitra exhibition Living in Motion.

4
Een huis als een boerderij: woonhuis voor dierenarts.
Het ontwerp bestaat uit een 'warm huis', een binnentuin en een schuur onder één dak. Het hemelwater wordt verzameld in een drinkbak voor de paarden.
A house as a farm: a house for a vetinary surgeon.
The design consists of a 'warm house', a courtyard garden and a shed, all under one roof. Rain-water is collected in a trough for the horses.

5
Lamp vertelt geschiedenis in nieuw clubhuis.
Voor dit project is een speciaal bararmatuur ontworpen, waarop de geschiedenis van de tennisclub, als herinnering aan het vorige gebouw, in een fotocollage verbeeld is.
Lamp tells history in new clubhouse.
A special bar fitting has been designed for this project, on which the history of the tennis club, as a reminder of the previous building, is represented in a photo collage.

6
Wonen met de rug in het zand in Bergen op Zoom.
In tegenstelling tot andere vrijstaande woningen stelt deze woning zich aan de rand van het terrein op, ruimte latend aan een riante tuin. Door het begroeide dak lijkt het alsof de woning zich vanuit het bestaande talud opricht en de tuin inkijkt.
Living with the back in the sand in Bergen op Zoom.
In contrast to other detached dwellings, this house takes up a position at the edge of the terrain, allowing space for a spacious garden. The overgrown roof makes it look as though the house is raisaing itself up from the existing slope and looking into the garden.

7
Vorm volgt klimaat in hoofdkantoor Rabobank Westland de Lier (in aanbouw).
Het coöperatieve karakter van de Rabobank is uitgedrukt in de vorm: er wordt gewerkt in een ovalen ring rondom een echte boom in een open 'groen' atrium. Het gebouw (CO2 neutraal) is zo 'licht' ontworpen dat het in zijn eigen energie kan gaan voorzien en er bijna zonder kunstverlichting gewerkt kan worden. Het interieur wordt tevens door ons ontworpen.
Form follows climate in the Rabobank Westland headquarters, Westland de Lier (in construction).
The cooperative nature of the Rabobank is expressed in the form: work is conducted in an oval ring around a real tree in an open, 'green' atrium. The building (CO2 neutral) has been designed in such a 'light' manner that it supplies its own energy and work is carried out with almost no artificial lighting. We have also designed the interior.

8
Kleur maakt proces inzichtelijk: slibcompostering Amersfoort.
Door het sculpturale gebruik van functie en vorm in combinatie met kleur oogt het gebouw vanuit iedere positie anders en heeft daardoor een verfrissend effect op de directe omgeving.
Colour reveals process: silt composting, Amersfoort.
The sculptural use of function and form in combination with colour means that the building looks different from every position, thereby having a refreshing effect on the immediate surroundings.

9
Inzicht en uitzicht: de Spotter voor de Oosterschelde.
Een lange drijvende trap die op afstand schijnbaar door een gat in het water (of grond) naar de bodem verdwijnt. Dichterbij gekomen ziet de bezoeker dat hij onder de waterspiegel kan komen om daar de onderwereld waar te nemen.
Insight and outlook: the Spotter for the Oosterschelde.
A long, floating staircase that, when seen from a distance, appears to disappear through a hole in the water (or ground) to the bottom. On coming closer, the visitor sees that he can descend below the surface of the water in order to observe the underwater world.

10
Opklimmende gevels in de stad.
Een kleinschalig woningbouwproject in Maassluis met een geleding in de gevels die aansluit op de fijnschalige binnenstad.
Ascending facades in the city.
A small-scale housing project in Maassluis with articulated facades connecting with the intricate scale of the inner city.

11
Eerst de meubels, dan het huis: de 'Mobiele Eenheid'.
Vaak wordt het huis voor de bewoner pas duidelijk als de meubels worden uitgezocht. Het voorstel is daarom om te beginnen bij de meubels. Na het onderbrengen van het woonprogramma in mobielen wordt de gevel er als een tweede huid omheen gedrapeerd.
First the furniture, then the house: the 'Mobile Eenheid'.
A house often only becomes clear for the inhabitant when the furniture is sorted out. The proposal is therefore to begin with the furniture. After the pieces of furniture have been placed the facade is draped around them like a second skin.

12
Laadplaats bij nacht in Euroveen te Grubbenvorst.
Euroveen is het het eerste bedrijf in Europa waarbij potgrond en dekaarde naast elkaar geproduceerd worden.
Nighttime loading bay in Euroveen, Grubbenvorst.
Euroveen is the first company in Europe to produce potting compost and surface soil next to each other.

13
Mooi uitzicht vanuit dakkapel.
Duyvenvoorde: een hof van vijftig appartementen met dakkapellen die ver uit het dak steken voor optimaal uitzicht.
A great view from the dormer window.
Duyvenvoorde: a court of fifty apartments with dormer windows protruding far from the roof for an optimum view.

Foto's / Photos:
1, 2, 3, 6, 8, 10, 12 Roos Aldershoff
4 Rob 't Hart
5, 13 Eelco Böhtlingk

Cita: architecten bna

Cita: architecten is een bureau met ruime ervaring in woningbouw, multifunctionele gebouwen, (brede) scholen, kinderdagverblijven en utilitaire werken zoals: zorg- en gezondheidscentra, bedrijfsgebouwen en sportvoorzieningen.
Wij ontwerpen van stedenbouw tot interieur. We gaan hierbij op zoek naar het specifieke en bijzondere van elke opgave. We maken graag iets passends voor elke plek en iets bijzonders als dat nodig is. In ieder geval stemmen wij het gebouw altijd af op de mensen voor wie wij bouwen.

Cita: architecten is a firm with wide experience in housing, multifunctional buildings, (community) schools, day nurseries and utility buildings such as heath centres, commercial buildings and sports facilities.
Our designs range from urban planning to interiors. We search out what is specific and special about each assignment. Our aim is to make something that fits the location concerned and something special when that is needed. In any event we always gear the building to the people for whom it is built.

1-3
Acht villa's in bosrijke omgeving, Bilthoven, 2008
Verrassende diagonale zichtlijnen
Eight villas in wooded surroundings, Bilthoven, 2008
Surprising diagonal sight lines

4-6
Multifunctioneel Centrum Nesselande, Rotterdam, 2005
Een basisschool met 34 klassen, 2 gymzalen, schoolwoningen, een kinderdagverblijf, peuterspeelzalen, buitenschoolse opvang, 110 ouderenwoningen met ouderenvoorzieningen, 2 groepswoningen voor minder validen, sociaal cultureel werk en educatieve tuinen
Nesselande multifunctional centre, Rotterdam, 2005
A primary school with 34 classrooms, 2 gyms, school dwellings, a day nursery, playgroups, afterschool care, 110 dwellings with facilities for the elderly, 2 group dwellings for the (semi)invalid, socio-cultural work and educational gardens

7-8
17 multifunctionele, flexibele bedrijfsgebouwen, Utrecht, eind 2008. De 'frames', modules en gevelelementen zijn te combineren tot een bedrijfsruimte op maat
17 multi-purpose, flexible commercial buildings, Utrecht, end of 2008. The 'frames', modules and facade units can be combined to form a made-to-measure commercial space

Foto's / Photos: Paul Gerlings

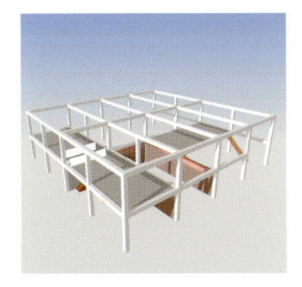

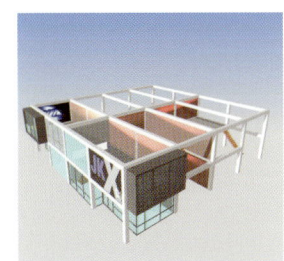

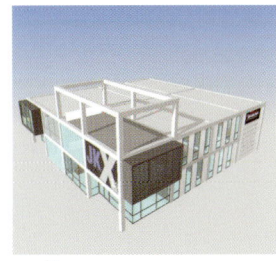

4

5

6

7 8

Crepain Binst Architecture nv
Stedenbouw, architectuur, interieur en design

Crepain Binst Architecture staat voor de stijlfusie van de architect-stedenbouwkundigen Jo Crepain (°1950) en Luc Binst (°1973). Het is de start van een tweede jeugd met een aangescherpte ambitie en frisse wind die ons vanuit een breed spectrum aan projecten dichter moet brengen bij de essentie en werking van een topbureau met een artistieke présence en vele mogelijkheden.

Crepain Binst Architecture hanteert architectuur als een artistiek medium om opdrachten pragmatisch te vertalen tot gebouwde abstracte creaties van conceptuele logica en eenvoud. Uit elke site, met haar randvoorwaarden en eigen identiteit, worden steeds de bruikbare signalen gedistilleerd als basis en setting voor elk ontwerpproces. Samen met de door de opdrachtgever aangereikte verlangens, beperkingen, eisen en gangbare normen wordt er steeds intensief gezocht door middel van een communicatief en creatief proces. Conceptuele zuiverheid, verhouding, dynamiek, expressie, licht, kleur, ruimte en schaal zijn hierbij onze kernwoorden. De ontwerpen worden vertaald in concrete realisaties met onderzoek naar vernieuwend materiaalgebruik, conceptueel ondersteunende detaillering en geraffineerde textuurtoepassing tot een eigen duidelijk herkenbare identiteit. Naast verbouwingen of nieuwbouw van woon-, kantoor- en publieke gebouwen, behoren ook kruisbestuivingen met andere creatieve media tot het opdrachtenspectrum.

Crepain Binst Architecture is een multidisciplinair team samengesteld uit een 70-tal ingenieur-architecten, architecten, interieurarchitecten en stedenbouwkundigen, waardoor een totaal design of ontwerp kan gerealiseerd worden.

Crepain Binst Architecture stands for the merger of styles between architects and urban designers Jo Crepain (°1950) and Luc Binst (°1973). It marks the start of a second youth, with heightened ambition and a breath of fresh air, providing access to a broader range of projects, and bringing us closer to the essence and operation of a top-notch firm with a strong artistic presence and many opportunities.

Crepain Binst Architecture deals with architecture as a practical artistic medium to transform assignments into abstractly built creations of conceptual logic and simplicity. The useful signals are constantly distilled from every site, with its peripheral conditions and its own identity, as basis and the setting for every designing process. Considering the client's requirements, limitations, demands and acceptable standards, we continue to look for solutions through communication and creativity. Conceptual purity, proportion, dynamics, expression, light, colour, space and scale form our core values. The designs are turned into actual realizations following research into the use of renewable materials, conceptually supporting detail and a refined application of texture, to reflect our own clearly recognizable identity. Apart from alterations or the construction of new homes, offices and public buildings, a "cross-pollination" by other creative media also forms part of the range of assignments.

Crepain Binst Architecture is a multidisciplinary team comprising some seventy engineer-architects, architects, interior architects and urban designers that is capable of realizing designs in their totality.

40.000 m² kantoren + 20.000 m² parking aan station, Leuven
40,000 m² offices + 20,000 m², parking at the Station of Leuven

Nieuwbouw van 75 luxe-appartementen, Weert
Construction of 75 luxury apartments, Weert

Nieuwbouw urban villa met 16 luxe-appartementen, Bergen op Zoom
Urban villa with 16 luxury apartments, Bergen op Zoom

26 woningen en 94 appartementen, Leerdam
26 dwellings and 94 apartments, Leerdam

D

Dam & Partners Architecten

56 / 57

e-mail office@damenpartners.com
website www.damenpartners.com

T 020-6234755
F 020-6277280

Schipluidenlaan 4
1062 HE Amsterdam

www.damenpartners.com

Kantoren Cuserpark, Amsterdam, 2008
Offices Cuserpark, Amsterdam, 2008
Foto / Photo: Luuk Kramer

Dam & Partners Architecten

Kantoren Galgenwaard, Utrecht, 2008
Offices Galgenwaard, Utrecht, 2008
Foto's / Photos: Luuk Kramer

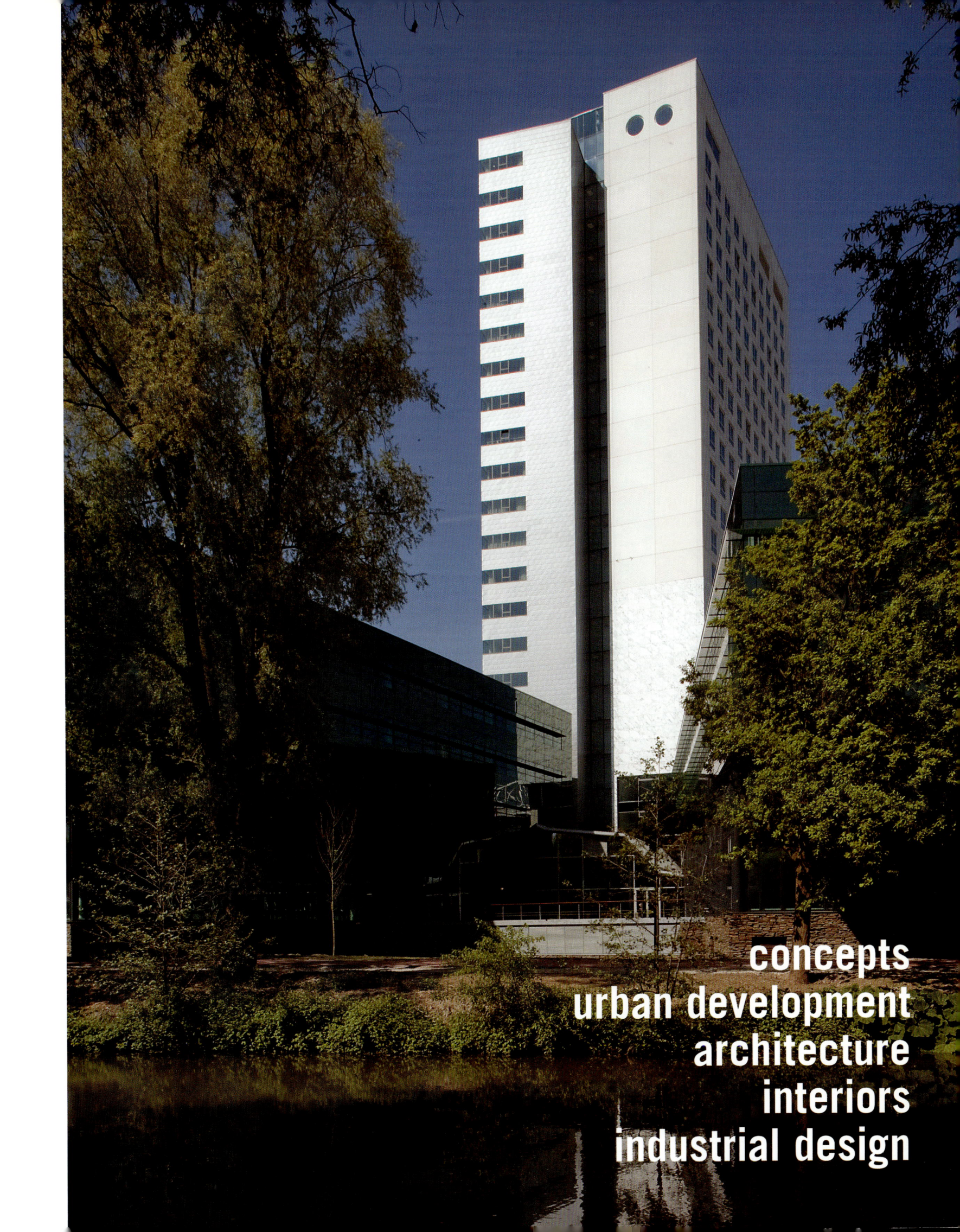

concepts
urban development
architecture
interiors
industrial design

DKV architecten

Insula College, Dordrecht

Witbrant West, Tilburg

Belastingkantoor Stationsplein, Apeldoorn

2e Katendrechtse Haven, Rotterdam

Hoge Veld, Wateringen

Het Funen, Amsterdam

Parkwijk-Zuid, Leidsche Rijn, Utrecht

Kop van Havendiep, Lelystad

Comenius College, Nieuwerkerk aan den IJssel

DKV architecten is een in Rotterdam gevestigd architectenbureau dat wordt geleid door de partners Roel Bosch, Herman de Kovel, Wico Valk en Paul de Vroom. Het bureau is in 1984 opgericht door Dolf Dobbelaar, Herman de Kovel en Paul de Vroom en telt inmiddels circa veertig medewerkers.
Het werkterrein van DKV strekt zich uit van woningbouw en stedenbouw tot uiteenlopende vormen van utiliteitsbouw.

Het werk van DKV laat zich karakteriseren door 'kracht van de eenvoud'. De ontwerpen vallen op door helderheid van organisatie en vorm. DKV is gericht op de essentie van de opdracht en geeft met een oorspronkelijk, tijdloos ontwerp een trefzeker antwoord op de opgave. Flexibiliteit als ontwerpthema speelt daarbij een steeds grotere rol.

e-mail info@dkv.nl
website www.dkv.nl

T 010-4138243
F 010-4140841

Schiedamsedijk 42
3011 ED Rotterdam

Fotografie / Photography: Luuk Kramer, Bastiaan Ingen Housz, Rob 't Hart, Theo Baart, Raoul Suermondt, Jeroen Musch, DKV architecten

Strandweg Noord, Hoek van Holland

Stadsgevangenis Hoogvliet, Rotterdam

Appartementen Stationsplein, Apeldoorn

Noorderplassen, Almere

Studentenhuisvesting 'Science Park', Amsterdam

Westerkaap II, Amsterdam

Singelblok, Amstelveen

Schutterstoren Meer en Oever, Amsterdam

Fruittuinen, Hoofddorp

DKV Architecten has its base in Rotterdam, the Netherlands. The architectural office was founded in 1984 as Dobbelaar, de Kovel, de Vroom Architekten, and is currently led by the partners Roel Bosch, Herman de Kovel, Wico Valk, and Paul de Vroom. It has now expanded into a company with around forty members of staff. DKV's field of operation ranges from housing construction and urban development to miscellaneous forms of commercial and industrial building.

DKV's work is characterised by a symplicity that speaks for itself, with designs that make an impact through their organisational clarity and physical form. DKV seeks to identify the essence of any given project and to devise a targeted answer and an original time based design – a design that is innovative, yet at the same time surprisingly self-evident. Flexibility as a design factor plays with that a major role.

döll - atelier voor bouwkunst

www.dollab.nl

e-mail mail@dollab.nl
website www.dollab.nl

T 010-2718200
F 010-2718222

Haringvliet 100
3011 TH Rotterdam
Postbus 2555
3000 CN Rotterdam

1 hamburg, duitsland
kantoorgebouw holland haus /
holland haus office building
client quantum immobilien ag

2 haarlem
theater de toneelschuur /
de toneelschuur theatre
client gemeente haarlem / de toneelschuur

3 rotterdam
kantoor döll haringvliet 100 /
döll office haringvliet 100
client döll - atelier voor bouwkunst

4 nesselande
aurora villa's /
aurora villas
client aannemingsbedrijf w. schipper

5 ijsselstein
appartementen new limits /
apartments new limits
client ijsselsteinse woningbouwvereniging

6 haarlem
johannes enschedé hof /
courtyard housing for elderly
client ymere

7 diemen
seniorenappartementen berkendaal /
apartments for elderly berkendaal
client de principaal

8 bielefeld, duitsland
masterplan hochschulcampus /
masterplan hochschulcampus
client blb nrw / fachhochschule / universität / stadt bielefeld

9 ijburg
appartementen blok 17 /
multifunctional block 17
client ijburger maatschappij

10 nesselande
maatschappelijke woonvoorziening /
rehabilitation housing
client ontwikkelingsbedrijf rotterdam

11 krefeld, duitsland
multifunctioneel kantoorgebouw rheinstrasse /
multifunctional office building rheinstrasse
client sparkasse krefeld / westdeutsche zeitung

2 project van henk döll uit zijn mecanoo-tijd /
project of henk döll from his mecanoo-time
foto's en beelden / photos and images
1 olivier heissner, **2, 5, 6** christian richters, **3** janine schrijver, **4** rob 't hart, **7-11** döll - atelier voor bouwkunst

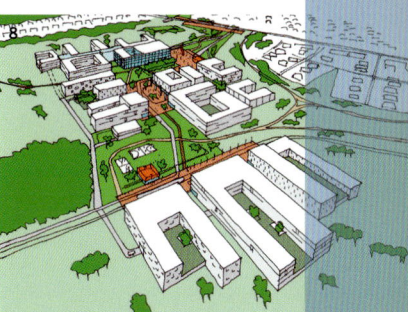

ENGELMAN ARCHITECTEN BV

Restaurant Bosmolenplas
Heel 2007

Restaurant en brasserie gelegen in het recreatiegebied Maaspark De Boschmolenplas
Opdrachtgever: Aqua Terra bv Heel
Restaurant and brasserie located in the Maaspark De Boschmolenplas recreation area
Client: Aqua Terra bv, Heel

1
Restaurant havenzijde
Restaurant, harbour side

2
Interieur restaurant
Interior of restaurant

3
Zicht vanuit het Maaspark
View from the Maaspark

4
Zicht vanuit de jachthaven
View from the marina

5
Zicht vanuit de parkeerplaats
View from the car park

De Boreel
Deventer 2007

Grootschalige retail, ondergrondse parkeergarage, horeca, family entertainment, bioscoop, fitness en woningen
Opdrachtgever: DC Vastgoedontwikkeling Deventer
Bouwalliantie: Aan de Stegge Twello, Engelman Architecten bv, Jo Crepain Architecten nv, JVZ Raadgevend Ingenieursburo bv, Versnel & Partners Management en Engineering bv

Large-scale retail, underground car park, restaurant, family entertainment, cinema, fitness centre and apartments
Client: DC Property Developers, Deventer
Building alliance: Aan de Stegge Twello, Engelman Architecten bv, Jo Crepain Architecten nv, JVZ Raadgevend Ingenieursburo bv, Versnel & Partners Management and Engineering bv

Foto's / Photos: Leon Abraas

6
Entree vanuit de historische stad
Entrance as seen from the historical city

7
Parkeergarage
Indoor car park

8
Winkelas naar de historische stad
Shopping axis towards the historical city

9
Entree vanaf de gracht
Entrance from the canal

10
Entree vanuit de historische stad
Entrance as seen from the historical city

11
Entree woningen
Entrance to apartments

Factor Architecten bv

e-mail info@factorarchitecten.nl
website www.factorarchitecten.nl

T 026-3844460
F 026-3844479

Geograaf 40
6921 EW Duiven
Postbus 223
6920 AE Duiven

Factor Architecten staat voor duurzame architectuur en stedenbouw, gericht op iedere specifieke situatie en opdrachtgever. Een gedegen analyse van de opgave in overleg met de opdrachtgever en toekomstige gebruikers achten wij van groot belang. In de formulering van een helder ruimtelijk concept spelen aspecten als de inpassing in de omgeving, oriëntatie, lichtinval en kleur- en materiaalgebruik een belangrijke rol. Een secure, kosten- en milieubewuste detaillering ondersteunt het ontwerp.

Factor Architecten verricht stedenbouwkundige studies en is actief in nieuwbouw-, renovatie- en interieuropgaven. Het werk omvat verschillende vormen van woningbouw, kantoren, (brede) scholen, multifunctionele accommodaties, publieke voorzieningen, hotels, bedrijfsgebouwen, winkels en recreatieprojecten. Factor Architecten is opgericht in 1974 als onderdeel van de IA Groep te Duiven. Opdrachten voor ontwerp kunnen in samenwerking met de zusterbedrijven IA Bouwkunde, IA Werktuigbouw, IA Elektrotechniek en Feenstra adviseurs worden aangenomen. Factor Architecten werkt nationaal en internationaal.

Factor Architecten is gecertificeerd conform ISO 9001.

Factor Architecten stands for sustainable architecture and urban planning, focussed on each specific situation and client. We regard as crucially important a thorough analysis of the assignment in consultation with the client and future users. Aspects such as incorporation into the surroundings, orientation, incidence of light and colour and use of material play an important role in formulating a clear spatial concept. The design is supported by meticulous detailing that is both cost-effective and environmentally responsible.

Factor Architecten carries out urban planning studies and is active in assignments for new buildings, renovations and interiors. Its work includes various forms of housing, offices, (community) schools, multifunctional accommodation, public facilities, hotels, commercial buildings, shops and recreational projects. Factor Architects was established in 1974 as part of the IA Group in Duiven. Design commissions can be taken on in collaboration with the sister companies IA Building Engineering, IA Mechanical Engineering, IA Electrical Engineering and Feenstra consultants. Factor Architecten works both nationally and internationally.

Factor Architects is ISO 9001 certified.

1
Villa, Beekbergen
Villa, Beekbergen

2
Recreatiepark Resort Walensee, Zwitserland
Walensee Recreation Park and Resort, Switzerland

3
Dorpscentrum, Loosdrecht
Village centre, Loosdrecht

4
Woonzorgcomplex, Mookerschans
Assisted living complex, Mookerschans

5
Citadel College, Lent
Citadel College, Lent

6
Starterswoningen Katarijnehof, Kerkdriel
Katarijnehof dwellings for first-time buyers, Kerkdriel

7
Brede school, Gennep
Community school, Gennep

8
Cultureel- en activiteitencentrum Pica Mare, Gennep
Pica Mare cultural and activities centre, Gennep

9
75 woningen Pagepark, Gennep
75 dwellings, Pagepark, Gennep

FACTOR

FACTOR ARCHITECTEN BV

FARO architecten

e-mail info@faro.nl
website www.faro.nl

T 0252-414777
F 0252-415812

Lisserweg 487d
2165 AS Lisserbroek
IJsselkade 28
7201 HD Zutphen

Blok 25 IJburg - 115 woningen, kinderdagverblijf en commerciële ruimten
Blok 25 IJburg – 115 dwellings, day nursery and commercial spaces
Foto / Photo: Luuk Kramer

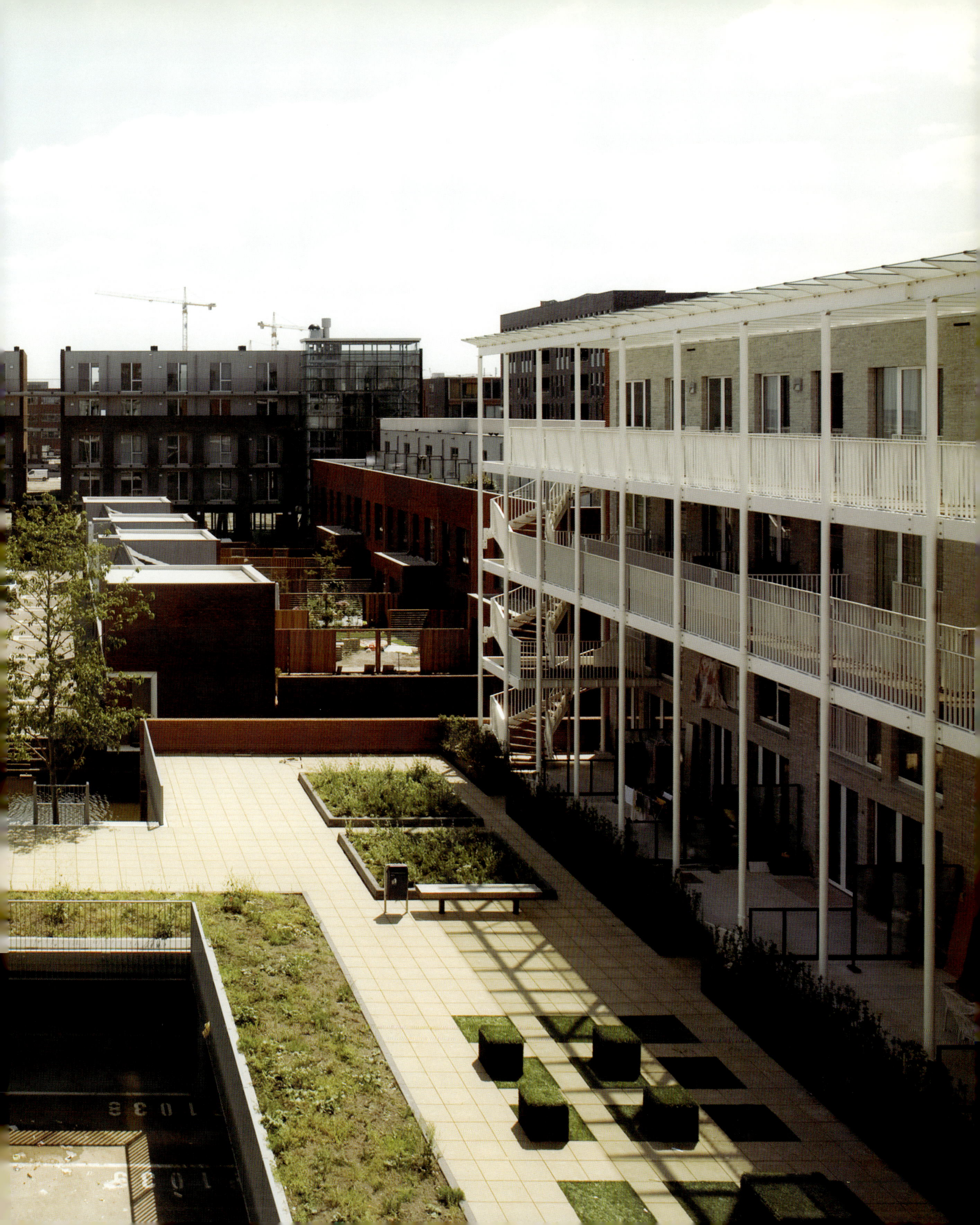

Fillié & Verhoeven

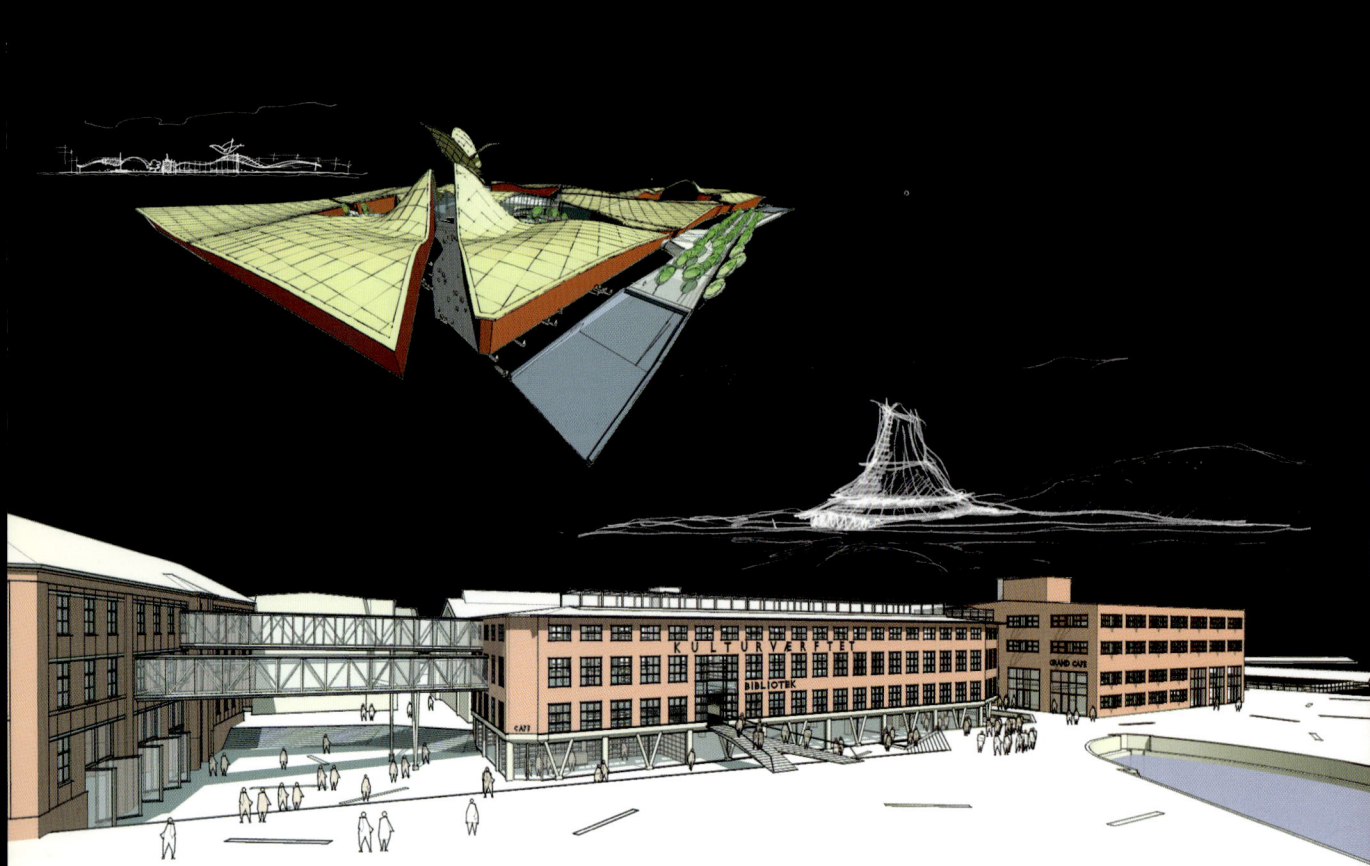

70 / 71

T 070-3954218
F 070-3191484
e-mail info@colourfulcity.com
website www.colourfulcity.com

Fonteijnenburghlaan 19
2275 CZ Voorburg

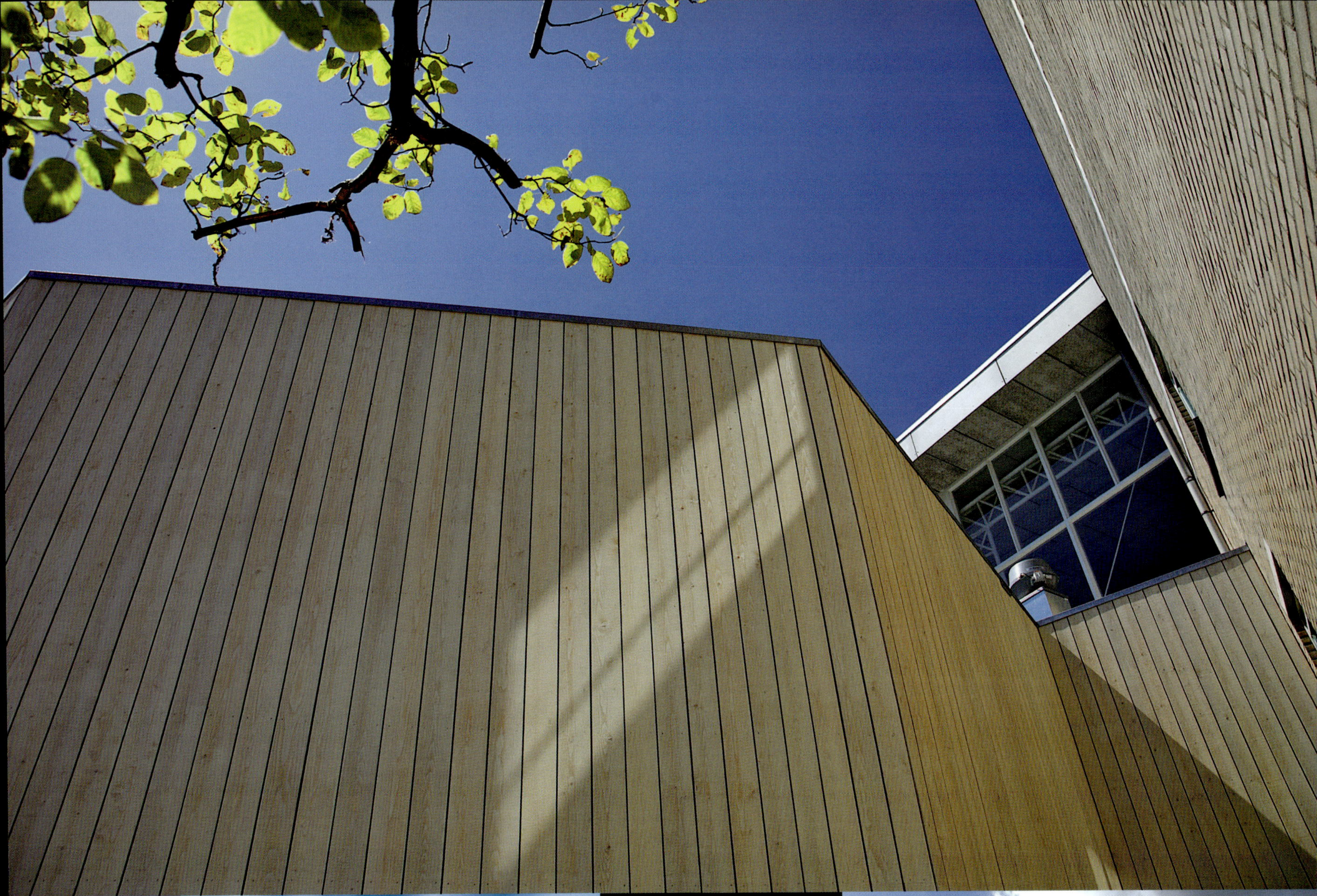
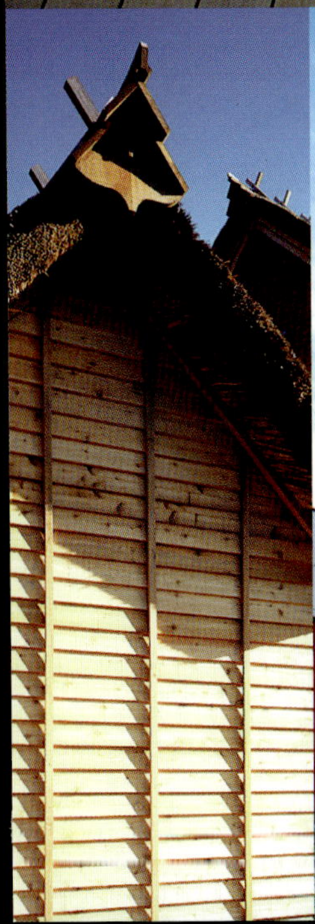
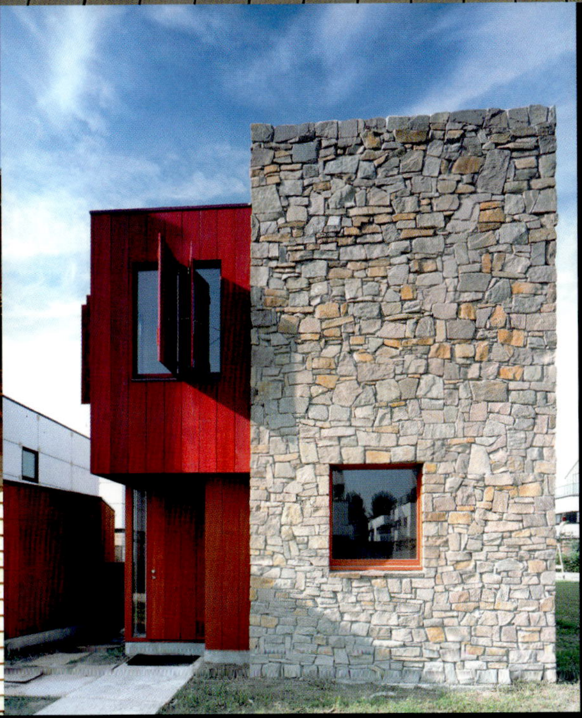
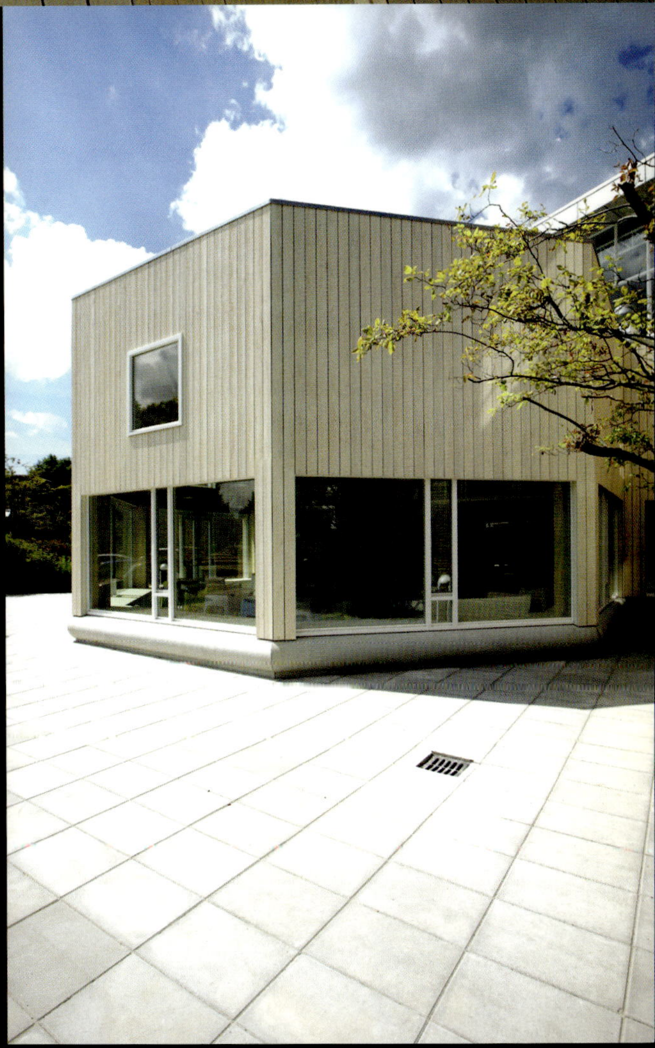

FKG architecten aan de zaan

72 / 73

e-mail fkg@fkg.nl
website www.fkg.nl

T 075-6474991
F 075-6215852

Lagedijk 308
1544 BX Zaandijk
Postbus 90
1540 AB Koog aan de Zaan

SPREKEND FKG.NL

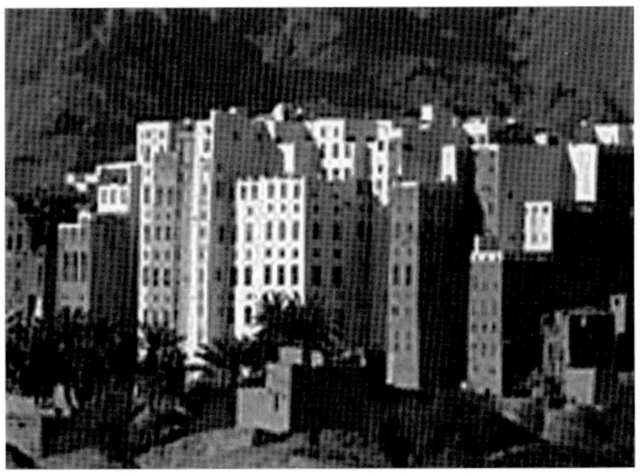
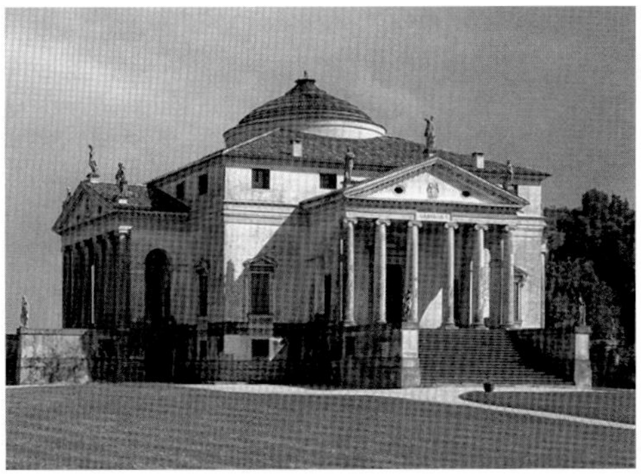
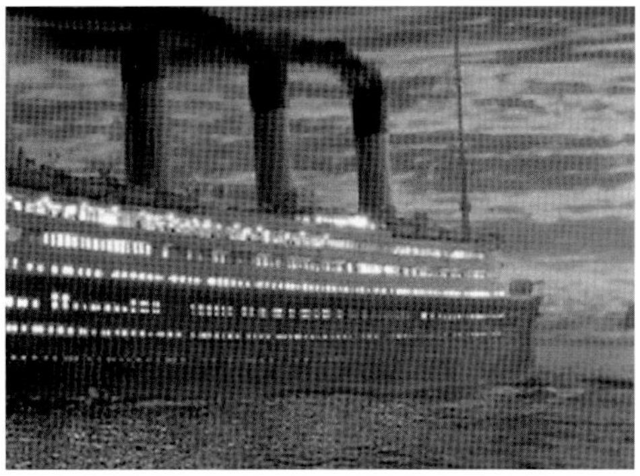
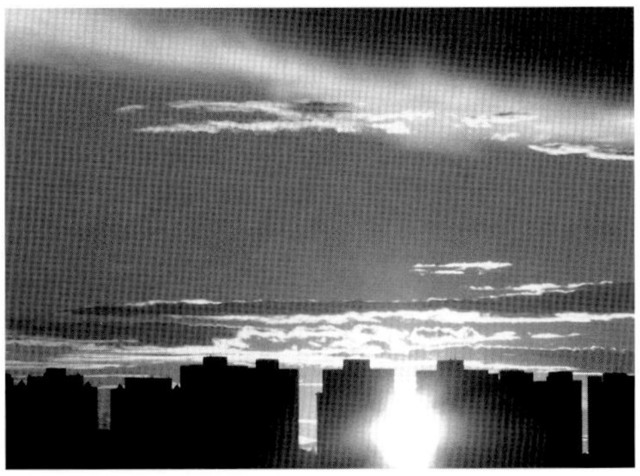
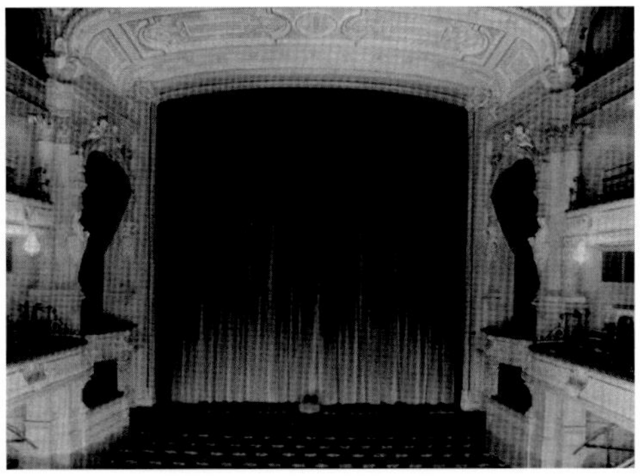

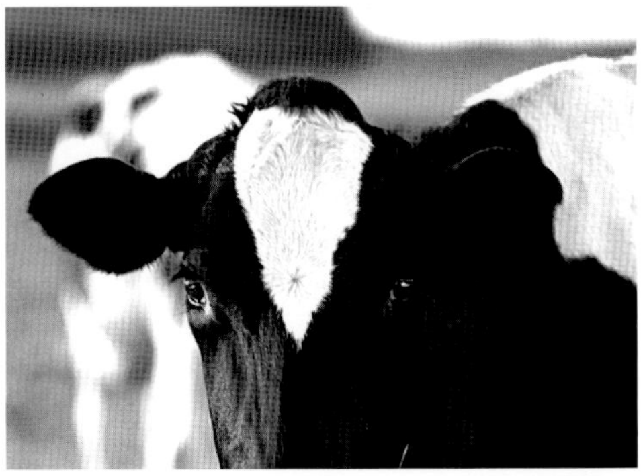
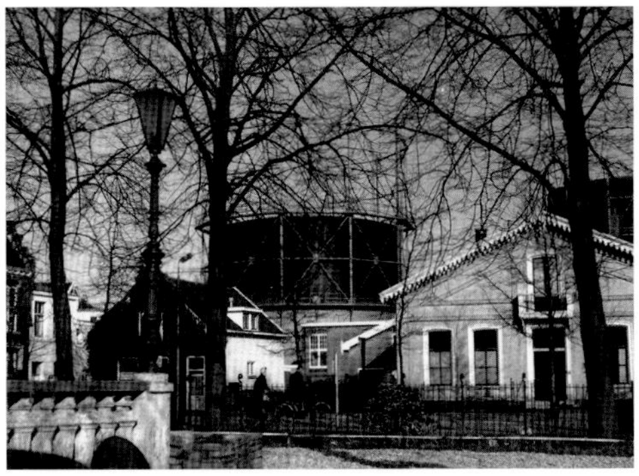
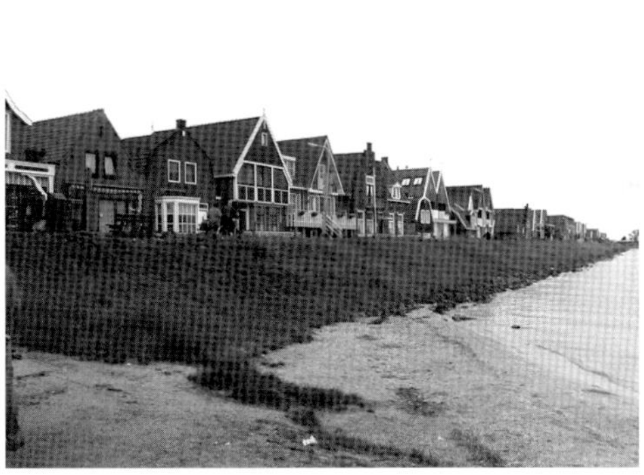
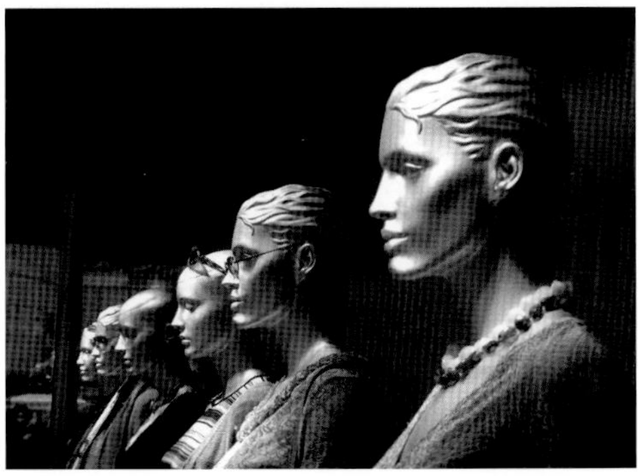
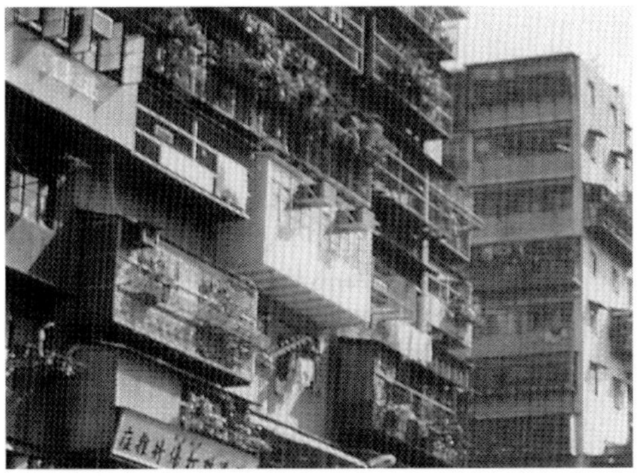
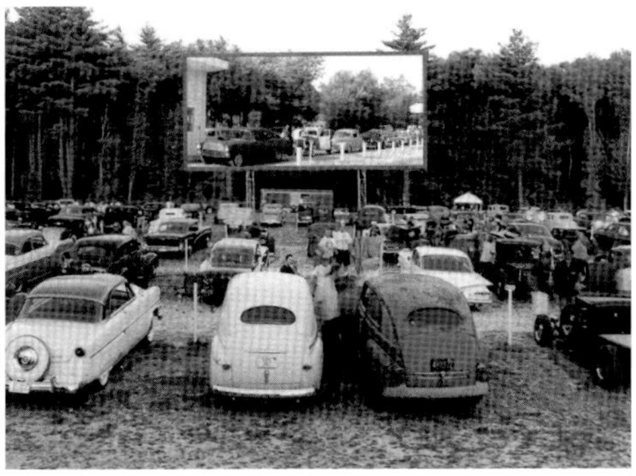
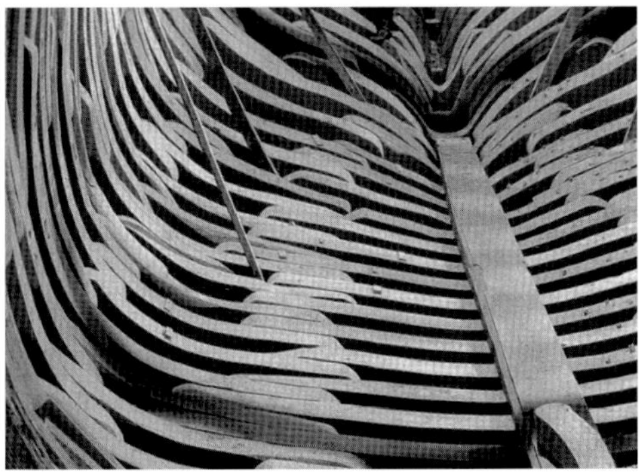
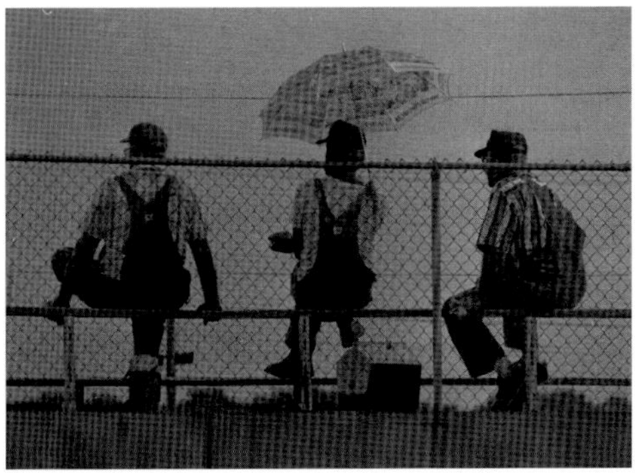
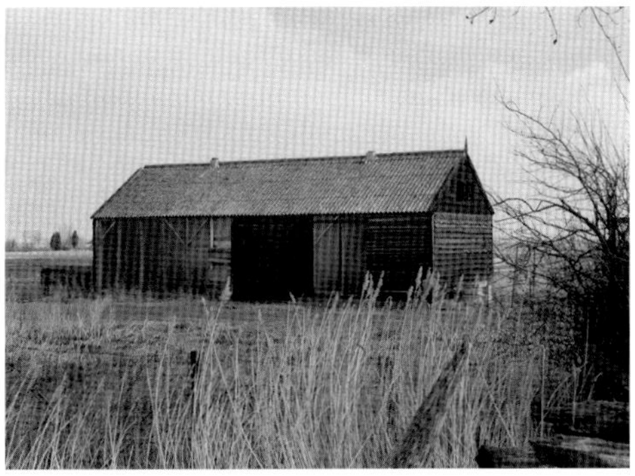

74 / 75

e-mail info@frenckenscholl.nl
website www.frenckenscholl.nl

T 043-3502940
F 043-3254852

Heugemerweg 11
6221 GD Maastricht

Frencken Scholl Architecten

Frencken Scholl Architecten is een bureau dat met alle facetten van het vak zeer intensief bezig is. Op deze bladzijden wordt een kleine selectie van een aantal recente ontwerpen gepresenteerd. Het bureau ontwerpt zowel woningen als utiliteitsprojecten, waarin vooral gebouwen voor het onderwijs en dan met name de brede scholen, centraal staan. Het bureau heeft veel ervaring in het omgaan met complexe ontwerpopdrachten: gebouwen voor meerdere gebruikers met vaak hoge eisen ten aanzien van gebruik, herkenbaarheid, maat en schaal.

Frencken Scholl Architecten is a firm that is very intensively involved in all branches of the profession. On these pages we present a small selection of our recent designs. The firm operates in both the housing and the non-housing sectors, focusing mainly on buildings for educational institutions, in particular comprehensive schools. The agency has considerable experience in dealing with complex design projects, including buildings for several users, who often have high demands as regards usage, profile, dimensions and scale.

1
Centrumplan Malberg, blok A, Maastricht, 2008
Malberg centre plan, block A, Maastricht, 2008

2, 7
Scholencluster Buijtewech, Nieuwkoop, 2008
Buijtewech schools complex, Nieuwkoop, 2008

3-4
Voorzieningencluster de Laak, Amersfoort, 2007
De Laak facilities complex, Amersfoort, 2007

5
Vrijetijdscentrum de Baarsjes, Amsterdam, 2007
De Baarsjes leisure centre, Amsterdam, 2007

6
Brede school Musschenberg, Herten, 2008
Musschenberg comprehensive school, Herten, 2008

Foto's / Photos: Aron Nijs

Greiner Van Goor Huijten Architecten bv

76 / 77

e-mail ggh@ggharchitecten.nl
website www.ggharchitecten.nl

T 020-6761144
F 020-6752536

Schipluidenlaan 4
1062 HE Amsterdam

1-3
Theater De Spiegel, Zwolle, 2006
De Spiegel Theatre, Zwolle, 2006
Foto's / Photos: Daria Scagliola, Stijn Brakkee

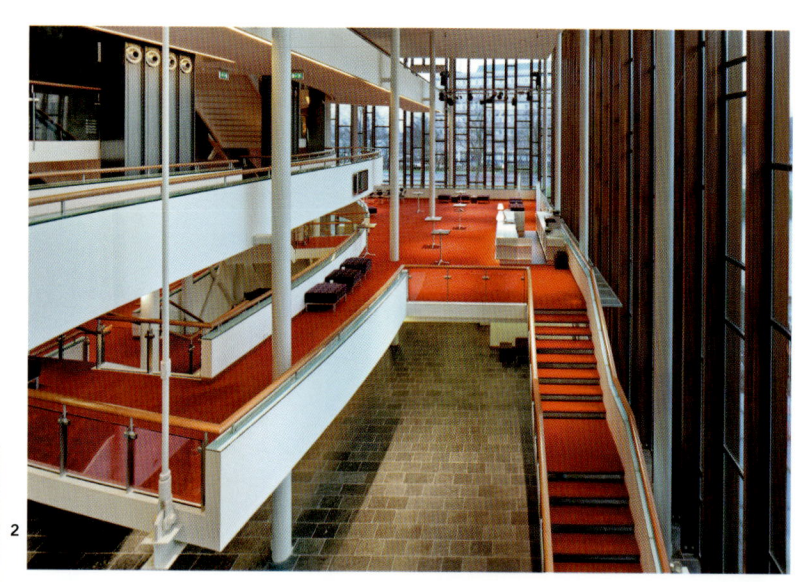

Werkgebieden: zowel nieuwbouw als restauratie / renovatie van theaters, culturele centra, musea, gebouwen voor de gezondheidszorg, scholen, kantoren, woningbouw, hotels, interieurs, tentoonstellingen, stedenbouwkundige plannen, haalbaarheidsstudies. Enkele voorbeelden: renovatie en restauratie Koninklijk Theater Carré, Theater De Spiegel, renovatie en uitbreiding Van Gogh Museum, nieuwbouw Academisch Psychiatrisch Centrum en renovatie poliklinieken AMC, renovatie en uitbreiding nH Hotel Krasnapolsky, renovatie KLM hoofdkantoor.

Fields of work: new building as well as restoration / renovation of theatres, cultural centres, museums, healthcare facilities, schools, offices, housing, hotels, interiors, exhibitions, urban planning, feasibility studies. Some examples: renovation and restoration of Royal Carré Theatre, De Spiegel Theatre, Van Gogh Museum renovation and expansion, new construction Academic Psychiatric Centre and renovation of AMC outpatients' clinics, renovation and expansion of NH Hotel Krasnapolsky, renovation of KLM head office.

4
Prijsvraagplan voor een nieuw te bouwen theater in Spijkenisse, 2008
Competition plan for building a new theatre in Spijkenisse, 2008

5
Prijsvraagplan voor het Centrum voor Woord, Beeld en Geluid in Alkmaar, 2008
Competition plan for the Centre for Word, Image and Sound in Alkmaar, 2008

6-9
Sinai Centrum, Amstelveen, 2008
Sinai Centre, Amstelveen, 2008
Foto's / Photos: John Lewis Marshall

10
Sinai Centrum, Amstelveen, 2008
Sinai Centre, Amstelveen, 2008
Foto / Photo: Fedde de Weert

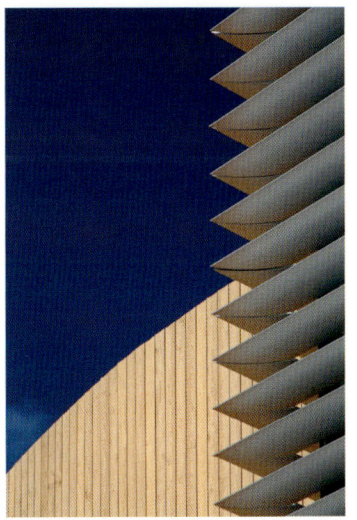

6

7

8

9

10

Groosman Partners architecten

Schouwburgplein 34
3012 CL Rotterdam
Postbus 1750
3000 BT Rotterdam

T 010-2014000
F 010-2014010

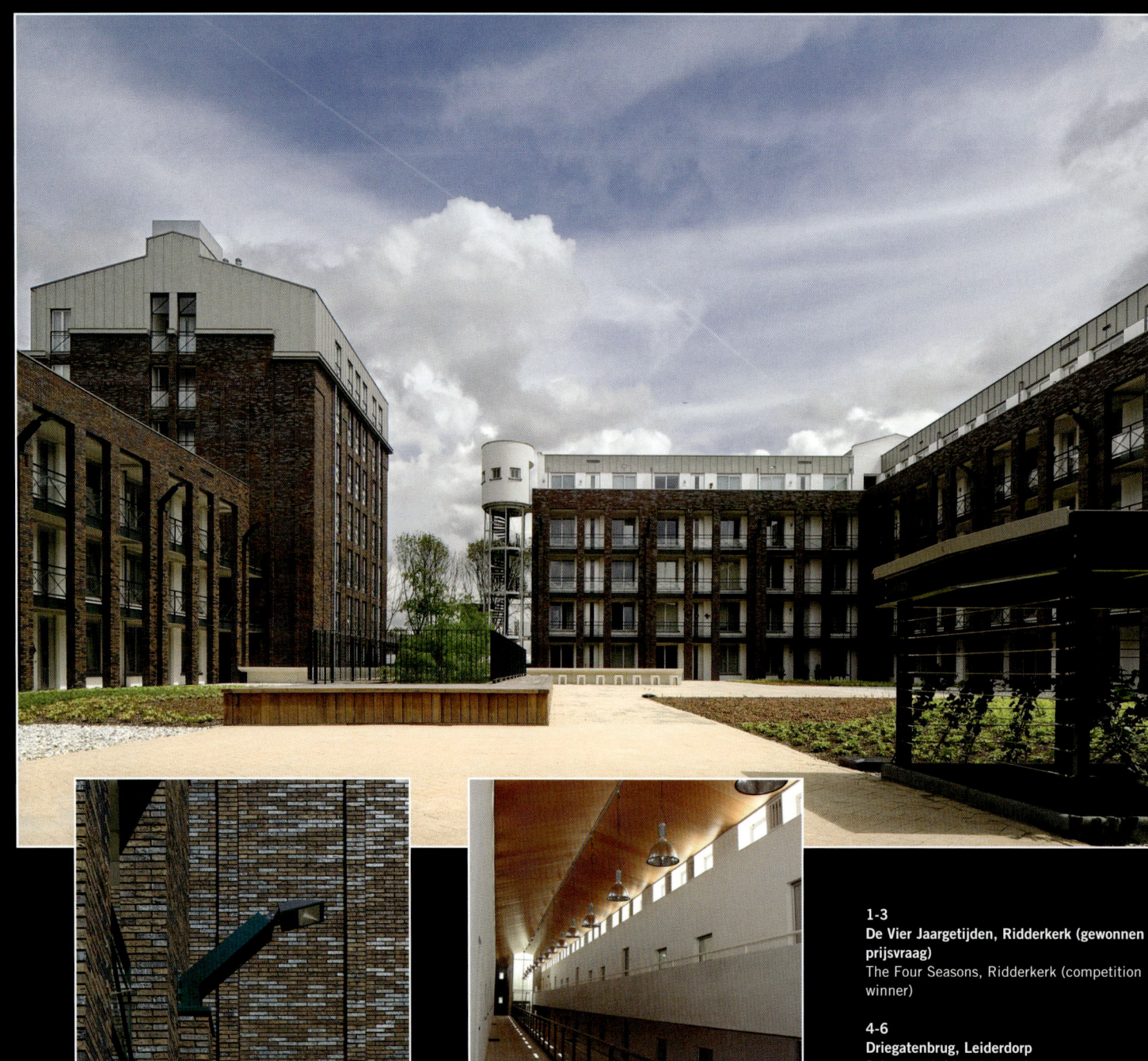

e-mail info@gp.nl
website www.gp.nl

1-3
De Vier Jaargetijden, Ridderkerk (gewonnen prijsvraag)
The Four Seasons, Ridderkerk (competition winner)

4-6
Driegatenbrug, Leiderdorp
Driegaten bridge, Leiderdorp

7
Techpark, Delft
Technology park, Delft

Foto's / Photos: Jan de Vries (1-2)

8
Zeehosterrein, Katwijk
Zeehos grounds, Katwijk

9
Landgoed Schoonenburgh, Nieuw Lekkerland (gewonnen prijsvraag)
Schoonenburgh country estate, Nieuw Lekkerland (competition winner)

10
Cinerama, Rotterdam (gewonnen prijsvraag)
Cinerama, Rotterdam (competition winner)

11
Broekland, 's-Hertogenbosch
Broekland, Den Bosch

12
Beresteinlaan, Den Haag (gewonnen prijsvraag)
Beresteinlaan, The Hague (competition winner)

13-14
Renovatie De Valk, Apeldoorn (gewonnen prijsvraag)
Renovation De Valk, Apeldoorn (competition winner)

15-16
Vrijenburg Carnisselande, Barendrecht (gewonnen prijsvraag)
Vrijenburg Carnisselande, Barendrecht (competition winner)

17
The Edge, Nieuwegein (gewonnen prijsvraag)
The Edge, Nieuwegein (competition winner)

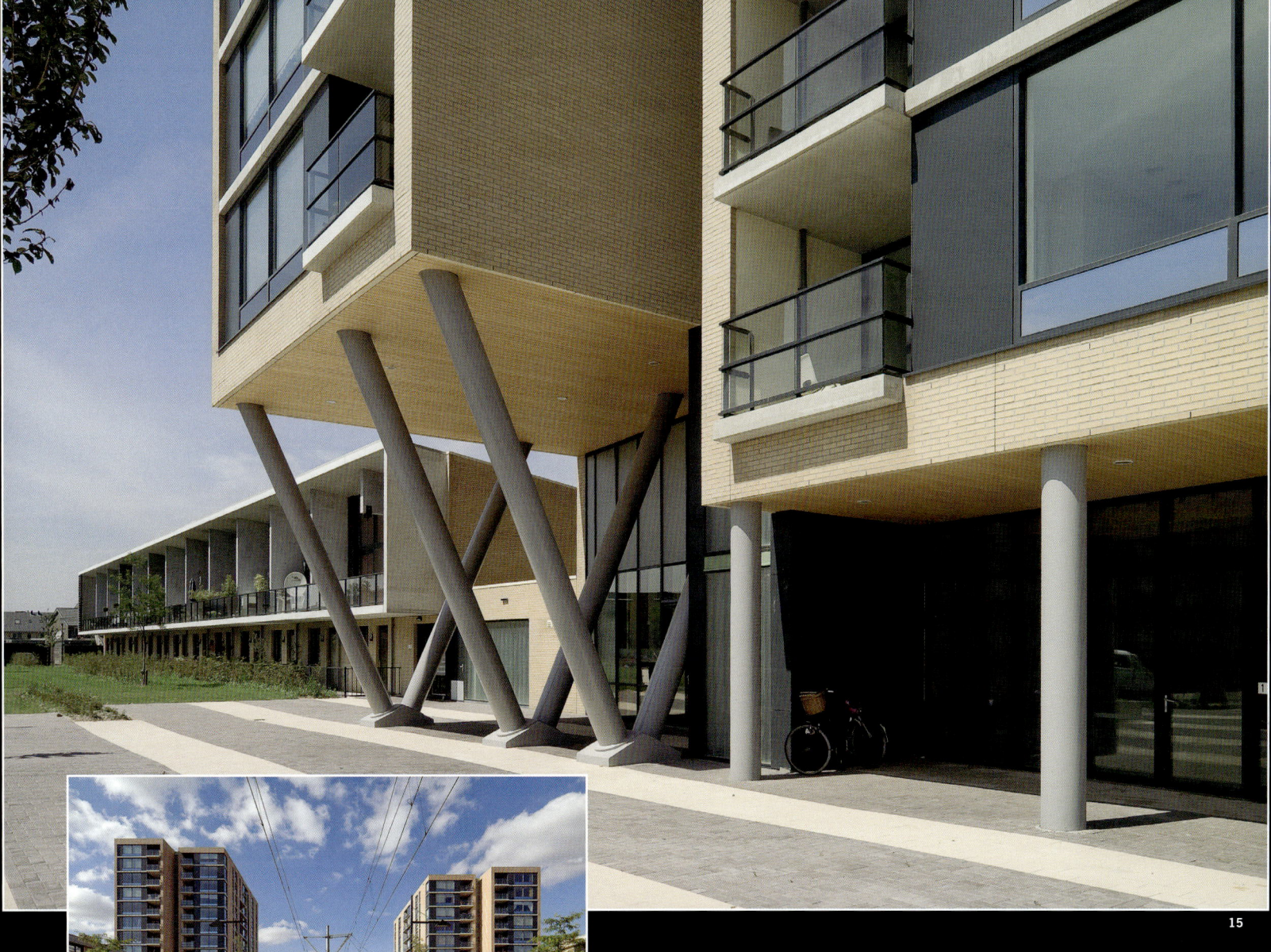

18
Het Havenkwartier, Lisse
The Harbour Quarter, Lisse

19
De Symfonie, Culemborg
The Symphony, Culemborg

20
Herstructurering Hertoghof, Eindhoven
Restructuring of Hertoghof, Eindhoven

21
Historisch Museum, Rotterdam
Historical Museum, Rotterdam

22
Veerweg, Papendrecht
Veerweg, Papendrecht

Foto's / Photos Jan de Vries (13-16)

Henket & partners architecten

e-mail info@henket.nl
website www.henket.nl

T 0411-601618
F 0411-601887

Hal 13a, den Eikenhorst
5296 PZ Esch
Postbus 2126
5260 CC Vught

1
Transformatie voormalige koekjesfabriek tot kunstencentrum de Verkadefabriek, 's-Hertogenbosch (2004)
Transformation of former biscuit factory into the Verkadefabriek art centre, Den Bosch (2004)

2
Ondergrondse faculteit Dans & Theater ArtEZ, Arnhem (2004)
Underground Faculty of Dance and Theatre, ArtEZ, Arnhem (2004)

3
Nieuwbouw Gerechtsgebouw De Appelaar, binnenstad Haarlem (2005)
New building for De Appelaar courthouse, Haarlem city centre (2005)

4
Woonhuis, Veluwe (2006)
Private house, Veluwe (2006)

5
Verbouwing en uitbreiding ziekenhuis tot schoolgebouw, CABK faculteit Beeldende Kunst ArtEZ, Zwolle (2005)
Renovation and extension of hospital into a school, CABK Faculty of Art, ArtEZ, Zwolle (2005)

6
Nieuwbouw Nederlandse Ambassade, Bangkok, Thailand (2006)
New building for Dutch Embassy, Bangkok, Thailand (2006)

2

3

6

Van den Hout & Kolen architecten

'Van den Hout & Kolen architecten' is in 1994 opgericht in Rotterdam. In 1996 is het bureau verhuisd naar Tilburg. Onze werkzaamheden vinden plaats binnen de gebieden van de woningbouw en de utilitaire bouw, en bevatten zowel nieuwbouw- als verbouwprojecten. Interieurarchitectuur behoort eveneens tot de disciplines. Binnen ons bureau zijn ongeveer tien mensen werkzaam. Wij hechten grote waarde aan een verfijnde architectonische vormgeving en zorgvuldige detaillering van onze projecten. Teneinde de ontwerp-ideeën aan de opdrachtgever te verduidelijken worden vanaf het eerste ontwerpstadium modellen en animaties vervaardigd van het ruimtelijk concept. Op deze wijze blijft het ontwerpproces transparant en kunnen wij de betrokkenheid van de opdrachtgever bij het project stimuleren.

Van den Hout & Kolen architecten was founded in 1994 in Rotterdam. In 1996 the firm moved to Tilburg. Our activities take place within the fields of housing and utility buildings, and include both new-build and conversion projects. Interior architecture is also one of our disciplines. Approximately ten people work in our firm. We attach considerable value to a refined architectural design and careful detailing of our projects. In order to make the design ideas clear to the client, models and animations of the spatial concept are manufactured right from the initial design stage. In this way the design process remains transparent and we are able to stimulate the client's involvement in the project.

1	**5**
Bedrijfsgebouw Jonkers Distillers, Tilburg, 2004	**Interieur Linthorst orthodontist, Tilburg, 2004**
Industrial building for Jonkers Distillers, Tilburg, 2004	Interior for Linthorst orthodontist, Tilburg, 2004
2	**6**
Appartementengebouw, Vught, 2008	**104 woningen Rode en Witte wijk, Waalwijk, 2005**
Apartment building, Vught, 2008	104 dwellings Rode and Witte neighbourhood, Waalwijk, 2005
3	**7**
Bedrijfsgebouw Maas Schilderwerken, Tilburg, 1996	**Interieur Mexx shoes, Drunen, 2007**
Industrial building for Maas Schilderwerken, Tilburg, 1996	Interior for Mexx shoes, Drunen, 2007
4	**8**
Woning familie Van Groeninge, Tilburg, 2008	**Appartementengebouwen, Sprang-Capelle, 2007**
Dwelling for Van Groeninge family, Tilburg, 2008	Apartment buildings, Sprang-Capelle, 2007

Van den Hout & Kolen architecten

9
104 woningen Rode en Witte wijk, Waalwijk, 2005
104 dwellings Rode and Witte neighbourhood, Waalwijk, 2005

10
Woning familie Jacobs, Tilburg, 2008
Dwelling for Jacobs family, Tilburg, 2008

11
Woning familie Boenders, Tilburg, 2004
Dwelling for Boenders family, Tilburg, 2004

12
Brandweerkazerne, Kaatsheuvel, 2007
Fire station, Kaatsheuvel, 2007

13
Interieur Corpac, Tilburg, 2004
Interior for Corpac, Tilburg, 2004

14
Woning familie Poorter, Tilburg, 2007
Dwelling for Poorter family, Tilburg, 2007

15
Appartementengebouw, Vught, 2008
Apartment building, Vught, 2008

16
17 woningen 'De Boschkens', Goirle, 2006
17 dwellings 'De Boschkens', Goirle, 2006

12

13

16

hvdn architecten
stedelijke woningbouw | utiliteitsbouw | stedenbouw | research

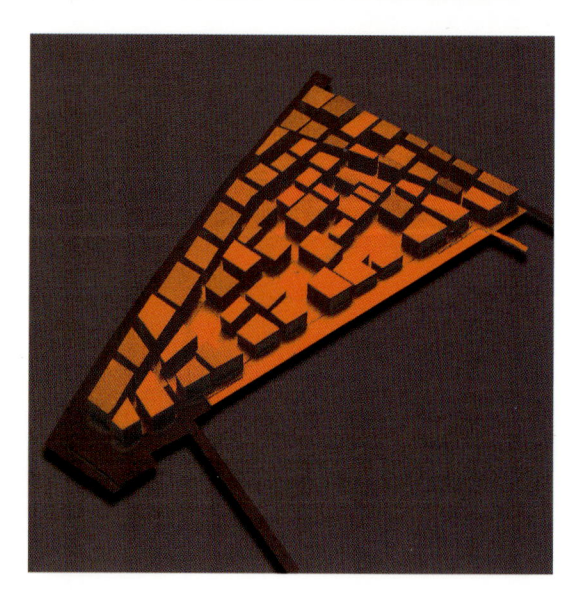

88 / 89

e-mail info@hvdn.nl
website www.hvdn.nl

T 020-6885025
F 020-6884793

Westzaanstraat 10
1013 NG Amsterdam

Lootsbuurt Amsterdam – foto / photo hvdn architecten
School IJburg Amsterdam – foto / photo Luuk Kramer
Noordbuurt Amsterdam – impressie / impression hvdn architecten
Sciencepark Amsterdam – foto / photo John Lewis Marshall

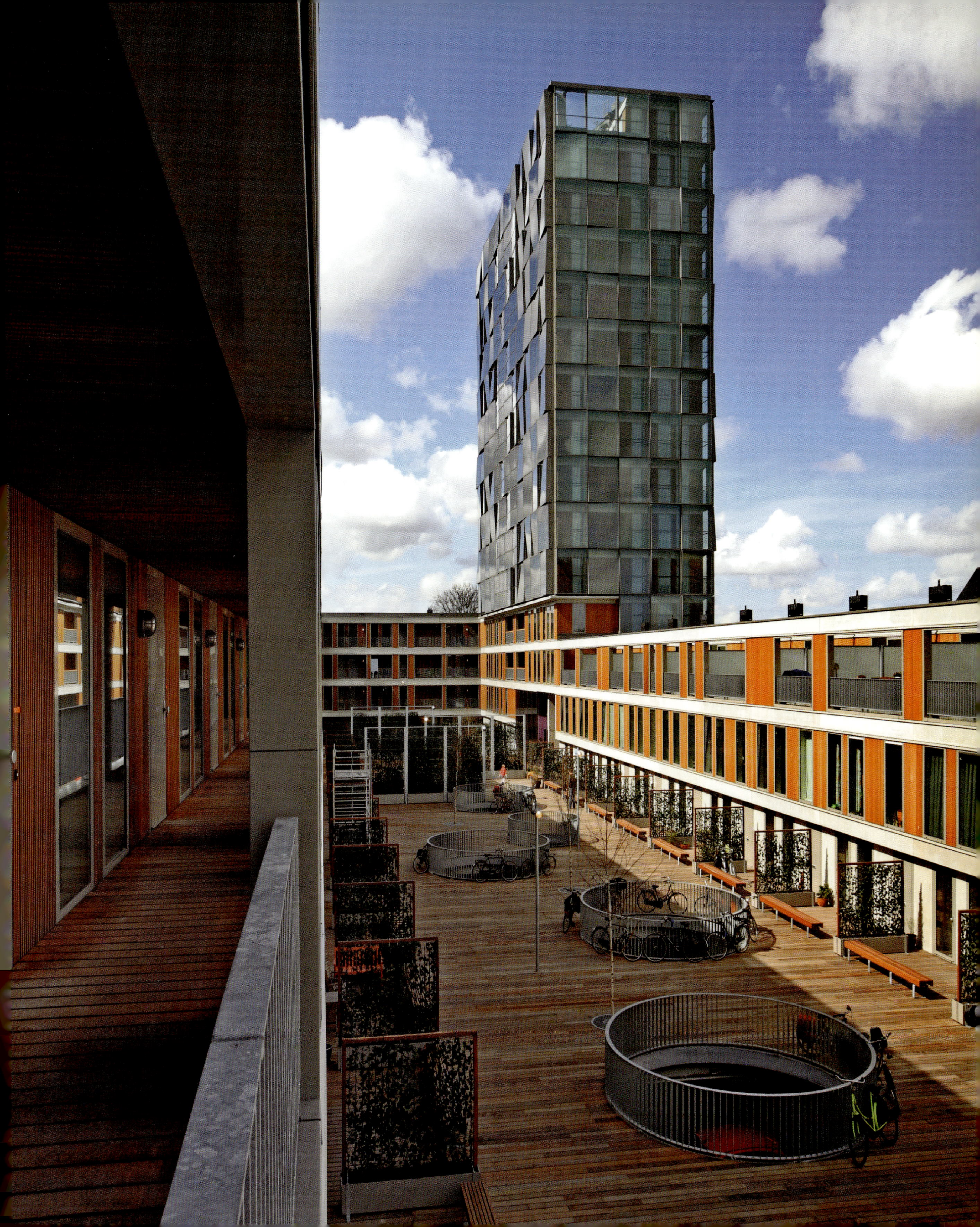

IAA Architecten

www.iaa-architecten.nl

IAA Architecten is een gerenommeerd architectenbureau en heeft toonaangevende opdrachten in binnen- en buitenland. Als één van de grootste bureaus in Nederland met inmiddels veertig jaar ervaring en meer dan 130 medewerkers, houdt IAA Architecten niet van voor de hand liggende oplossingen. We zijn van mening dat het beste voorstel vaak pas na zorgvuldig zoeken wordt gevonden. We ontwerpen onze gebouwen zó dat we esthetische kwaliteit realiseren door functionele en technisch hoogwaardige oplossingen te combineren met zorgvuldige vormgeving. Onze rol in de samenleving is allereerst die van dienstverlener. We zijn trots op onze ontwerpen en we hebben tevredenheid van de opdrachtgever hoog in het vaandel staan.

IAA Architecten is a reputable firm of architects and has carried out trend-setting commissions at home and abroad. It is one of the biggest firms in the Netherlands with already 40 years of experience and a staff of more than 130. IAA Architecten are not in favour of obvious solutions. We believe that the best proposal is only found after careful searching. We design our buildings in such a way that we achieve aesthetic quality by combining high-quality functional and technical solutions with careful design. Our role in society is first of all that of service provider. We are proud of our designs and consider the client's satisfaction to be of primary importance.

e-mail info@iaa-architecten.nl
website www.iaa-architecten.nl

IAA Architecten - Almelo
Koornmarkt 19
Postbus 102
7600 AC Almelo
T 0546-535050
F 0546-810014

IAA Architecten - Enschede
M.H. Tromplaan 55
Postbus 729
7500 AS Enschede
T 053-4804444
F 053-4804488

1

1
Assemblagekeuken 'La Gourmande', Zwolle
Assembly kitchen 'La Gourmande', Zwolle

2
O-energiekantoor A28, Zwolle
O-energy office A28, Zwolle

3
IJsbaan Twente, Enschede
Skating rink Twente, Enschede

4
Westflank VU ziekenhuis, Amsterdam
Westflank VU hospital, Amsterdam

5
Kulturhus, Olst
Kulturhus, Olst

Inbo

92 / 93

e-mail info@inbo.com
website www.inbo.com

T 033-2868211
F 033-2863414

Postbus 57
3930 EB Woudenberg

projects

Town hall
Laarbeek

Municipal offices
Utrechtse Heuvelrug

Town hall
Midden-Delfland

inbo

www.inbo.com

Inbo designs **PUBLIC BUILDINGS** that are bound with their context: social and cultural.
We make buildings where **PEOPLE** feel good and make **CONTACT**.
The **TENDERS** we have won underline Inbo's design philosophy

High Tech Campus Eindhoven

Kamp Amersfoort

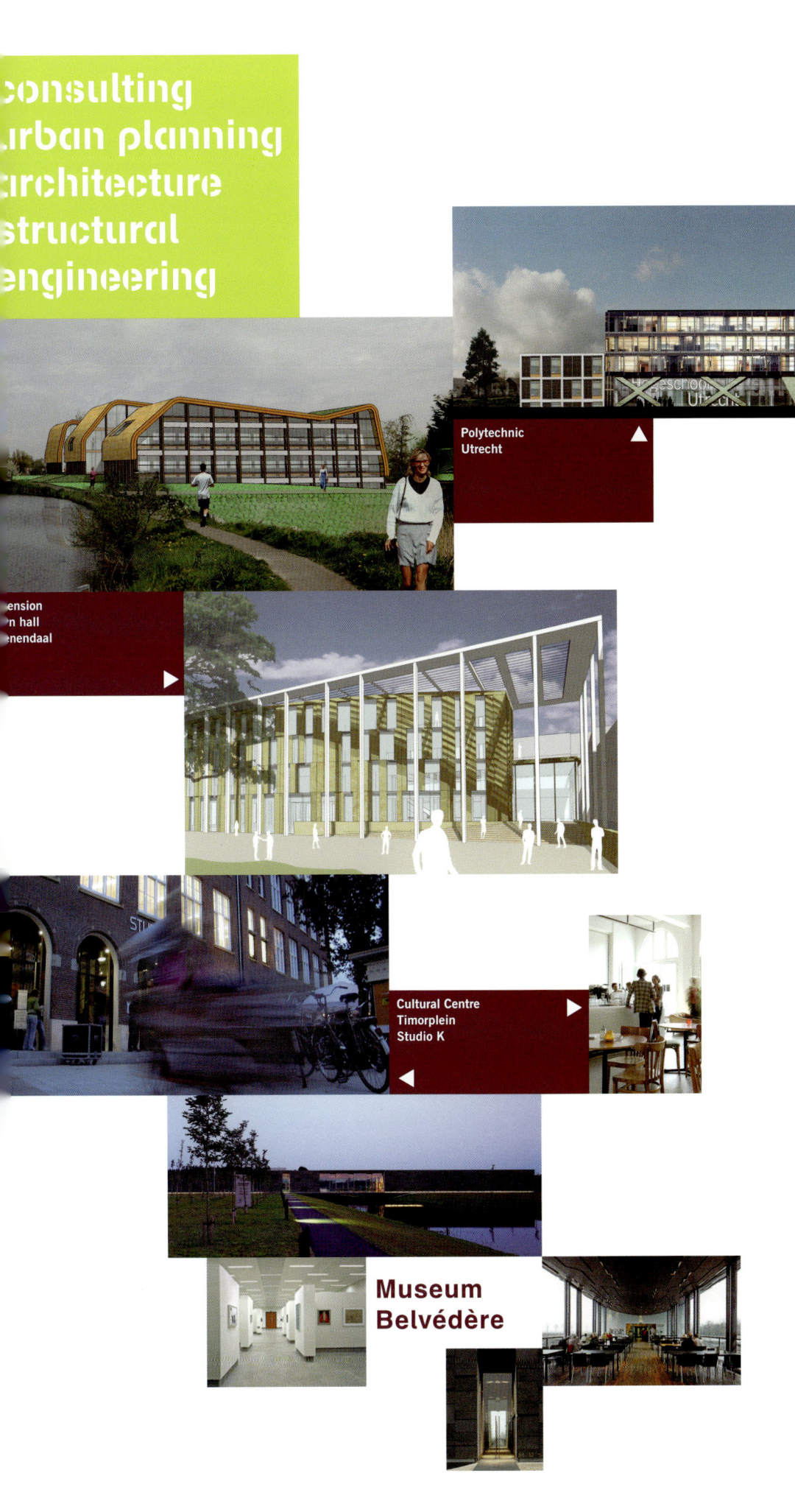

consulting
urban planning
architecture
structural
engineering

Polytechnic
Utrecht

ension
n hall
enendaal

Cultural Centre
Timorplein
Studio K

Museum
Belvédère

Partners:
Jeanet van Antwerpen, Bert van Breugel,
Wilco van Gils, Rob Nagtegaal, Piet van der Ploeg,
Tako Postma, Jacques Prins, Dick Ringeling,
Paul Rodrigues, Eerde Schippers, Alex Sievers,
Jeroen Simons, Hans Toornstra, Pieter van
Wesemael, Guido Wallagh, Pieter Wester

Geeresteinselaan 57
PO Box 57, 3930 EB Woudenberg
T 033 286 82 11 / E info@inbo.com

Geeresteinselaan 39
PO Box 57, 3930 EB Woudenberg
T 033 286 82 11 / E info@inbo.com

Modemweg 26
PO Box 824, 3800 AV Amersfoort
T 033 451 74 00 / E amersfoort@inbo.com

Weesperstraat 3
PO Box 967, 1000 AZ Amsterdam
T 020 421 24 22 / E amsterdam@inbo.com

Morra 2 - 32
PO Box 244, 9200 AE Drachten
T 0512 51 02 25 / E drachten@inbo.com

Scherpakkerweg 15
PO Box 764, 5600 AT Eindhoven
T 040 243 40 45 / E eindhoven@inbo.com

Nassaukade 1
PO Box 1100, 2280 CC Rijswijk
T 070 399 57 77 / E rijswijk@inbo.com

Las Palmas, Wilhelminakade 308
PO Box 23160, 3001 KD Rotterdam
T 010 496 19 00 / E rotterdam@inbo.com

Photos: Luuk Kramer, Ger van der Vlugt,
Norbert van Onna, Thea van den Heuvel

Jeanne Dekkers Architectuur

e-mail info@jeannedekkers.nl
website www.jeannedekkers.nl

T 015-2152969
F 015-2152960

Papenstraat 7
2611 JB Delft
Postbus 3001
2601 DA Delft

OSG Piter Jelles, Junior & De Brêge, Leeuwarden
Twee scholen in één gebouw
OSG Piter Jelles, Junior & De Brêge, Leeuwarden
Two schools in one building

Ronald McDonald Huis, Barendrecht
Opvanghuis voor familie en kind
Ronald McDonald House Foundation
Temporay care for family and child

Foto's / Photos: Scagliola & Brakkee

Poëtisch ingenieursschap
Jeanne Dekkers Architectuur realiseert vele, spraakmakende gebouwen vanuit een heldere ontwerpvisie op de gebouwde omgeving. Het bureau zoekt en vindt voor iedere ontwerpopgave een zo specifiek mogelijk antwoord. De start van elk ontwerpproces is een grondige kennismaking met de opgave door een formulering van de probleemstelling en een onderzoek naar vier belangrijke aspecten. Het 'kijken en luisteren' naar de plek, naar het programma van eisen, naar de wens en cultuur van de opdrachtgever en gebruiker en het zoeken naar onzichtbare elementen zijn van belang om een zo goed mogelijk beeld van de opgave te krijgen om deze volledig eigen te maken. Het is voor Jeanne Dekkers Architectuur belangrijk om de essentie achter de alledaagsheid van de omgeving te ontdekken. Iedere ontwerpopgave benaderen we vanuit de geschiedenis en betekenis van de locatie; 'het cadeau van de plek'.

Poetic Engineering
Based on its clear views on design in the built up environment Jeanne Dekkers Architecture has realized many high-profile buildings. The firm seeks and finds the responses best fitting each commission. Every design process begins with getting thoroughly acquainted with the commission by rephrasing the definition of the problem and studying four main aspects. 'Looking and listening' to the location, the brief, the purpose and background of the client and the user and being receptive to invisible factors are important for understanding as fully as possible what the commission actually is, and to fully master it. At Jeanne Dekkers Architecture, discovering the essence behind the triviality of a given environment is important. We approach every commission from the history and significance of the location: 'the gift of location'.

JEANNE DEKKERS
ARCHITECTUUR

K3 architectuur en planning bv BNA

e-mail info@k3architectuur.nl
website www.k3architectuur.nl

T 026-3515951
F 026-4457027

Utrechtsestraat 67
6811 LW Arnhem
Postbus 612
6800 AP Arnhem

K3 architecten is een middelgroot, dynamisch bureau voor architectuur en stedenbouw dat onderzoekend en oplossingsgericht is ingesteld. K3 architecten staat voor creativiteit, slagvaardigheid en kwaliteit.
In elk ontwerp vormen zowel de plek als het programma het uitgangspunt. Gezocht wordt naar het eigene en het unieke van beide en naar de optimale manier om ze te verenigen. Het ontwerp moet als vanzelfsprekend ogen maar ook tot de verbeelding spreken. Bij veel projecten gaat het om het zoeken naar een evenwicht tussen bestaand en nieuw. Scherpe analyses van het programma, de situatie en de context vormen de basis van het ontwerpconcept. Daarbij is de kennis die de opdrachtgevers en gebruikers inbrengen vaak essentieel voor de kwaliteit van het plan. Om deze opgaven te doorgronden en tot een goede uitvoering te brengen heeft K3 architecten meerdere disciplines in huis die aanvullend zijn ten opzichte van elkaar. Binnen het bureau werken verschillende krachten samen: kennis, creativiteit, vormgeving, teamgeest, onderzoek en analyse, communicatie, project- en procesmanagement.

K3 architecten is a medium-sized, dynamic office for architecture and urban planning and is focused on research and solutions. K3 architecten stands for creativity, decisiveness and quality.
Both the site and the programme of requirements are the points of departure for each design. We search for the intrinsic and the unique in each one, and for the optimum way of uniting them. The design should seem natural but also appeal to the imagination. Many projects entail a quest for a balance between the existing and the new. Sharp analysis of the programme, the situation and the context form the basis for the design context. Here the knowledge contributed by the clients and occupants is often essential to the quality of the plan.
In order to comprehend the nature of the assignment and successfully implement it, K3 architecten has several disciplines in-house that enhance each other. Various qualities combine forces with each other within the office: knowledge, creativity, design, team spirit, research and analysis, communication, project and process management.

Bouwplaat gezondheidscentrum Velperweg, Arnhem
Model of health centre Velperweg, Arnhem

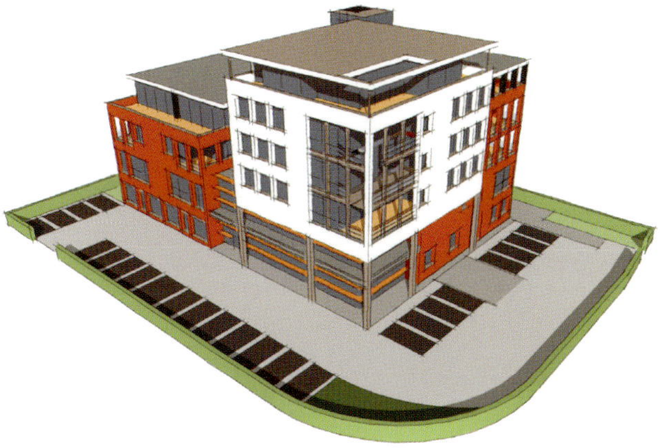

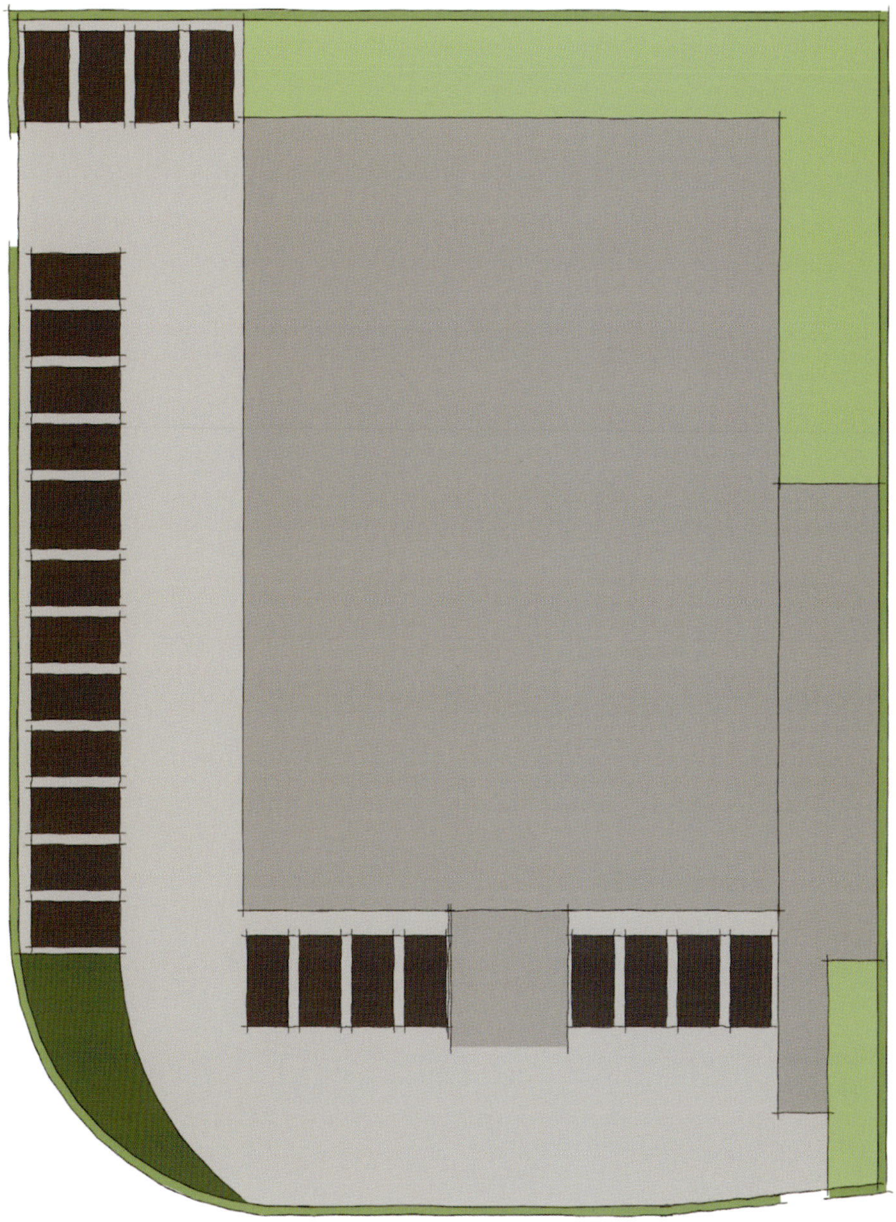

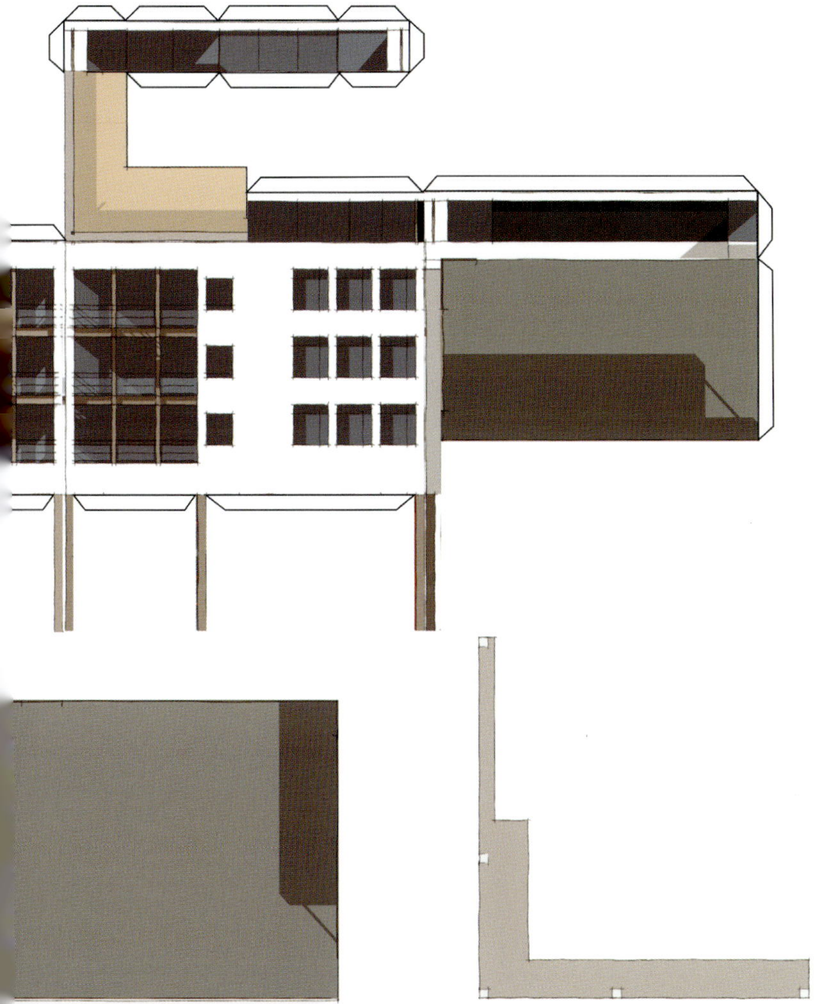

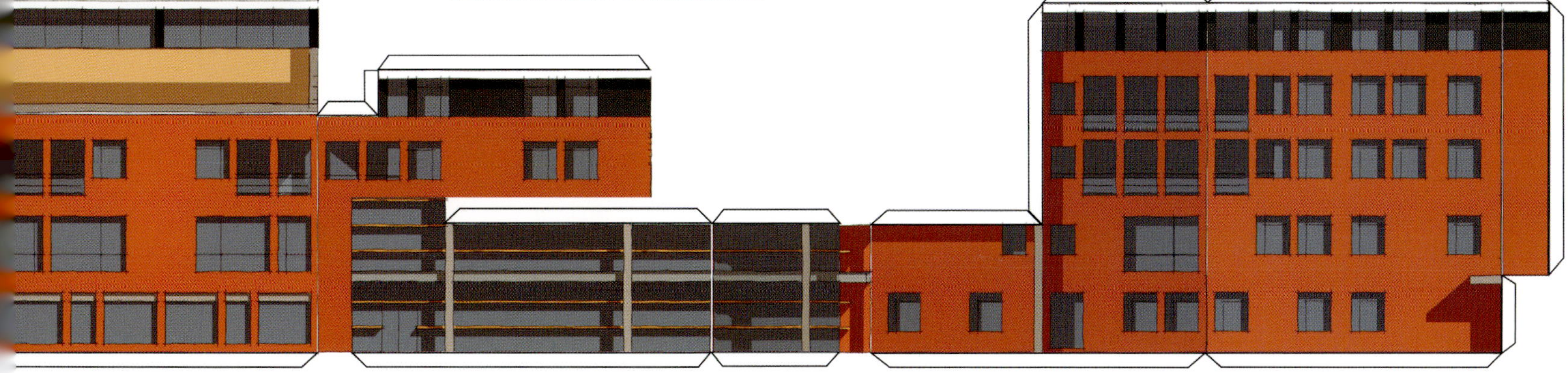

Klous + Brandjes Architecten bna

Woningstichting 'Van Alckmaer voor wonen' heeft een nieuw kantoor op een strategische plek in de binnenstad van Alkmaar.
Het is de voormalige Stadstimmerwerf waarvan de geschiedenis teruggaat tot 1600. Teruggebracht tot de U-vormige hoofdstructuur en verrijkt met een opvallende diamantvormige nieuwbouw, is het gebouw een fraai uithangbord voor de organisatie anno 2007, het jaar dat de woningstichting honderd jaar bestaat.

Het nieuwe kantoor is een fraaie combinatie van oud en nieuw, zonder dat de historische waarden zijn aangetast. Beter gezegd, oud en bestaand leverden de voorwaarden voor de nieuwbouw. Dit resulteerde in een uniek duo, dat elkaars tegenpool is en een duidelijke eigen uniciteit bezit, maar tegelijkertijd innig met elkaar verbonden blijkt.

Er bestond geen nauwkeurig programma van eisen. De organisatie werd tegelijk met het nieuwe kantoor omgevormd. Uit de analyse van de organisatie bleek dat er behoefte was aan een groter vloeroppervlak dan de oudbouw kon leveren. Nieuwbouw was dus vereist. Verschillende oplossingen passeerden de revue: een glazen overkapping van het binnenterrein, een verhoging van het dak en de bouw van een zelfstandig volume. Al deze voorstellen sneuvelden omdat de hoeveelheid aan detail het oorspronkelijke bouwwerk zou verminken. De vorm van de uitbreiding is daarom vanuit het bestaande grootdetail ontwikkeld en leverde een diamantvorm op, die uiterst precies in de zetting van de bebouwing is gevat.

Innovatieve klimaatbeheersing
Voor een standaard luchtbehandelingsinstallatie was geen ruimte. Oplossing werd gevonden in een innovatief klimaatsysteem met faseovergangsmaterialen. Deze zijn aangebracht in verlaagde plafondzones. Het systeem bevat een mengsel van paraffine, zout, water, glycol en alcohol. Dit heeft een smelttemperatuur van rond de 22 °C. Wordt het warmer dan 22 °C, dan smelt het mengsel en neemt het warmte op waardoor de ruimte wordt gekoeld. Is het kouder, dan stolt het en geeft het juist warmte af. Dit klimaatsysteem is energiebesparend en zorgt voor een optimaal binnenklimaat. De verlaagde plafondzones zijn voorzien van indirecte verlichting en akoestisch materiaal.

The 'Van Alckmaer voor wonen' housing association has a new office located at a strategic point in the city centre of Alkmaar. It is the former City Carpenters Yard whose history goes back to 1600. Restored to its U-shaped main structure and enriched with a striking diamond-shaped new building, the building is a handsome signboard for the organisation in the year 2007, the year that marks its 100th jubilee.

The new building is a beautiful combination of old and new, with no harm being done to its historical values. Or rather, old and existing provided the conditions for the new building. The result is a unique duo that are each other's opposites, possessing a clear unicity and yet at the same time appearing to be intimately connected with each other.

There was no specific brief. The organisation is being transformed at the same time as the new building. From the organisation's analysis it was evident that there was a need for a greater floor area than the old building was able to provide. A new building was thus required. Various solutions were considered: a glass roof over the courtyard, raising the roof and building a seperate volume. All these proposals were abandoned, however, since the amount of detail would mutilate the original construction. For this reason the form of the extension was developed on the basis of the existing detail as a whole, resulting in a diamond shape mounted extremely precisely in the setting of the buildings.

Innovative climate control
There was insufficient space for a standard air conditioning system. A solution was found in an innovative climate control system using materials placed in lowered ceiling zones to ensure phased transitions. The system comprises a mixture of paraffin, salt, water, glycol and alcohol. This has a melting temperature of around 22 °C. When it becomes warmer than 22 °C then the mixture melts and absorbs heat so that the space is cooled. If it is colder then it solidifies and gives off heat. The climate system is energy-saving and ensures an optimal indoor climate. The lowered ceiling zones are provided with indirect lighting and acoustic material.

e-mail info@klousbrandjes.nl
website www.klousbrandjes.nl

T 023-5320840
F 023-5423741

Zijlweg 199
2015 CK Haarlem

1
Achtergevel
Rear elevation

2
Interne trap
Internal staircase

3
Ruime lichte ontvangsthal met zicht op de receptiebalie in de oudbouw
Spacious and light reception foyer with a view of the reception desk in the old building

4
Gangwanden met dubbele functie: als scheidingswand en kastruimte
Corridor walls with dual function: as partition wall and cupboard space

5
Diamantvormige nieuwbouw
Diamond-shaped new building

Foto's / Photos Ger van der Vlugt   5

Architectenbureau Korbee
architecten BNA

Architectenbureau Korbee is een middelgroot bureau, dat 40 jaar ervaring combineert met een gezonde dosis enthousiasme. Het bureau beheerst alle fases van het bouwproces, van het meedenken in de initiatieffase, via het maken en uitwerken van het ontwerp, tot en met het voeren van directie op de bouwplaats. Het werkterrein beslaat zowel woningbouw en utiliteitsbouw, als stedenbouw en interieur.
Het gerealiseerde oeuvre is zeer divers van opbouw, waarbij voor elk project is gezocht naar een intelligente oplossing voor de unieke opgave.

Architectenbureau Korbee is a midsized concern that combines 40 years of experience with a healthy dose of enthusiasm. The firm specializes in all phases of the building process, starting with thinking along in the initial phase to creating and working out the design and supervising construction on the site. Its sphere of activity includes residential and utility buildings, urban planning and interiors. The firm's realized oeuvre is extremely diverse, with a focus on finding intelligent solutions for each unique project.

1
Cultureel centrum + appartementen, Noordwijk
Cultural centre + apartments, Noordwijk
Opdrachtgever / Client: Stichting Dorpshuizen Noordwijk
Foto / Photo: Sjaak Henselmans

2
Hoofdkantoor D-Winkels, Sassenheim
Head office D-Winkels, Sassenheim
Opdrachtgever / Client: D-Winkels
Foto / Photo: Architectenbureau Korbee

3
Winkelcentrum + appartementen, Noordwijk
Shopping centre + apartments, Noordwijk
Opdrachtgever / Client: D-Winkels
Impressie / Impression: Dune

4
Villa's in de Kleipetten, Rijnsburg
Villas in the Kleipetten, Rijnsburg
Opdrachtgever / Client: Bouwcombinatie Roem
Foto / Photo: Sjaak Henselmans

5-7
Woongebouw in de Kleipetten, Rijnsburg
Apartment building in the Kleipetten, Rijnsburg
Opdrachtgever / Client: Bouwcombinatie Roem
Foto / Photo: Sjaak Henselmans

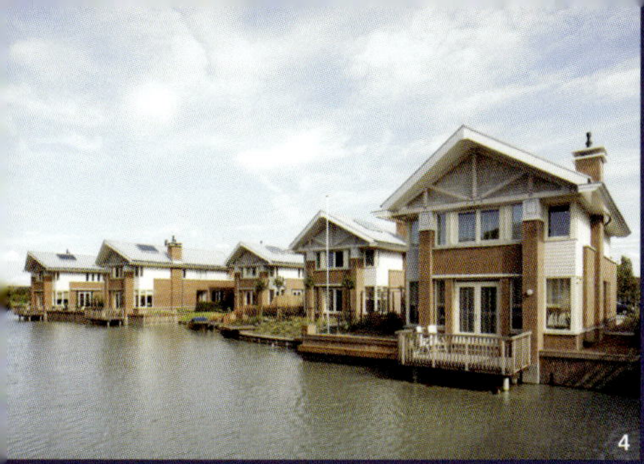
4

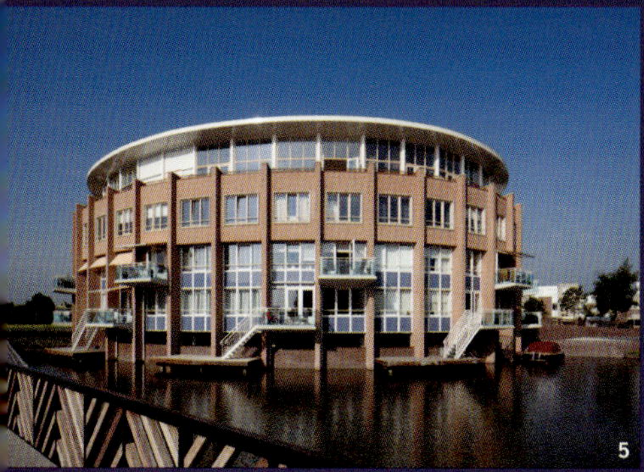
5

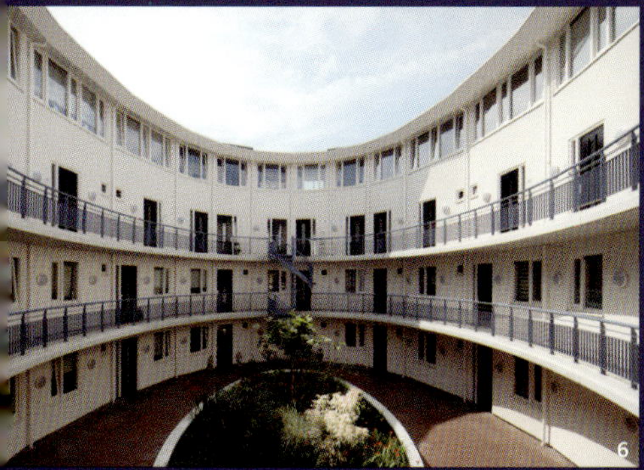
6

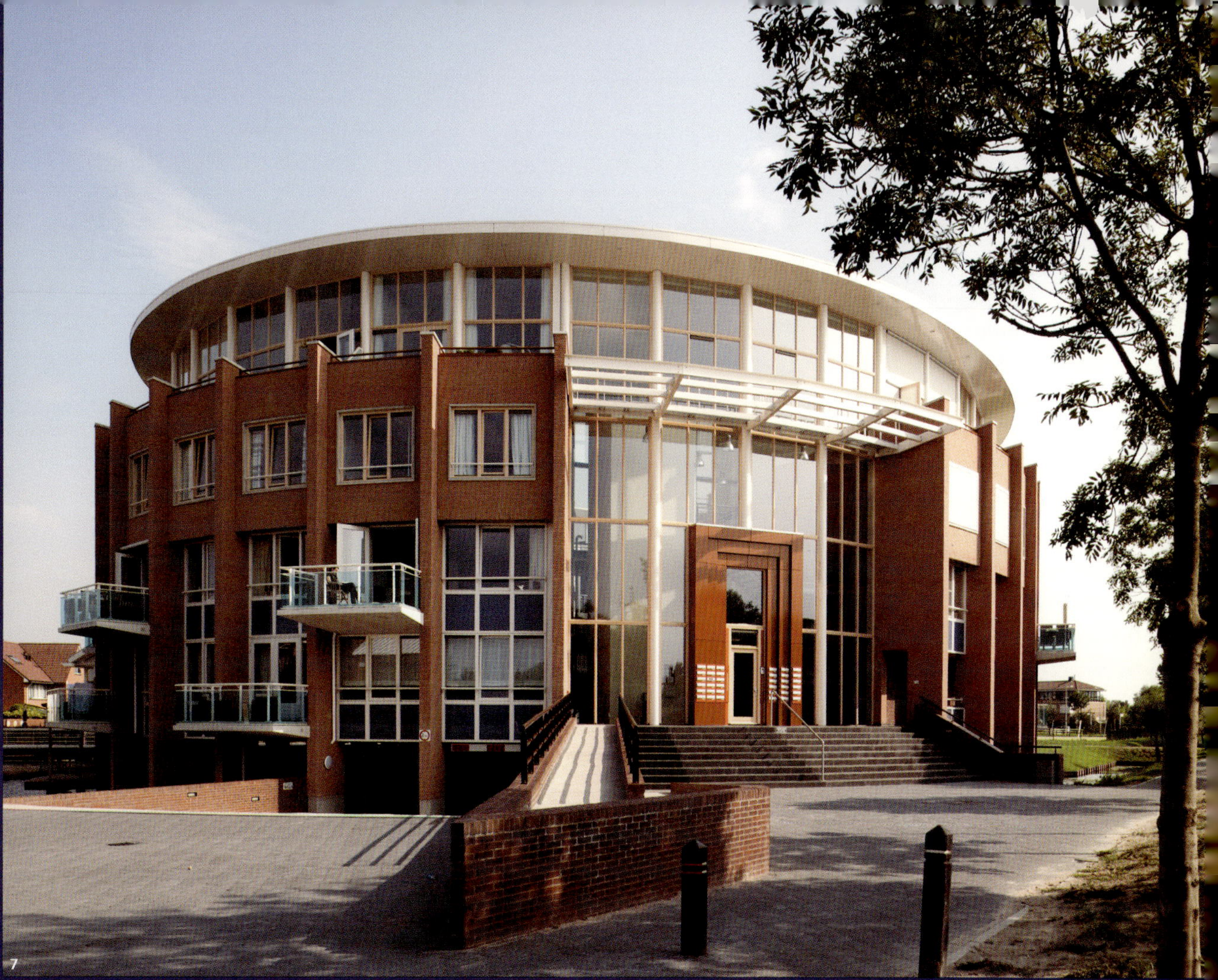
7

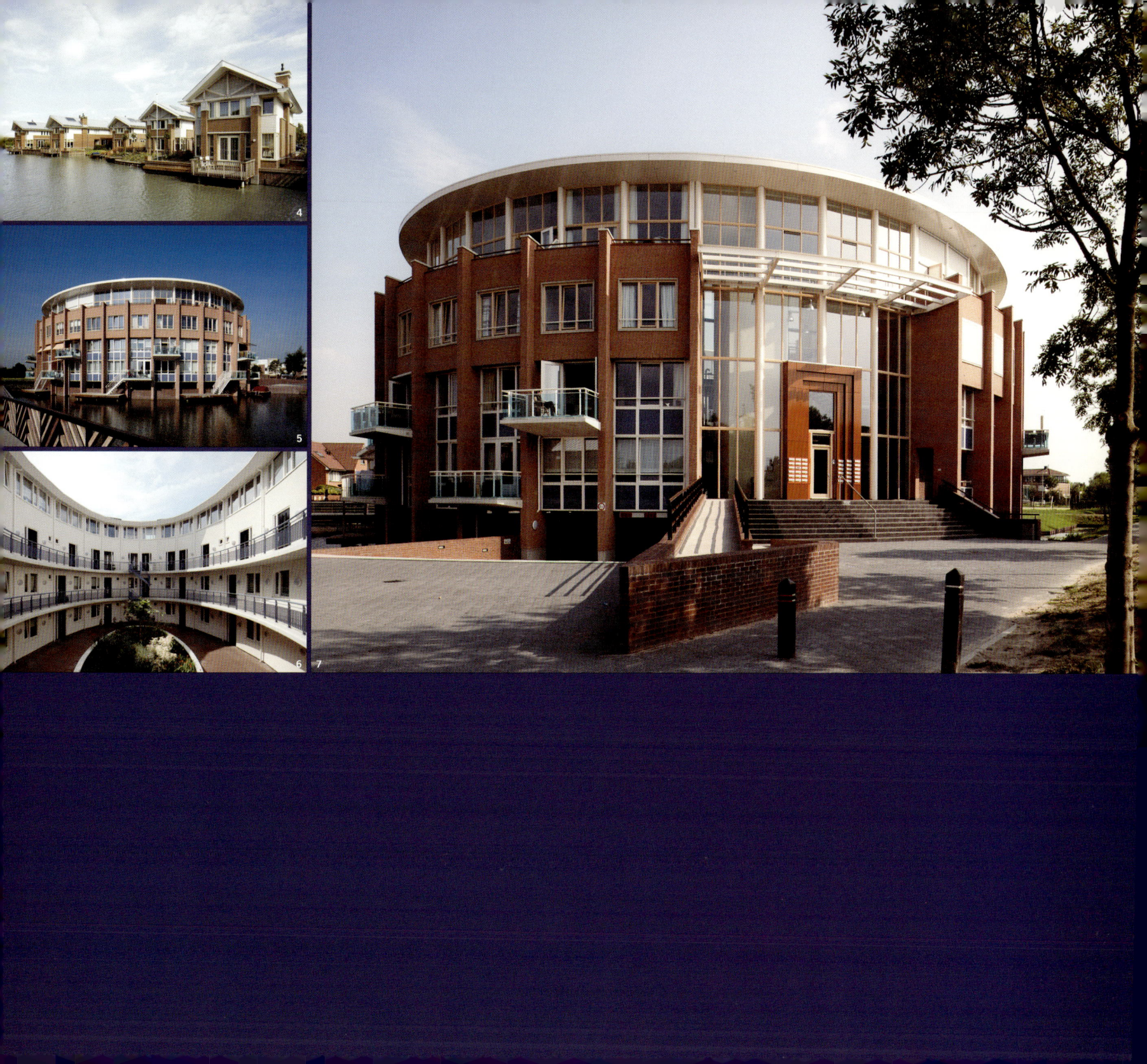

KOW

KOW Eindhoven
Klokgebouw 111
5617 AB Eindhoven
T 040 250 32 32
F 040 250 32 33
e-mail info@kow.nl
website www.kow.nl

KOW Amsterdam
KNSM-laan 163
1019 LC Amsterdam
T 020 509 11 20
F 020 509 11 21
e-mail info@kow.nl
website www.kow.nl

KOW Den Haag
Esperantoplein 19
2518 LE Den Haag
T 070 346 66 00
F 070 356 12 60
e-mail info@kow.nl
website www.kow.nl

KOW is een van de grootste zelfstandige architectenbureaus in Nederland. Veelgevraagd, veelzijdig en met een heldere visie op ontwerpen. KOW ontwerpt functionele, duurzame en mooi vormgegeven oplossingen op het gebied van architectuur, stedenbouw, stedelijke vernieuwing, renovatie, restauratie en interieurontwerp.

De kracht van KOW is het vermogen om in verschillende stijlen te ontwerpen en te bouwen, met een diversiteit aan materialen. KOW dicteert geen stijl, maar kiest een architectuur die past bij de identiteit van het gebied. In een inspirerende dialoog met de opdrachtgever komt het uiteindelijke ontwerp tot stand. Bij KOW gaat het niet alleen om de architectuurstijl, maar ook om identiteit. KOW stemt de architectuur van een gebouw of gebied af op de identiteit van de locatie: De Betekenis van de Plek. KOW heeft methoden ontwikkeld en uitgevoerd om tot prachtige detaillering en variëteit te komen binnen budget. Vanuit onze jarenlange ervaring met woningbouw in alle schalen, markten en regio's zijn wij in staat maatwerk te leveren voor elke woningbouwopgave.

Duurzaamheid is de kern waarom onze visie is opgebouwd. Duurzame ontwikkeling gaat verder dan energetische oplossingen. KOW is ervaren in herstructurering en renovatie van bestaande gebouwen. Met de komst van Tjerk Reijenga (voorheen BEAR architecten uit Gouda) biedt KOW de mogelijkheid om betrouwbare nieuwe concepten en technologieën te ontwikkelen, zoals een betaalbare nul energiewoning.

KOW heeft een bredere opvatting over de rol van de architect in het ontwikkelproces. De estafetterace waarbij in elke schakel faalkosten ontstaan kan worden vermeden in een zogenaamd integraal ontwerpproces (collaborative design). Centraal hierin staat de toepassing van BIM, de opvolger van CAD tekenen.

Eigenzinnig, integraal en duurzaam, vanzelfsprekend KOW.

KOW is one of the largest independent architectural firms in the Netherlands and facilitates specialised disciplines, including architecture, urban planning, urban renewal, renovation, restoration and interior design. Versatile and with a clear vision on form and design, the organisation produces functional, sustainable and attractive design solutions in both the Netherlands and abroad.

KOW's particular strength lies in its ability to design and build in a wide range of styles, with diverse materials. KOW does not dictate a style, but rather selects architecture that reflects the identity of the surrounding area. The final design is developed in an inspiring dialogue with the client. At KOW, it is not only the architectural style that counts, but also identity. KOW adapts the architecture of a building or area to the identity and context of the location: the Significance of the Site.

Our experience and knowledge of building methods, architectural details and construction enables us to stay within both the architectural concept and the building budget. KOW is experienced in the restructuring of existing buildings.

Sustainability forms the core of our building vision. Sustainable development goes further than just applying energetic solutions. With the arrival of Tjerk Reijenga (formerly BEAR architects from Gouda) KOW designs reliable new concepts and innovative technologies such as a zero energy house.

KOW takes its responsibility further than just the designing process. In order to meet the client's wishes within the process of developing the project we offer an integrated design approach. 3D models and BIM applications enable us to manage and control the process. All the necessary information is distributed from one communication to all involved parties.

Unique, integrated and sustainable, no doubt it's KOW.

Eigenzinnig, integraal, duurzaam...

't Waterfort, Amsterdam
1 penthouse & 129 appartementen (14.776 m² BVO)
Parkeergarage met 150 parkeerplaatsen
1 penthouse & 129 apartments (14,776 m² GFA)
garaging for 150 cars

Fotograaf / Photographer Ronald Schlundt Bodien

K KOW

DB Telecom, Wateringen
3025 m² kantoorgebouw met groot ovaalvormig atrium, kantoorruimte, showroom en magazijn
3,025 m² office building with large oval shaped atrium, office space, showroom and storeroom

vanzelfsprekend **K|O|W**

Fotograaf / Photographer Ronald Schlundt Bodien

KuiperCompagnons
Ruimtelijke Ordening, Stedenbouw, Architectuur, Landschap bv
City & Regional Planning, Urban Design, Architecture, Landscape

Denkbeelden over ruimtelijke ordening, stedenbouw, architectuur en landschapsarchitectuur vloeien altijd voort uit sociaal-cultureel engagement. Daarom kent KuiperCompagnons een flexibele signatuur. Wie bouwt, boetseert immers de samenleving. Meer dan ooit beweegt en inspireert ons de verantwoordelijkheid voor het milieu, voor people en planet.

Onze ambitie is om van iets gewoons iets buitengewoons te maken. Dat kan alleen dankzij voortdurende interactie met opdrachtgever, betrokkenen en gebruikers.

KuiperCompagnons is niet alleen in Nederland, maar ook internationaal actief. Het bureau heeft ruim 140 medewerkers en is gevestigd in Rotterdam. De leiding berust bij Ashok Bhalotra (vz), Gijs van den Boomen, Huub Niesen en Willem Wijnbergen.

Skoâtterwald, Heerenveen, 1997 - 2020

Stad van de Zon, Heerhugowaard, 1993 - 2008

Het Funen, Amsterdam, 2006 / 2007

l'Avenir, Etten Leur, 2008

Ideas about city and regional planning, urban design, architecture and landscape always originate from our socio-cultural commitment. Therefore KuiperCompagnons signature is flexible. After all, who builds, moulds upon society. More than ever our motivation and inspiration comes from our responsibility for people and planet. We aim at creating something extraordinary out of the ordinary. Only continuous interaction with clients, other parties involved and end-users makes this possible.

KuiperCompagnons also operates outside the Netherlands, in the international arena. The office has about 140 employees. The Executive Board is comprised of Ashok Bhalotra (CEO), Gijs van den Boomen, Huub Niesen and Willem Wijnbergen.

Fotografie / Photography:
KuiperCompagnons

Dongli Lake, Tianjin (China), 2007 - 2008

Hofeiland en Oosterbaken, Hoogvliet, 2003 - 2008

Voorzieningengebouw, Groningen, 2001 - 2008

De Prinsenhof, Leidschendam, 2001 - 2008

Bureau van der Laan
architectuur + bouwtechniek

e-mail info@bureauvanderlaan.nl
website www.bureauvanderlaan.nl

T 073-6142177
F 073-6138569

Oude Dieze 19
5211 KT 's-Hertogenbosch
Postbus 1394
5200 BK 's-Hertogenbosch

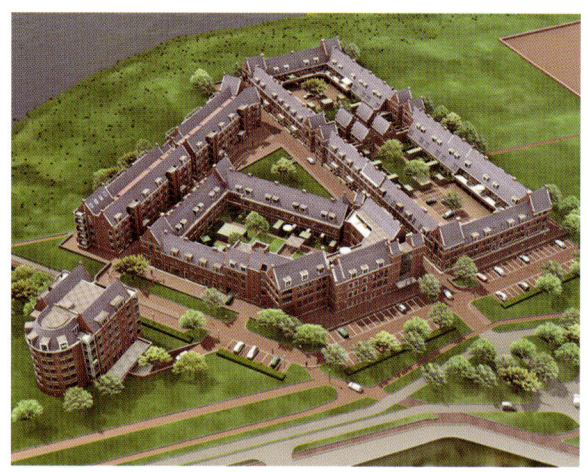

1

2

Ons werkterrein beslaat een breed gebied dat varieert van stedenbouwkundige voorstudies (zowel in binnenstedelijke gebieden als in dorpsmilieus) tot allerlei architectonische ontwerpactiviteiten van klein tot groot, met daarbij steeds ook de bouwtechnische uitwerking en begeleiding van betrekkelijk eenvoudige tot zeer complexe projecten. Momenteel is ons opdrachtenpakket vooral gelegen in grotere woningbouwprojecten, met als bijzondere interesse de interactie tussen de privé woonsfeer en de openbare ruimte.

Our field of work embraces a wide area varying from preliminary urban planning studies (in both inner-city areas and village environments) to all manner of architectural design activities from small to large, always including the elaboration of construction techniques and supervision of relatively simple to highly complex projects. At the moment our portfolio of commissions mainly involves larger housing projects with a special focus on the interaction between the private domestic ambiance and public space.

3

5

1-4
Brandepoortbastion, 144 woningen en appartementen, 3 parkeergarages, gezondheidscentrum, Geertruidenberg
Brandepoortbastion, 144 houses and apartments, 3 covered car parks, health centre, Geertruidenberg

5
Brandevoort - De Veste, Helmond
Brandevoort - De Veste, Helmond

6-7
Koninklijke Militaire Academie, restauratie gebouw K, Breda
Royal Military Academy, restoration of K building, Breda

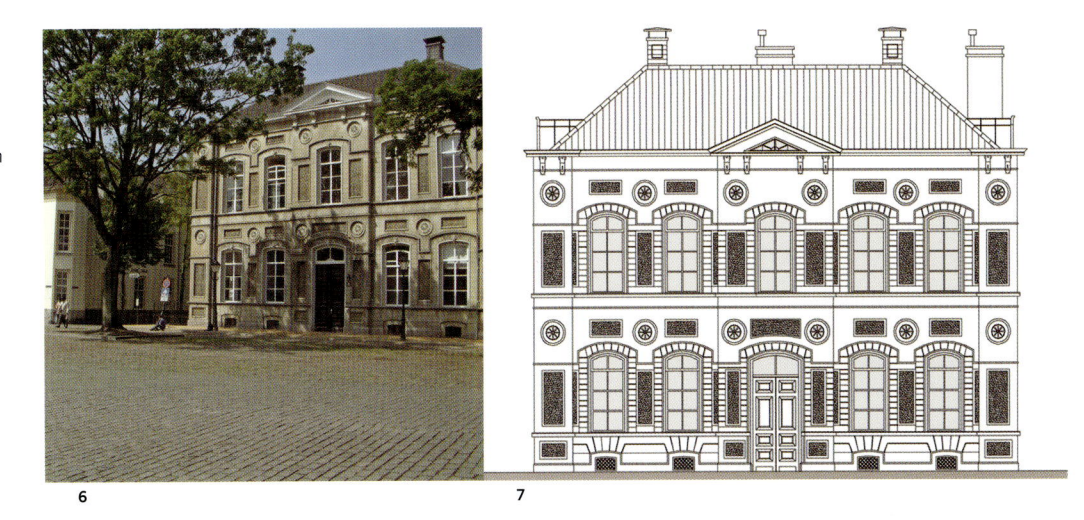

luijtenIsmeulderslarchitecten

Luijtenlsmeulderslarchitecten is een middelgroot architectenbureau dat werkzaam is op het gebied van architectuur, stedenbouw en interieurontwerp. Het bureau is met name actief in Midden- en Zuid-Nederland en bedient een breed scala aan opdrachtgevers variërend van (gezondheids)zorg, woningbouw, onderwijs en kinderopvang tot politiebureaus en kantoren.
In de benadering en uitwerking van ontwerpopgaven staan functionaliteit en de cultureel maatschappelijke bijdrage van het ontwerp centraal. Dankzij de deskundigheid op het gebied van bouwtechniek, bouwkosten en bouwcoördinatie, begeleidt luijtenlsmeulderslarchitecten haar opdrachtgevers gedurende het gehele ontwerp- en bouwproces: van idee tot oplevering.
Luijtenlsmeulderslarchitecten heeft een team van dertig medewerkers en is gevestigd in Tilburg. Het bureau is lid van de BNA, STAGG, STARO, STAWON, IWA en is ISO 9001 gecertificeerd. Luijtenlsmeulderslarchitecten is onder andere winnaar van de BNA architectuurprijs Midden-Brabant 2005 en 2007 en kreeg een eervolle vermelding bij de CBZ ideeënprijsvraag 2006.
Voor meer informatie: www.luijten-smeulders.nl.

Luijtenlsmeulderslarchitecten is a medium-sized firm of architects working in the field of architecture, urban planning and interior design. The firm is particularly active in Central and South Netherlands and serves a wide range of clients from the sectors of care (including healthcare), housing, education, day nurseries, police stations and offices.
Functionality and the socio-cultural contribution of the design are key to the approach to and execution of design assignments. Thanks to its expertise in the field of building technology, construction costs and construction coordination, luijtenlsmeulderslarchitecten supports its clients through the entire design and construction process: from idea to completion.
Luijtenlsmeulderslarchitecten has a team of thirty employees and is based in Tilburg. The firm is a member of the BNA, STAGG, STARO, STAWON, IWA and is ISO 9001 certified. It was the winner of the BNA architecture award for Middle Brabant 2005 and received an honourable mention in the CBZ ideas competition 2006.
For more information: www.luijten-smeulders.nl.

1
(Zorg)appartementen Guldenakker, Goirle
Guldenakker assisted living apartments, Goirle

2
Multifunctionele accommodatie De Kruidenbuurt, Tilburg
De Kruidenbuurt multifunctional accommodation, Tilburg

3
Sociaal cultureel centrum De Schakel, Gilze
De Schakel socio-cultural centre, Gilze

4
Woningen en appartementen Ensburg, Tilburg
Ensburg dwellings and apartments, Tilburg

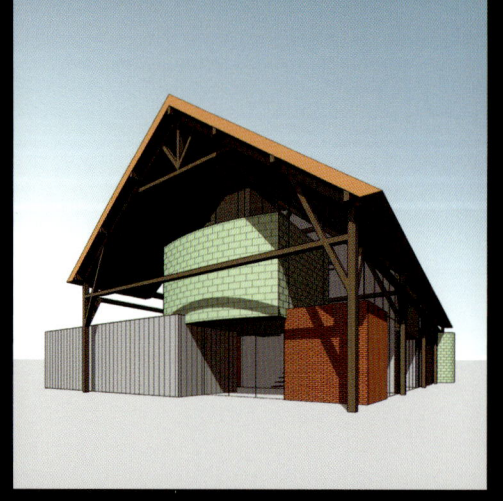

5
BNA prijsvraag dorpswonen: eervolle vermelding
BNA competition village dwelling: honourable mention

6
Interieur bibliotheek, Moergestel
Library interior, Moergestel

Multifunctionele accommodatie De Poorten, Tilburg
De Poorten multi-functional unit, Tilburg

MIII architecten

e-mail info@m3architecten.com
website www.m3architecten.com

T 070-3944349
F 070-3944234

Gen. Berenschotlaan 211-213
2283 JM Rijswijk

1

2

3

4

MIII

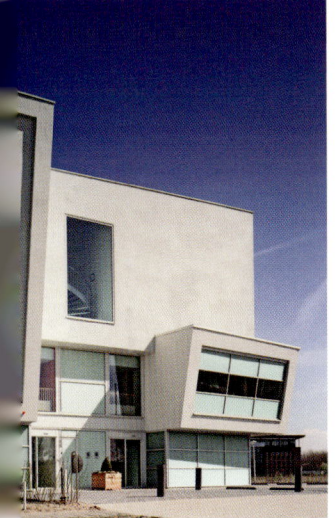

MIII architecten is een in Rijswijk (ZH) gevestigd architectenbureau, dat wordt geleid door de partners Leendert Steijger, Edwin Smit en Remko van Buren. Het bureau is in 1990 opgericht en is inmiddels uitgegroeid tot een middelgroot bureau dat beschikt over een uitgebreid netwerk van vaste relaties waarmee regelmatig wordt samengewerkt.
MIII is een hecht collectief dat opereert in ontwerpteamverband, waarbij de teamleden, elk met hun eigen ervaring en achtergrond, elkaar inspireren en aanvullen. Het werkterrein van MIII strekt zich uit van woningbouw en stedenbouw tot uiteenlopende vormen van utiliteitsbouw.
MIII ontwikkelde ook de Quantumwoning en vervult daarmee een voortrekkersrol in de duurzame woningbouw.

MIII architecten is a firm of architects based in Rijswijk (ZH) and headed by the partners Leendert Steijger, Edwin Smit and Remko van Buren.
The firm was founded in 1990 and has grown in the meantime into a medium-sized firm with an extensive network of permanent contacts at its disposal, with whom the firm regularly collaborates.
MIII is a close-knit collective that operates as a design team whose members, each with their own experience and background, inspire and complement one another.
MIII's area of work extends from housing and urban design to various forms of utility building.
MIII also developed the Quantum dwelling, fulfilling a pioneering role in sustainable housing.

1
Bomencentrum Nederland, Baarn

2
Fuiks restaurant, Capelle aan den IJssel

3
Chinees Hotel, Delft

4
Quality Centre, Almere

5
15 woningen, Zoetermeer

www.m3architecten.com

Maat architecten BNA

MAAT ARCHITECTEN BNA is een enthousiast professioneel architectenbureau met een stedenbouwkundige achtergrond, dat voornamelijk werkzaam is in de woningbouw, zowel binnenstedelijk als buitenstedelijk, op Vinex-locaties en bij dorpsuitbreidingen.
Vanuit het bewustzijn dat we ook moeten kunnen maken wat we tekenen, omvatten onze werkzaamheden naast het ontwerp de complete bouwvoorbereiding, de uitvoeringstekeningen en directievoering. Het bureau heeft meer dan dertig jaar ervaring en werkt voor aannemers, ontwikkelaars, woningbouwverenigingen, pensioenfondsen en beleggers.

MAAT ARCHITECTEN BNA is an enthusiastic and professional firm with a background in urban planning. It is primarily involved in housing, both urban and exurban, at Vinex sites and with village expansions.
Keeping in mind that we must be able to produce what we design, our work not only consists of the design, but also the entire building preparation, the working drawings and management. The firm has more than thirty years of experience and undertakes assignments for contractors, developers, housing corporations, pension funds and investors.

e-mail info@maatarchitecten.nl
website www.maatarchitecten.nl

T 010-2934880
F 010-2934888

Strevelsweg 700-212
3083 AS Rotterdam
Postbus 57658
3008 BR Rotterdam

1-2
Woon-Zorgcomplex 't Skagerrak, Schagen
Assisted living complex 't Skagerrak, Schagen
Opdrachtgever / Client: van Alckmaer voor wonen
Gebruiker / User: 's Heerenloo
Aannemer / Contractor: Bouwbedrijf Reitsma bv
Foto / Photo: Joost Brouwers

3-4
Ripsoever, Gemert
Stedenbouwkundig plan + uitwerking
Ripsoever, Gemert
Urban planning + execution
Opdrachtgever / Client: Van Wanrooij Bouw & Ontwikkeling
Aannemer / Contractor: Van Wanrooij Bouw & Ontwikkeling
Foto / Photo: Joost Brouwers

5
Ambacht van Weede, Maasdam
Consumentengericht bouwen
Ambacht van Weede, Maasdam
Consumer-oriented construction
Opdrachtgever / Client: Van de Vorm Bouw bv
Aannemer / Contractor: Gebr. Hooghwerff bv
Foto / Photo: Joost Brouwers

6-7
Vrijenburg-zuid, Barendrecht
Appartementen + eengezinswoningen
South Vrijenburg, Barendrecht
Apartments + single-family dwellings
Opdrachtgever / Client: Adriaan van Erk Projecten bv
Aannemer / Contractor: Rehorst Bouw
Foto / Photo: Janine Schrijver

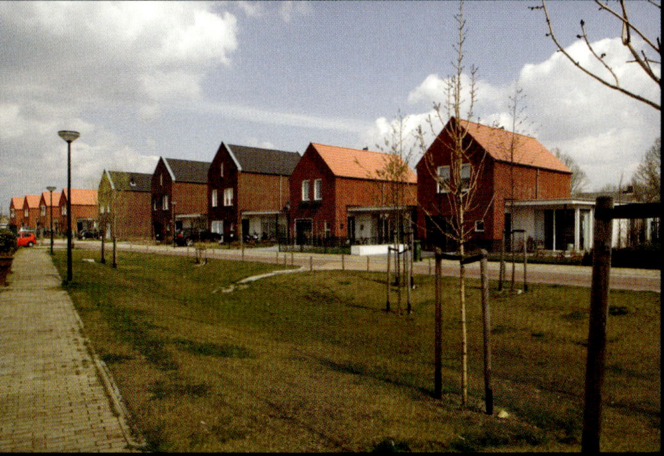
3

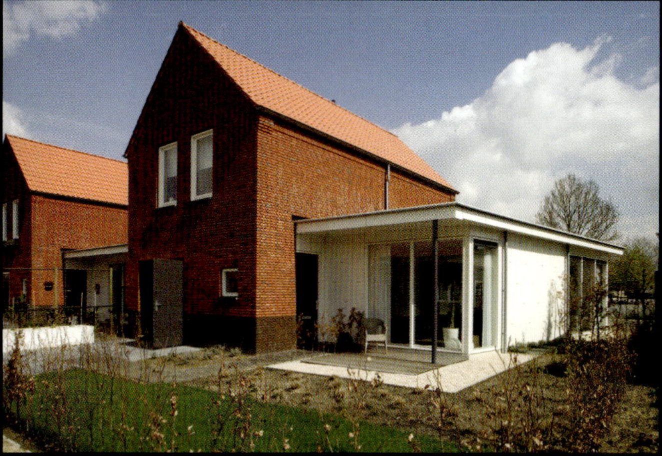
4

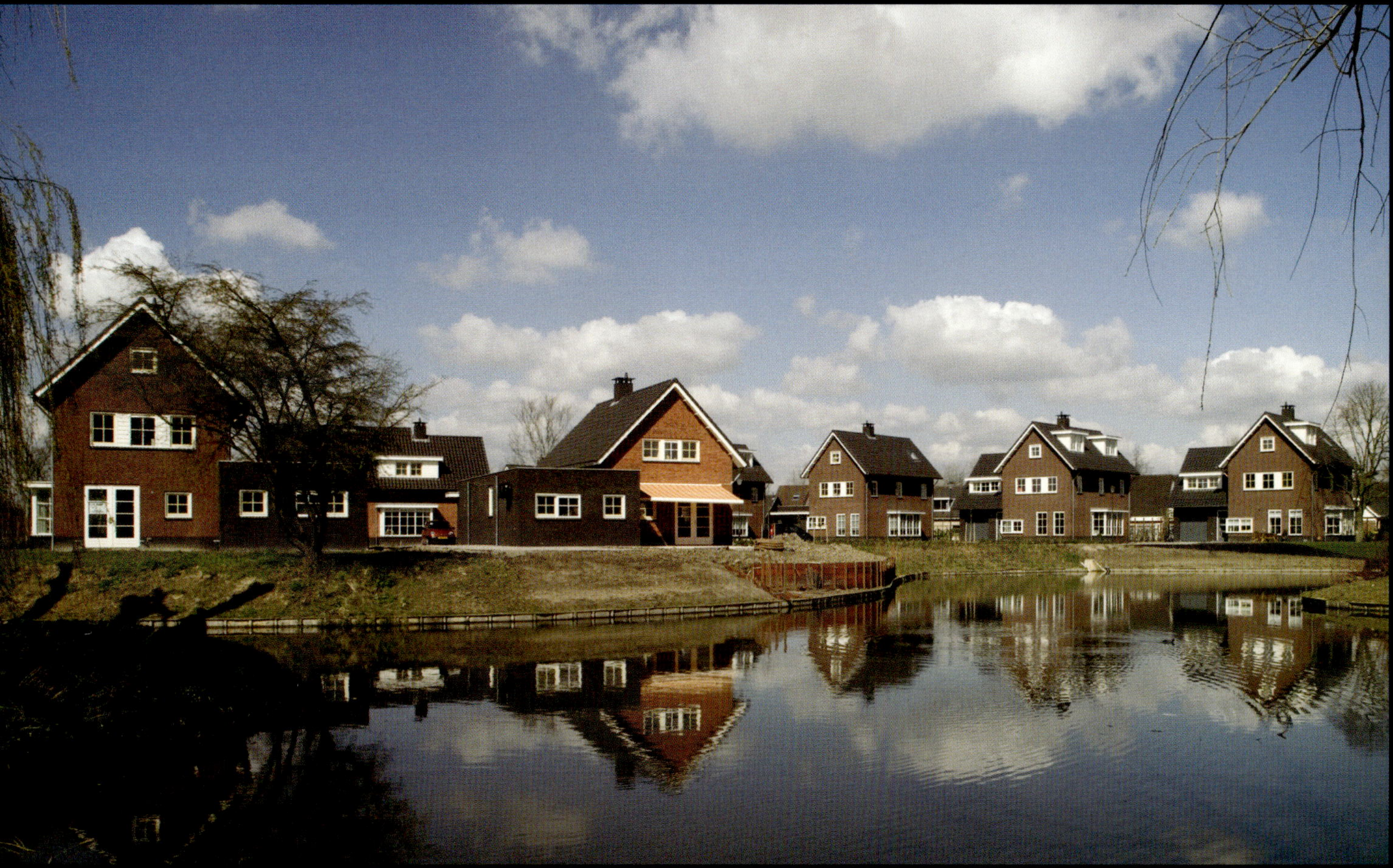
5

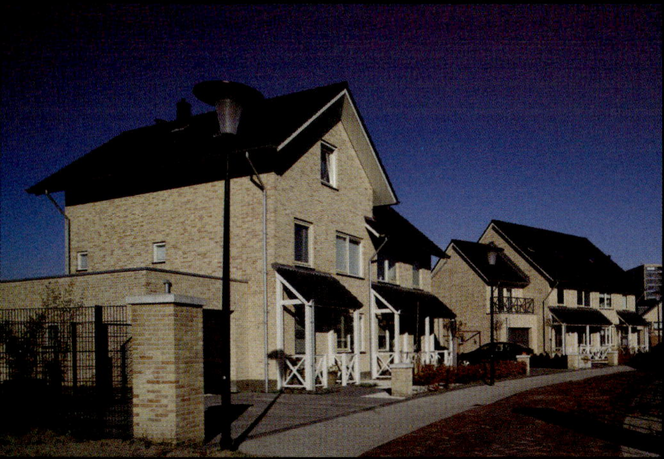
6

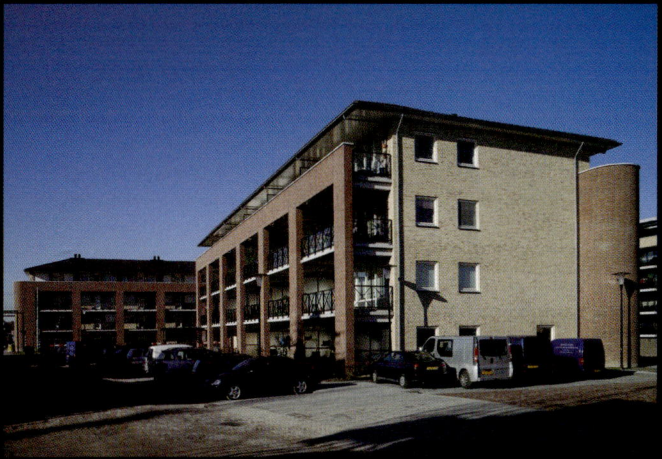
7

Marge architecten

e-mail info@marge-architecten.nl
website www.marge-architecten.nl

T 010-2440242
F 010-4772704

's-Gravendijkwal 39
3021 EC Rotterdam

Ons bureau bestaat uit een team van twaalf ontwerpers en technici. Binnen het bureau zijn alle disciplines voor ontwerp en uitwerking van projecten aanwezig: stedenbouw, architectuur, bouwtechniek, bestek, kostenbeheersing, bouwfysica en projectmanagement. Ons werkgebied beslaat nieuwbouw, renovatie en herstructurering in de woning-, utiliteits- en zorgsector. Onze inzet is mooie, goed bruikbare gebouwen te realiseren die passen in hun omgeving opdat zowel gebruikers als passanten deze als plezierig beleven.

Our firm comprises a team of twelve designers and technicians. Every discipline required for the development and realisation of projects is represented within the firm: urban development, architecture, construction engineering, specifications, cost containment, construction physics and project management. Our sphere of activity encompasses new construction, renovation and redevelopment in the housing, utility and healthcare sectors. We focus on realising beautiful, serviceable buildings that fit within their surroundings so that both users and passers-by experience them as pleasurable.

1
Park Haagsteeg, 26 woningen, Wageningen
Park Haagsteeg, 26 dwellings, Wageningen
Opdrachtgever / Client: Arteze Projectontwikkeling

2
Oosterheem, 58 woningen, Zoetermeer
Oosterheem, 58 dwellings, Zoetermeer
Opdrachtgever / Client: Blauwhoed Eurowoningen

3
Van Dorp, 76 woningen nieuwbouw en 5 bedrijfsruimten
Van Dorp, 76 new dwellings and 5 commercial spaces
Opdrachtgever / Client: Com. Wonen

4
Oranjehof, 74 woningen en zorgcentrum, Rotterdam
Oranjehof, 74 dwellings and healthcare centre, Rotterdam
Opdrachtgever / Client:
Stichting Ouderenhuisvesting Rotterdam

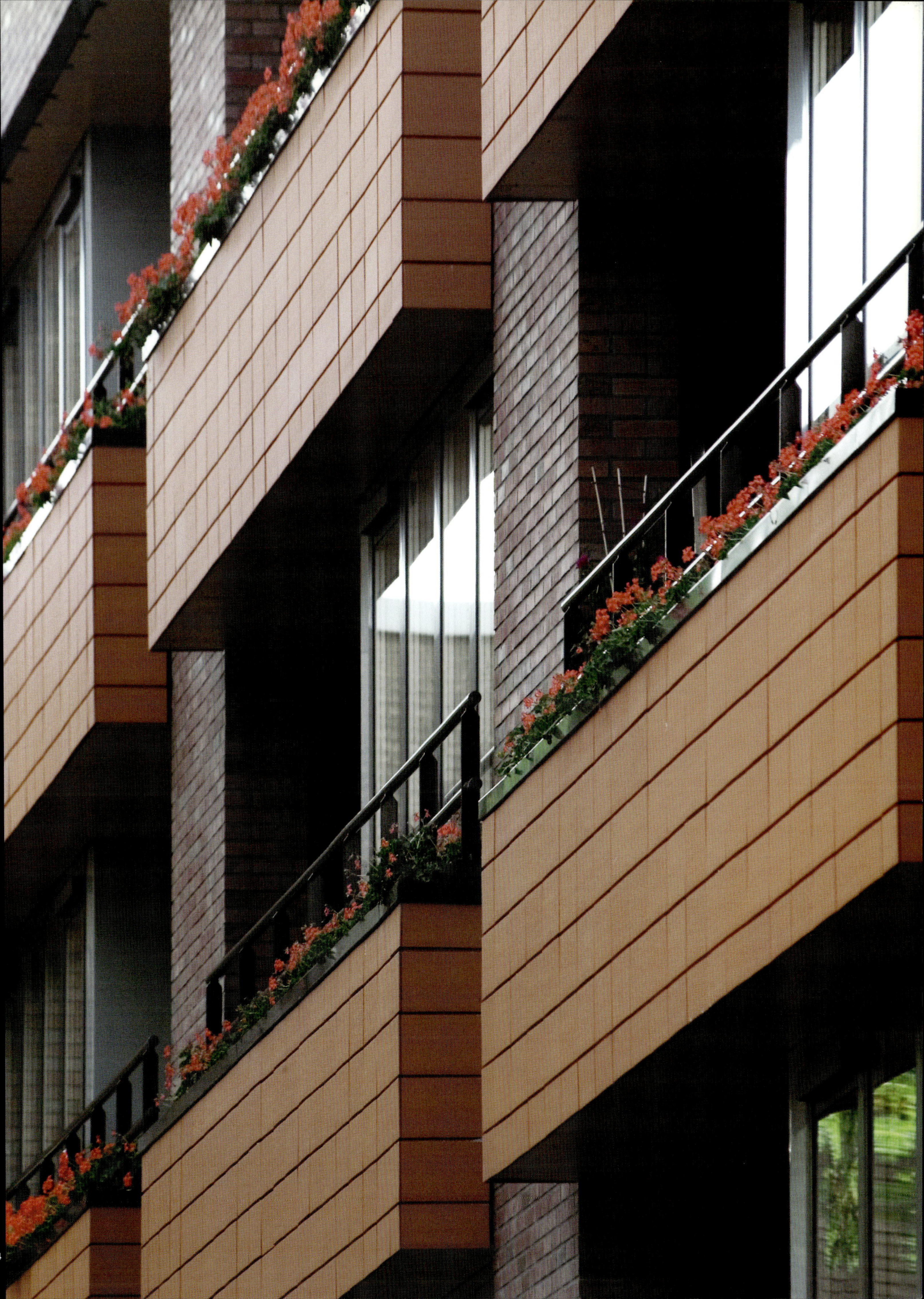

Mei Architecten en stedenbouwers

e-mail info@mei-arch.nl
website www.mei-arch.nl

T 010-4252222

Lloydstraat 138
3024 EA Rotterdam
Postbus 6194
3002 AD Rotterdam

Schiecentrale fase 4B, Rotterdam, 2008
Schiecentrale phase 4B, Rotterdam, 2008

Foto's / Photos: Jeroen Musch

Bergingen Schiecentrale fase 4B, Rotterdam, 2008
Storerooms, Schiecentrale phase 4B, Rotterdam, 2008

Min2 bouw-kunst

120 / 121

e-mail min2@min2.nl
website www.min2.nl

T 072-5821070
F 072-5821079

Hoflaan 1
1861 CP Bergen NH
Postbus 246
1860 AE Bergen NH

Directie:
Jetty Min, beeldend kunstenaar,
Maarten Min, architect BI / BNA
Ontwerpteam:
ir. Jan Willem Dragt, ir. Jesse van der Veen,
ir. Jacopo Tenani, ing. Eelco Grootjes

46 grondgebonden woningen
Heerenwoud Skoatterwâld, Heerenveen
Stedenbouw: Kuiper Compagnons, Rotterdam
Opdrachtgever: Heijmans Vastgoedrealisatie, Almere/Assen
Aannemer: Heijmans Bouw Assen bv
Fotografie: Sjaak Henselmans, Amsterdam

46 dwellings
Heerenwoud Skoatterwâld, Heerenveen
Urban development: Kuiper Compagnons, Rotterdam
Commissioner: Heijmans Vastgoedrealisatie, Almere/Assen
Contractor: Heijmans Bouw Assen bv
Photography: Sjaak Henselmans, Amsterdam

Molenaar & Van Winden *architecten*

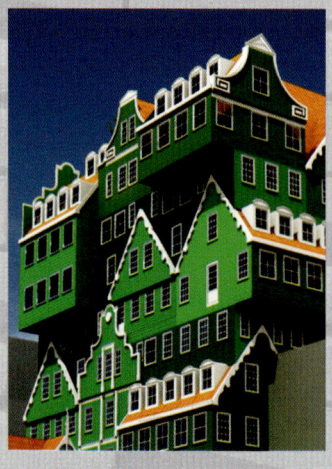

Fotografen / Photographers: Theo Baart, Robert van der Borg, Frank van Dam, Jannes Linders, Fedde de Weert
Artist Impressions: AudioVisualz, Studio i2, Archimago

Het aantrekkelijke van het hedendaagse ontwerpen is de mogelijkheid om architectuur te maken die geworteld is in het alledaagse, voortkomt uit de overlevering van diverse culturen en tegelijkertijd een antwoord biedt op uiteenlopende wensen binnen de veelkleurige samenleving. In de visie van Molenaar & Van Winden *architecten* is hedendaagse architectuur volgzaam maar ook vermetel, vrij in keuze van expressie en sfeer: 'Free Style'.
Presentday design provides the opportunity to create architecture rooted in the everyday – architecture that is the product of a variety of cultures and that also answers the demands of a multicultural society. In the vision of Molenaar & Van Winden *architecten*, contemporary architecture is tractable yet bold, free in its choice of expression and atmosphere: 'Free Style'.

Odeon Architecten bv

e-mail mail@odeon.nl
website www.odeon.nl

T 040-2447716
F 040-2433875

Essenstraat 1
5616 LG Eindhoven
Postbus 1280
5602 BG Eindhoven

ROC Vijfkamplaan, Eindhoven

Ontrafelend
unravelling

verrassenD
surprising

verbEeldend
representing

dOelgericht
goal-oriented

coNsequent
consistent

O

van den Oever, Zaaijer & Partners architecten

126 / 127

e-mail info@oz-p.nl
website www.oz-p.nl

Planetarium, Kromwijkdreef 11
1108 JA Amsterdam Zuidoost
Postbus 22565
1100 DB Amsterdam Zuidoost

T 020-6919115
F 020-6965349

ARCHITECTUUR - STEDENBOUW - BOUWKUNDE - INTERIEUR

1
Renovatie en uitbreiding Provinciehuis Flevoland, Lelystad. Oplevering 2007
Renovation and expansion of Flevoland provincial government office, Lelystad. Completion 2007
Foto / Photo: Luuk Kramer

2
Kantoorgebouw Atradius, Amsterdam. Oplevering 2008
Atradius office building, Amsterdam. Completion 2008
Foto / Photo: Allard van der Hoek

3
Kantoorgebouw Atradius, Amsterdam. Oplevering 2008
Atradius office building, Amsterdam. Completion 2008
Foto / Photo: Luuk Kramer

4
Kantoorgebouw Atradius, Amsterdam. Oplevering 2008
Atradius office building, Amsterdam. Completion 2008
Foto / Photo: Luuk Kramer

Ontwerpwerk
multidisciplinary design

128 / 129

e-mail info@ontwerpwerk.com
website www.ontwerpwerk.com

T 070-3132020
F 070-3132094

Prinsestraat 37
2513 CA Den Haag
Postbus 45
2501 CA Den Haag

Ontwerpwerk staat voor creatieve veelzijdigheid, hoge kwaliteit design en een goed begrip van de business van onze klanten. Ontwerpwerk is een multidisciplinair ontwerpbureau in Den Haag met afdelingen voor architectonische vormgeving, grafische vormgeving, websites en productontwerp. Door de organisatie naar vier disciplines in te richten én tegelijkertijd de afdelingen op vele manieren met elkaar te verbinden, creëren we een meerwaarde, die ons uniek maakt. Specialisme en generalisme gaan hand in hand bij Ontwerpwerk.

Bij interieurprojecten leveren we zowel bouwkundig advies als interieurontwerp en inrichting en we begeleiden de productie. Tentoonstellingen en beursstands van Ontwerpwerk zijn absolute eye-catchers, maatwerk van A tot Z. Wij werken voor musea en bedrijven in binnen- en buitenland en realiseren locatie projecten. Ontwerpwerk treedt ook zelf op als initiator en intendant van tentoonstellingen.

Ontwerpwerk stands for creative versatility, high quality design and a good understanding of the clients' business. Ontwerpwerk is a multidisciplinary design firm in The Hague with departments for architectural design, graphic design, websites and product design. By arranging the organisation into four disciplines and at the same time linking the departments with each other in many ways, we create an added value that makes us unique. Specialisation and generalism go hand in hand at Ontwerpwerk.
For interior design projects we supply both advice concerning construction and interior design and furnishing, and we also supervise the production. Ontwerpwerk's exhibitions and fair booths are absolute eye-catchers, custom-made from A to Z. We work for museums and companies at home and abroad and carry out projects on location. Ontwerpwerk also acts as initiator and manager of exhibitions.

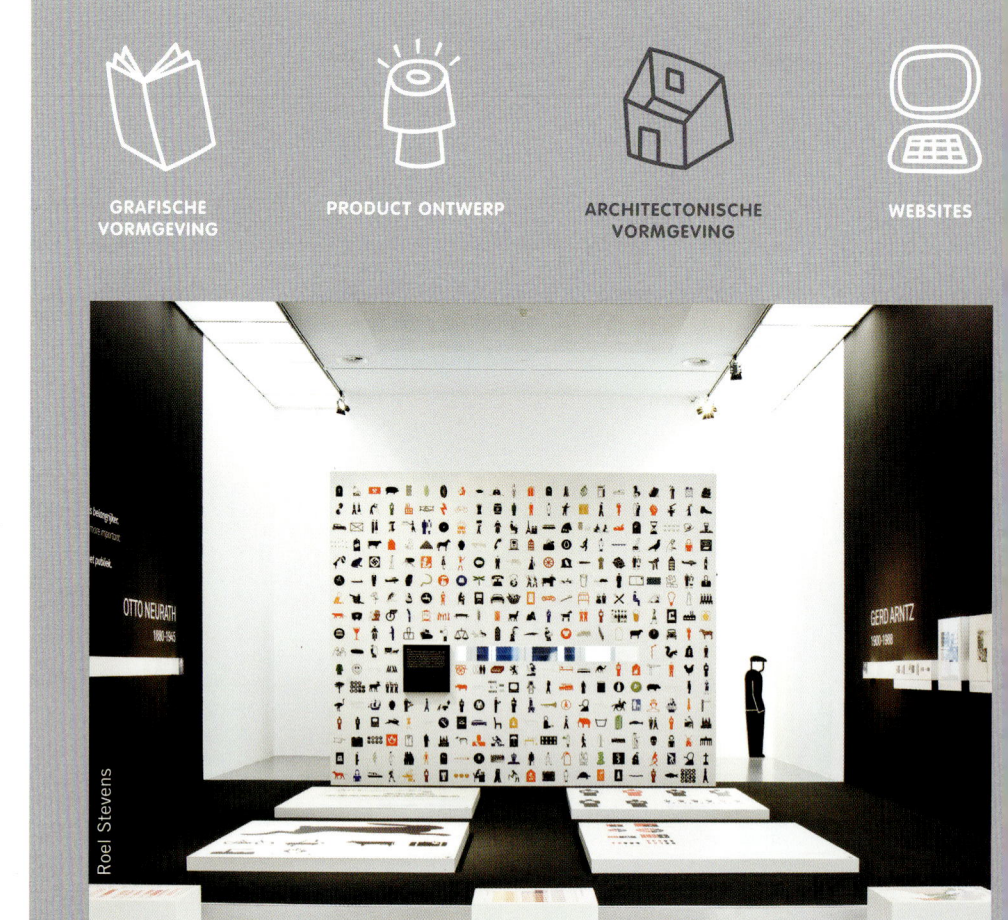

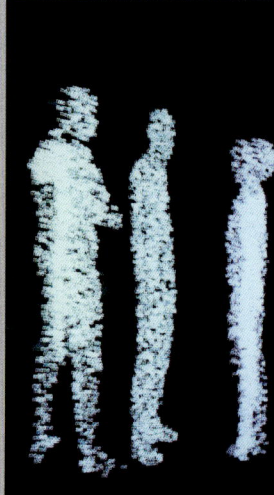

GRAFISCHE VORMGEVING — PRODUCT ONTWERP — ARCHITECTONISCHE VORMGEVING — WEBSITES

Tentoonstelling Lovely Language in het Centraal Museum in het kader van Utrecht Manifest
'Lovely Language' exhibition in the Centraal Museum under the auspices of Utrecht Manifest

Interieur foyers in de Koninklijke Schouwburg
Interior of foyers in the Royal Theatre

Tentoonstelling Schitterend Sieraad in het Rijksmuseum van Oudheden
'Brilliant Jewellery' exhibition in the National Museum of Antiquities

OPL Architecten

OPL Architecten. Opgericht in 1948. Werkzaam in heel Nederland. Ontwerpt grote multifunctionele complexen, maar ook kleine gebouwen. Op nieuwe locaties, maar vaak ook in bestaande stedenbouwkundige context. Maakt zowel kantoren, woningen en winkels, als openbare gebouwen en bedrijfscomplexen. OPL staat voor vakmanschap en ervaring, ook in projectmanagement Maar weet dat te combineren met creativiteit en drang tot vernieuwing. Steeds streeft het bureau naar een conceptuele benadering. Altijd wordt gezocht naar een unieke oplossing. Het leidt tot krachtige en heldere gebouwen die meetbaar presteren. Die iets toevoegen aan de omgeving en die blijven boeien.

OPL Architecten. Founded in 1948. Active throughout the Netherlands. Designs major multi-functional complexes, but also small buildings. At new locations, but often also in an existing urban context. Produces offices, housing and retail, as well as public buildings and industrial complexes. OPL stands for professionalism and experience – in project management as well. At the same time, it applies creativity and an urge for innovation to all that it undertakes. The firm continually strives for a conceptual approach; the search is always for a unique solution. This leads to powerful, clear-cut buildings that measurably succeed. That add something to the surroundings and continue to fascinate.

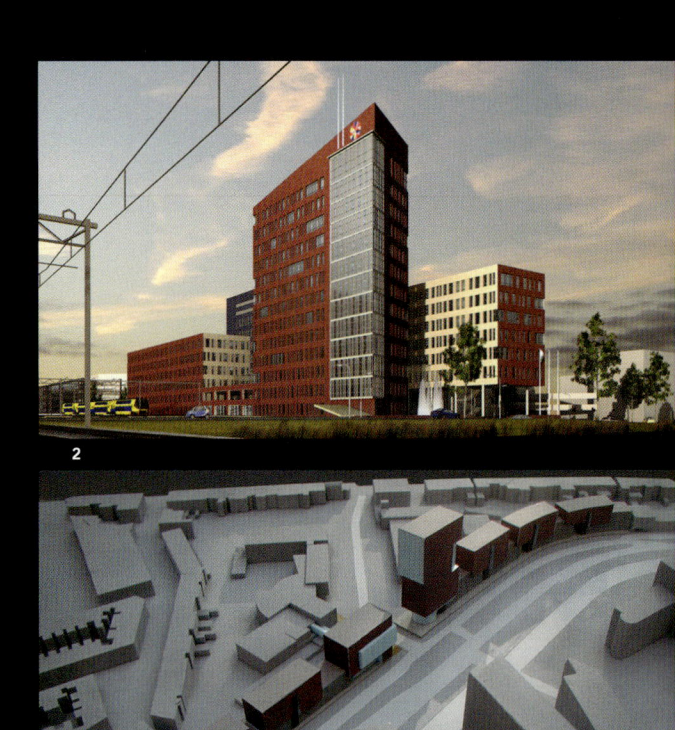

e-mail info@oplarchitecten.nl
website www.oplarchitecten.nl

T 030-2511005
F 030-2545210

Maliesingel 38
3581 BK Utrecht
Postbus 2448
3500 GK Utrecht

1
Priva Campus, De Lier
Priva Campus, De Lier
Foto / Photo Michel Kievits Fotografie

2
Kantoor Reaal Verzekeringen, Alkmaar
Reaal Verzekeringen office, Alkmaar
Foto / Photo PixelPool

3
Studie Graadt van Roggenweg, Utrecht
Proposal Graadt van Roggenweg, Utrecht
Foto / Photo OPL Architecten

4
Winkels en appartementen De Markt, Hardenberg
De Markt shops and apartments, Hardenberg
Foto / Photo Michel Kievits Fotografie

5
Interieur Priva Campus, De Lier
Interior of Priva Campus, De Lier
Foto / Photo Michel Kievits Fotografie

6
Stadsdeelhuis Amsterdam-Noord, Amsterdam
District council chambers, Amsterdam-North, Amsterdam
Foto / Photo Michel Kievits Fotografie

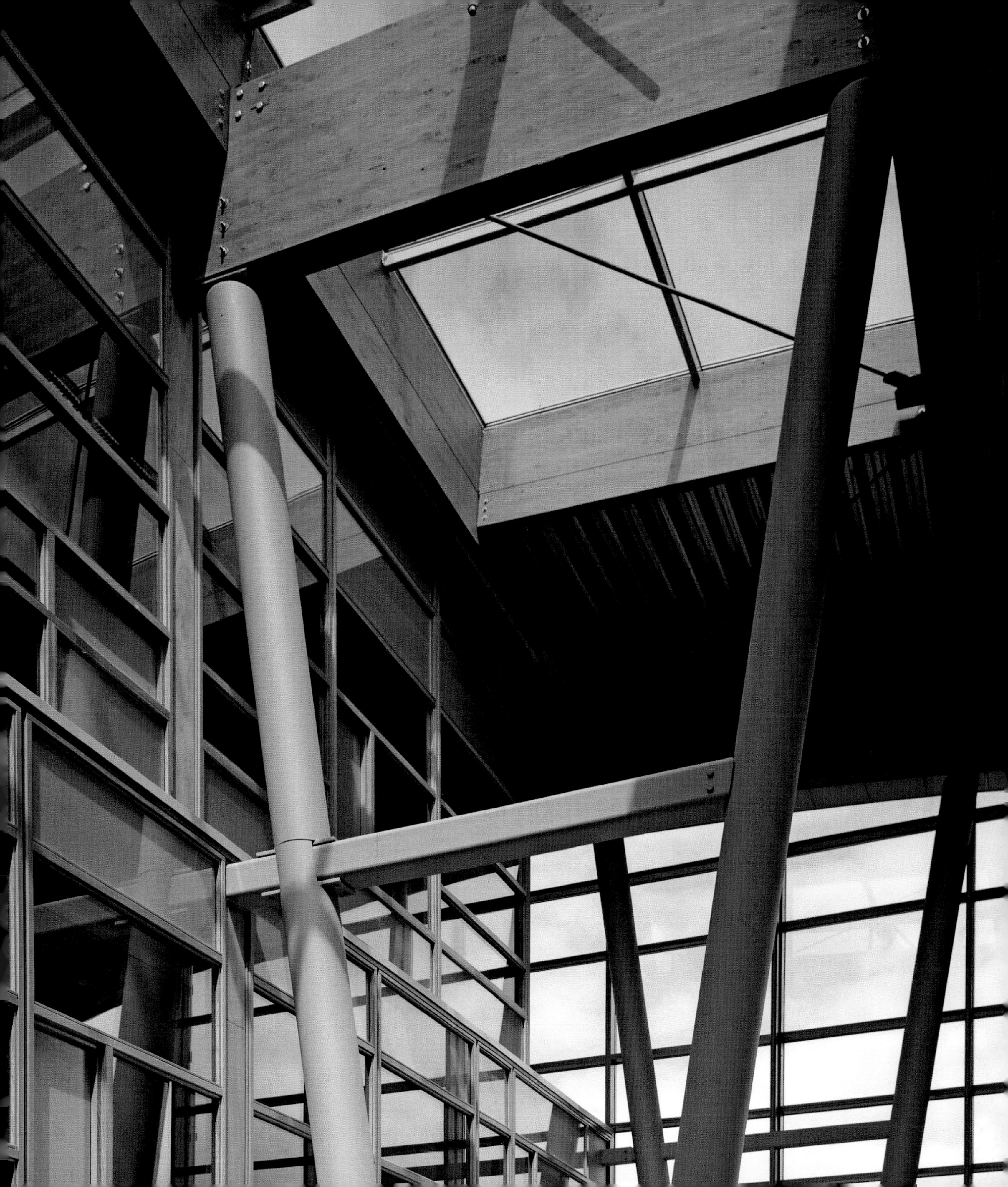

Oving Architekten bv

132 / 133

e-mail buro@ovingarchitekten.nl
website www.ovingarchitekten.nl

T 050-3146111
F 050-3138819

Hoge der A 26
9712 AE Groningen
Postbus 1268
9701 BG Groningen

1
2 appartementengebouwen met 22 koop- en 25 huurappartementen, en 72 grondgebonden woningen aan de Oerset en Opslach te Leeuwarden
2 apartment buildings with 22 dwellings for sale and 25 for rent, and 72 ground-accessed dwellings at Oerset and Opslach in Leeuwarden
Projectarchitect / Project architect: Gerben van der Kooi

2
7 koop-, 8 huurappartementen, 13 appartementen voor verstandelijk gehandicapten en kantoorruimte voor zorgorganisatie aan 't Swin te Drachten
7 apartments for sale, 8 for rent, 13 apartments for mentally disabled persons and office space for health organisation at 't Swin in Drachten
Projectarchitect / Project architect: Ab van der Veen

3, 5
24 patiowoningen in particulier opdrachtgeverschap aan de Centaurstraat te Groningen (volgens vakjury dvda 2008: gedeelde derde plaats van de in 2008 opgeleverde mooiste gebouwen van Groningen)
24 patio dwellings for private client, Centaurstraat, Groningen (shared third place in the competition for the most beautiful buildings completed in Groningen in 2008, awarded by the dvda 2008 professional jury)
Projectarchitect / Project architect: Jan van der Zwaag

4
Clubgebouw van golfclub 'De Compagnie' aan de Golflaan te Veendam
Club building for 'De Compagnie' golf club, Golflaan, Veendam
Projectarchitect / Project architect: Theo Oving

6
67 boardwalk en 34 pierwoningen aan de Reitdiephaven te Groningen
67 boardwalk and 34 pier dwellings, Reitdiep harbour, Groningen
Projectarchitect / Project architect: Jan van der Zwaag

7
62 zelfstandige studentenappartementen in gebouw van hoofdpostkantoor aan de Munnekeholm te Groningen
62 autonomous student apartments in former post office building on the Munnekeholm, Groningen
Projectarchitect / Project architect: Francine Neerhof Oving

8
44 appartementen, recreatiezaal, 2 bedrijfsruimten en parkeerkelder in de 'Palladium' aan de Siersteenlaan te Groningen (volgens vakjury dvda 2007: tweede plaats van de in 2007 opgeleverde mooiste gebouwen van Groningen)
44 apartments, recreation hall, 2 business spaces and parking basement in the 'Palladium' on the Siersteenlaan, Groningen (second place in the competition for the most beautiful buildings completed in Groningen in 2008, awarded by the dvda 2008 professional jury)
Projectarchitect / Project architect: Johannes Kappler, Nürnberg (D)

9-11
53 huurappartementen, recreatiezaal en parkeerkelder in de 'Goudriaan' aan de Vechtstraat te Groningen
55 rental apartments, recreation hall and parking basement in the 'Goudriaan' on the Vechtstraat, Groningen
Projectarchitect / Project architect: Francine Neerhof Oving

Foto's / Photos: jimernst.nl

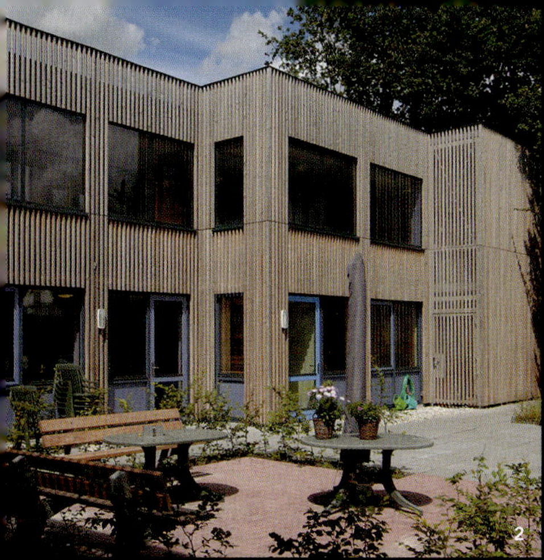
2

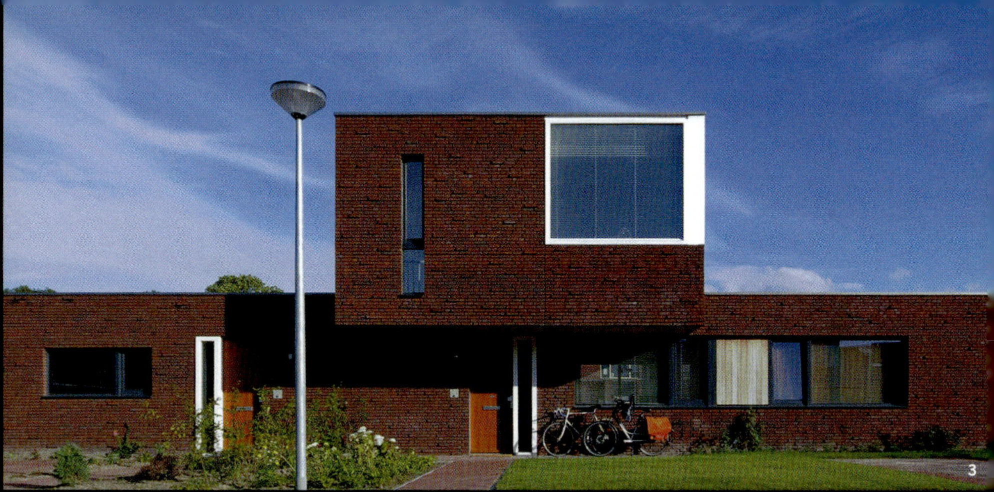
3

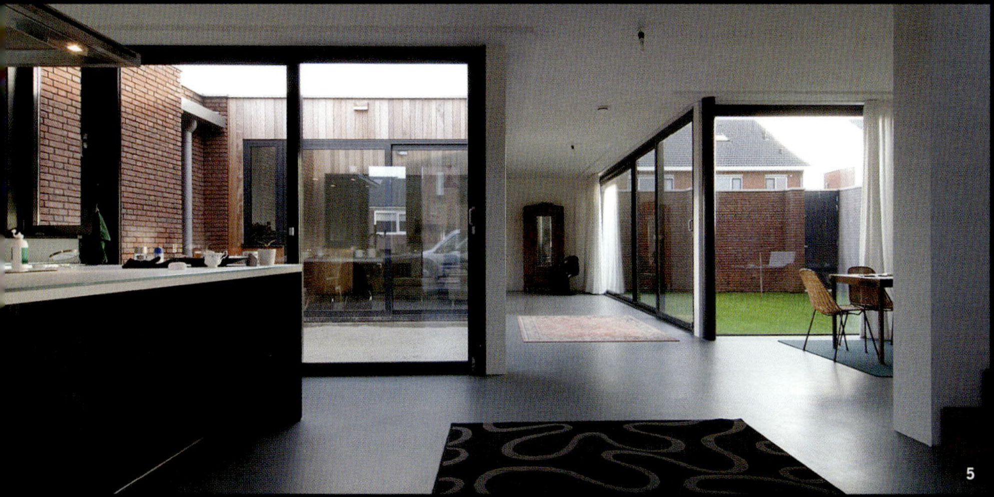
5

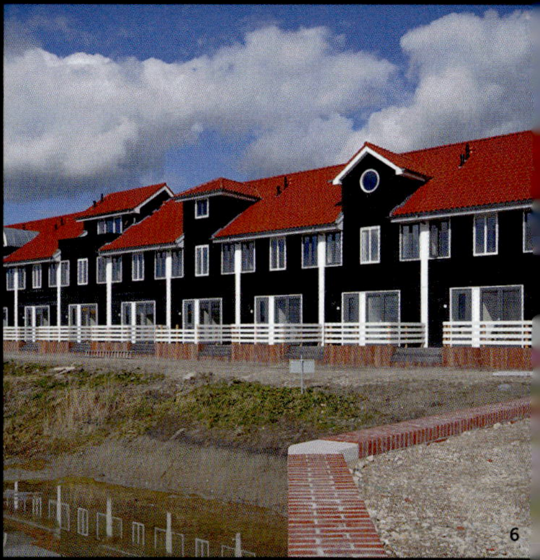
6

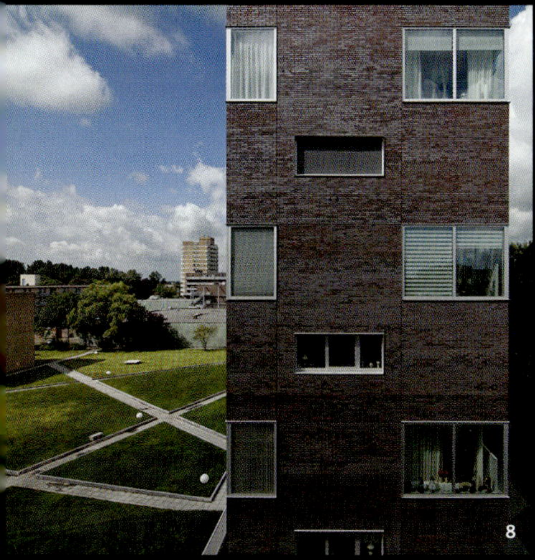
8

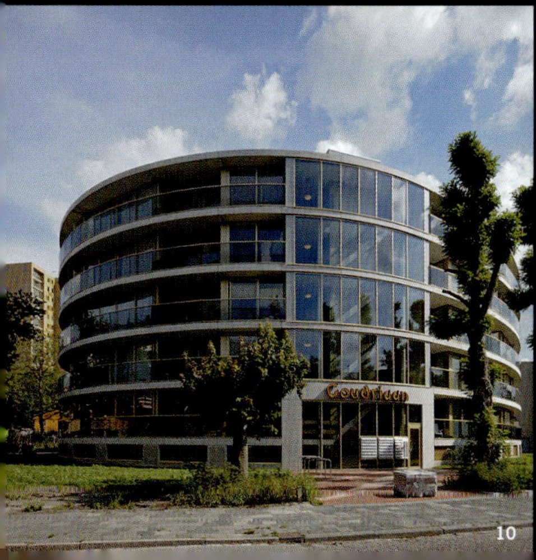
10

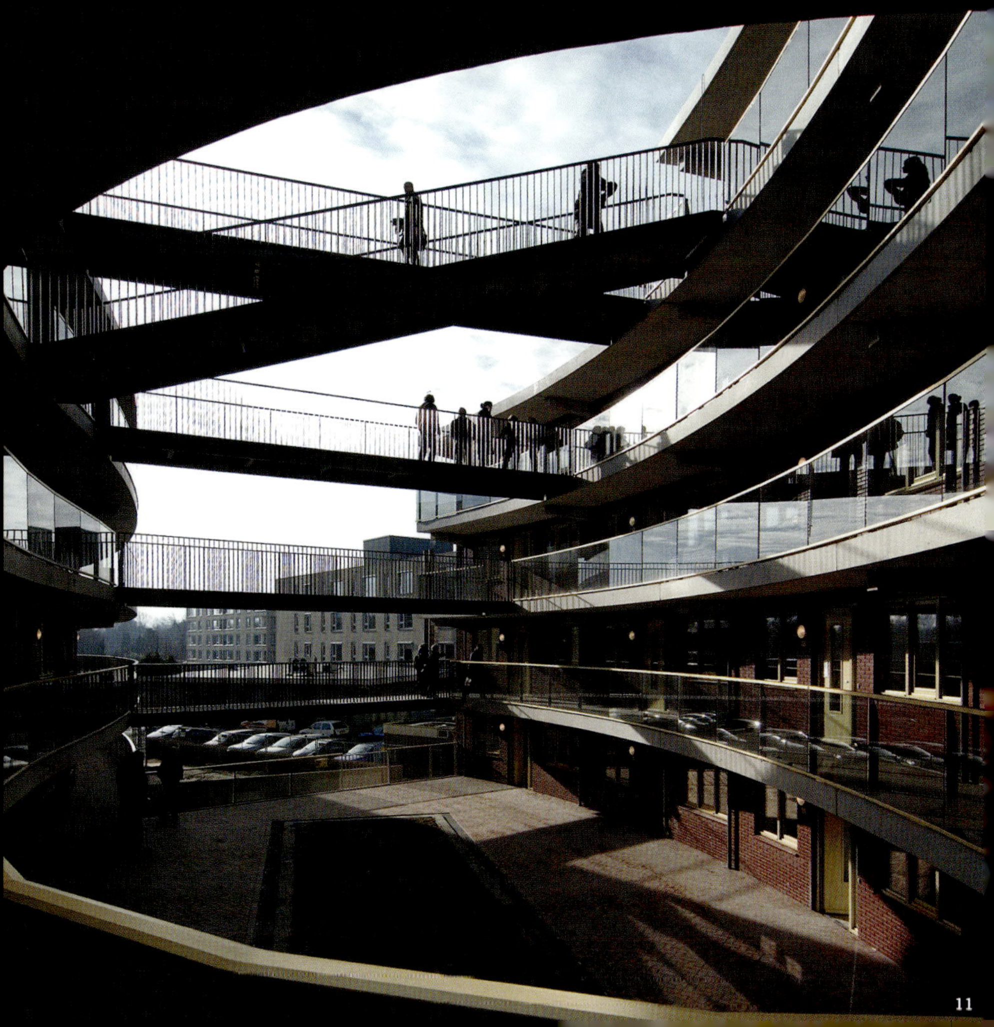
11

PBV architecten

134 / 135

e-mail info@pbv.nl
website www.pbv.nl

T 070-5119260
F 070-5117734

Rijksstraatweg 352
2242 AC Wassenaar

1
Keenenburg, 22 woningen in Schipluiden
Opdrachtgever: AM
Oplevering: 2005
Keenenburg, 22 dwellings in Schipluiden
Client: AM
Completion: 2005

2
Overteijlingen, villa's in Sassenheim
Opdrachtgever: Ballast Nedam Ontwikkelingsmaatschappij
Oplevering: 2007
Overteijlingen, villas in Sassenheim
Client: Ballast Nedam Development Company
Completion: 2007

3
Golden Tulip Hotel Corpus, Oegstgeest
Opdrachtgever: Reco Productions International bv
Oplevering: eind 2009
Artist's impression: BCS
Golden Tulip Hotel Corpus, Oegstgeest
Client: Reco Productions International bv
Completion: end of 2009
Artist's impression: BCS

4
De Wetering, kantoor voor O'Neill in Warmond
Opdrachtgever: Greenib Onroerend Goed bv
Oplevering: voorjaar 2009
Artist's impression: BCS
De Wetering, office for O'Neill in Warmond
Client: Greenib Real Estate bv
Completion: Spring 2009
Artist's impression: BCS

5
Groendael, golfclubhuis in Wassenaar
Opdrachtgever: de heren Dietz en Van Veggel
Oplevering: 2008
Groendael, golf clubhouse in Wassenaar
Client: Mr Dietz and Mr Van Veggel
Completion: 2008

6
Villa in Hillegersberg, Rotterdam
Opdrachtgever: familie Waaijer
Oplevering: 2007
Villa in Hillegersberg, Rotterdam
Client: Waaijer family
Completion: 2007

7
La Vista, 28 luxe appartementen in Cruquius
In samenwerking met Studio Mario Botta en B3 bouwadviseurs
Opdrachtgever: Meerschip bv
Oplevering: 2008
La Vista, 28 luxury apartments in Cruquius
In collaboration with Studio Mario Botta and B3 building consultants
Client: Meerschip bv
Completion: 2008

8-9
Balijbos, woonwijk in Nootdorp
In samenwerking met Nowotny Architecten en KOW Stedenbouw & Architectuur bv
Opdrachtgever: Schouten De Jong Projectontwikkeling, Waaijer Projectrealisatie, Bouwfonds MAB Ontwikkeling bv
Oplevering: 2007
Balijbos, residential neighbourhood in Nootdorp
In collaboration with Nowotny Architecten and KOW Stedenbouw & Architectuur bv
Client: Schouten De Jong Development Company, Waaijer Project Realisation, Bouwfonds MAB Ontwikkeling bv
Completion: 2007

Poolen Architekten

1
Zeepfabriek, Amersfoort (www.z33p.nl)
Soap factory, Amersfoort (www.z33p.nl)

2
Woningbouw Driesser Velden, Waalwijk
Driesser Velden housing, Waalwijk

3
Woningbouw Zuidbroek, Apeldoorn
Zuidbroek housing, Apeldoorn

4
Woonzorg complex, Aalten
Residential care complex, Aalten

5
Wonen-welzijn-zorg complex, Culemborg
Residential care and welfare complex, Culemborg

6
Wonen-welzijn-zorg complex, Culemborg
Residential care and welfare complex, Culemborg

7
Wonen-welzijn-zorg complex, Culemborg
Residential care and welfare complex, Culemborg

Foto's / Photos: Paul Smulders, Poolen Architekten

Artist's impression:
Stephan Sarphatie & Ronald van Aggelen

Quadrant Architecten bna

138 / 139

e-mail mail@qarch.nl
website www.qarch.nl

T 0168-328255
F 0168-328354

Markt 24
4761 CE Zevenbergen
Postbus 133
4760 AC Zevenbergen

1-2
De Bouwmeesters, 108 appartementen, Rotterdam
De Bouwmeesters, 108 apartments, Rotterdam

3-5
Dongemond College, uitbreiding VMBO en HAVO / VWO, Made
Dongemond College, VMBO and HAVO / VWO extension, Made

6
Heeswijkse Kampen, 'wonen aan het water', 24 woningen, Cuijk
Heeswijkse Kampen, 'living beside the water', 24 dwellings, Cuijk

7
8 landhuizen, Effen, gemeente Breda
8 country houses, Effen, municipality of Breda

8
Zwanehof, 80 woningen in diverse types, Roosendaal
Zwanehof, 80 dwellings in various types, Roosendaal

9
WoZoCo Wijkestein, 42 appartementen, Wijk en Aalburg
WoZoCo Wijkestein, 42 apartments, Wijk en Aalburg

10
De Hooghe Houtmolen, 12 appartementen, Dordrecht
De Hooghe Houtmolen, 12 apartments, Dordrecht

11
In den Boomgaard, 17 woningen, Oudenbosch
In den Boomgaard, 17 dwellings, Oudenbosch

6

7

8

9

10

11

Q

140 / 141

website www.quantarchitectuur.nl

T 077-3513125
F 077-3548678

Stalbergweg 316
5913 BW Venlo

Quant architectuur

1
Nieuwbouw brandweerkazerne, Venlo
New fire station, Venlo

2
Renovatie en verbouwing St. Joseph Staete, Steyl
Renovation and conversion of St. Joseph Staete, Steyl

3
Nieuwbouw WoZoCo Park Rijnbeek, Venlo
New-build Wozoco Park Rijnbeek, Venlo

4
Centrumplan De Merwijck, Kessel
De Merwijk centre scheme, Kessel

5
Nieuwbouw kantoor WVB, Venlo
New office for WVB, Venlo

6
Appartementen Beekhof, Weert
Beekhof apartments, Weert

7
Nieuwbouw huis- en tuinboulevard, Roermond
New-build house and garden boulevard, Roermond

8
Hotel Eindhoven, nieuwbouw congreszaal, Eindhoven
Hotel Eindhoven, new conference hall, Eindhoven

9
**Activiteitencentrum en appartementen WSR /
PSW in samenwerking met SCM Architecten, Weert**
Activities centre and apartments WSR /
PSW in collaboration with SCM Architecten, Weert

QUANT
ARCHITECTUUR

S

SATIJNplus Architecten

142 / 143

e-mail info@satijnplus.nl
website www.satijnplus.nl

T 046-4205555
F 046-4205566

Kasteelhof 1
6121 XK Born
Postbus 210
6120 BA Born

Onderhoudswerkplaats HSA Nedtrain, Amsterdam, 2007
Maintenance workshop HSA Nedtrain, Amsterdam, 2007

Woonzorgcentrum Bergh, St. Odiliënberg, 2008
Bergh assisted living centre, St. Odiliënberg, 2008

Voormalige Leonarduskerk / Gezondheidscentrum Leonardus, Helmond, 2007
Former Leonardus church / Leonardus health centre, Helmond, 2007

SCALA architecten

Mieke Bosse, Peter Drijver, Jean Paul van Alten, Nellianna van den Baard, Gelland Darby, Maaike Ebberink, Fiena Guo, Surya Handayana, Toos van Hoppe, Katrin Jentson, Robert Jan Kila, Jan Erik Kulik, Jeroen van der Kuur, Daniël Martina, Toos van der Meer, Marjan Mensert, Michiel Parqui, Monique Rijksen, Dagmar Tjho, Nick Verwoolde, Barbara Wieland, Kirsten Wolschrijn, Carolien Zegers.

SCALA is een maatschap van Mieke Bosse en Peter Drijver. Bij het bureau werken twintig medewerkers. Ontstaan uit de stadsvernieuwingspraktijk en doorgegroeid tot de praktijk van uitbreidingswijken, kantoren, scholen en winkels heeft het bureau een brede ervaring met betrekking tot nieuwbouw én restauratie, uitleg en inpassing. Zonder formeel taboe worden op de opdracht én locatie toegesneden plannen gemaakt waarin de rol van het project in zijn context op waarde wordt geschat. Een rijkdom aan architectonische middelen wordt ingezet om een betekenisvolle en 'warme' toevoeging aan stad, dorp en landschap te maken.

SCALA is a partnership between Mieke Bosse and Peter Drijver. The firm employs twenty staff. Founded as a practice of urban restoration and growing into a practice involved with development schemes, offices, schools and shops, the firm has extensive experience with regard to new development and restoration, interpretation and fit. Tailored plans are made for the assignment and the location, estimating the value of the project's role in its context with no formal taboo. A wealth of architectonic means is put into operation to make a significant and 'warm' addition to town, village and countryside.

1, 3
Obrechtstraat, nieuwbouw woningen op parkeergarage, Den Haag
New development housing above parking garage, Obrechtstraat, The Hague
Opdrachtgever / Client: Ceres Projecten

2
Prinsentuyn, Laan van Meerdervoort, Den Haag
Opdrachtgever / Client: Schouten De Jong, Voorburg

4
Riviervismarkt, Den Haag
Opdrachtgever / Client: Urban Interest / Suasso, The Hague

5
Den Haan, binnenstad Gorinchem
Den Haan, Gorinchem city centre
Opdrachtgever / Client: Ballast Nedam

6
Soomland
Opdrachtgever: gemeente Bergen op Zoom
Client: municipality of Bergen op Zoom

7
Landsmeer, Luyendijk-Zuid
Opdrachtgever / Client: Vorm Ontwikkeling / Blauwhoed Eurowoningen

8
Oosterheem, Zoetermeer
Opdrachtgever / Client: Beagle, Rotterdam

9
Barentszstraat, Amsterdam
Opdrachtgever / Client: Eigen Haard

10
Vleuterweide, Leidsche Rijn, Utrecht
Opdrachtgever / Client: Burgfonds / Plegt-Vos Joustra
Artist's impression: Triple-D

11
Maris, Lombardstraat Den Haag
Opdrachtgever / Client: Ceres Projecten
Artist's impression: Dune

12
Restauratie / nieuwbouw voormalige portierswoning luchthaven Ypenburg
Restoration / new building former gatekeeper dwelling Ypenburg airport
Opdrachtgever / Client: SWY / Ceres Projecten

13
Wateringse Binnentuinen, Den Haag
Opdrachtgever / Client: Bouwfonds MAB
Artist's impression: DPI Animation House

14-15
Burgemeesterswijk, Hof-Zuid, Maassluis
Opdrachtgever / Client: Panagro Vastgoedontwikkeling Leidschendam

16
Linné Oost, Amsterdam
Opdrachtgever / Client: Ontwikkelings Combinatie Polderweg

17
Willemskwartier Tuindorp, Nijmegen
Opdrachtgever / Client: van Portaal

Soeters Van Eldonk architecten

146 / 147

e-mail arch@soetersvaneldonk.nl
website www.soetersvaneldonk.nl

T 020-6242939
F 020-6246928

Kerkstraat 204
1017 GV Amsterdam
Postbus 15550
1001 NB Amsterdam

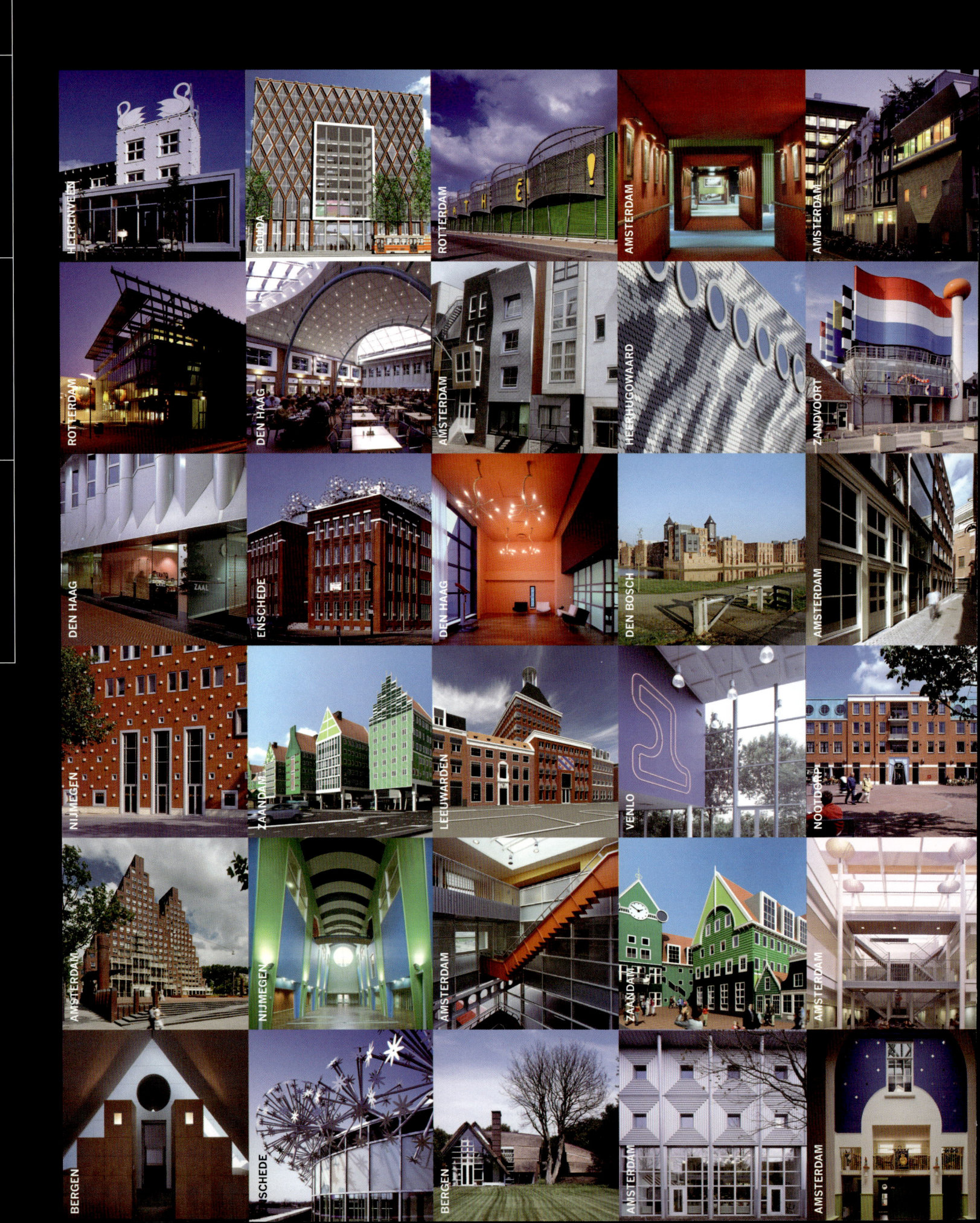

DEN BOSCH
ZANDVOORT
BERGEN
AMSTERDAM
DEN HAAG
HEERHUGOWAARD
HARDERWIJK
NIJMEGEN
UTRECHT
VENLO
AMSTERDAM
NIJMEGEN
APELDOORN
VENLO
APELDOORN
AMSTERDAM
DEN HAAG
AMSTERDAM
DEN HAAG
AMSTERDAM
NIJMEGEN
AMSTERDAM
DEN HAAG
BERGEN OP ZOOM
DEN BOSCH
ROTTERDAM
HEERENVEEN
HALFWEG
VENLO
DIEMEN

Spring architecten

e-mail info@spring-architecten.nl
website www.spring-architecten.nl

T 010-4132790
F 010-4143778

Weena-Zuid 110
3012 NC Rotterdam
Postbus 2202
3000 CE Rotterdam

Spring architecten verbindt de vraag van de opdrachtgever op een eigentijdse manier met de behoefte van de gebruiker. Door gedegen analyse van de vraag en de plek. Door luisteren naar de individuele wens en door inlevingsvermogen in de maatschappelijke context. En dankzij het vakmanschap van een gepassioneerde club vormgevers.

Daarbij is Spring architecten met veertig medewerkers groot genoeg om iedere opgave aan te kunnen. Het bureau heeft zowel de jarenlange expertise als het jeugdig elan in huis om fantastische gebouwen voor wonen, educatie en zorg te ontwerpen. Maar daarnaast is de organisatie ook flexibel genoeg om ambitieuze opdrachtgevers persoonlijke aandacht te garanderen.

Spring architecten links the client's request with the needs of the user in a contemporary manner. Through thorough analysis of the request and the location. Through listening to individual wishes and through empathy with the social context. And thanks to the skills of a passionate club of designers.

With a staff of forty, Spring architecten is large enough to cope with every assignment. The firm has both many years' experience and a youthful zest, enabling it to design fantastic buildings for living, education and care. In addition, the organisation is also flexible enough to guarantee that ambitious clients receive personal attention.

1
Tender College, Onderwijscentrum De Vierhoek, Heemskerk

2
Sportbox, Onderwijscentrum De Vierhoek, Heemskerk

3
Kennemer College - TL / GL, Onderwijscentrum De Vierhoek, Heemskerk

Foto's / Photos: Jeroen Musch

3

Spring architecten

4
Appartementencomplex De Wending, Prinsenbeek
De Wending apartments complex, Prinsenbeek

5
54 rijenwoningen Roomburg, Leiden
Roomburg: 54 terraced dwellings, Leiden

6
54 rijenwoningen Roomburg, Leiden
Roomburg: 54 terraced dwellings, Leiden

Foto's / Photos: Raoul Suermondt

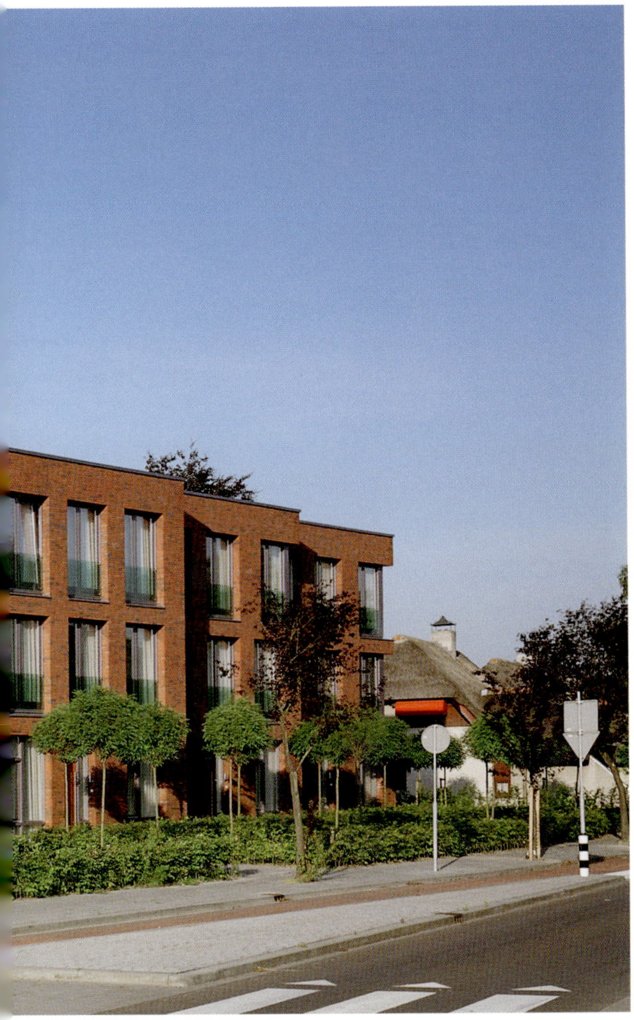

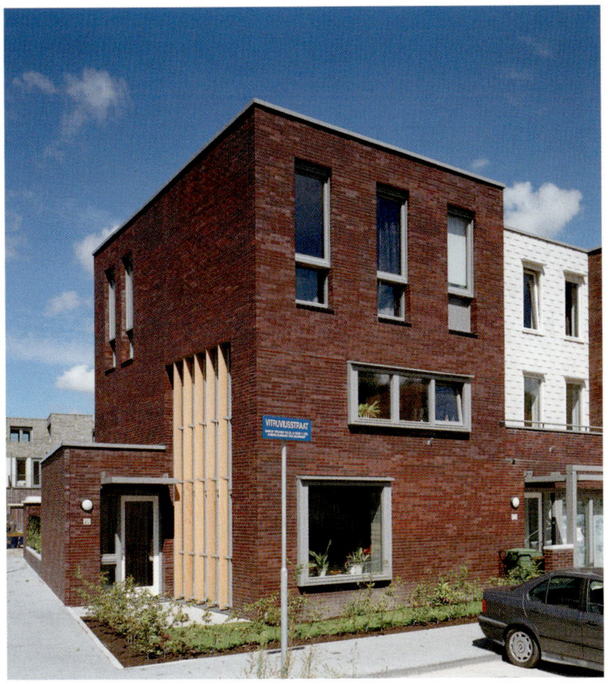

6

Stijl Architectuur

e-mail info@stijlarchitectuur.nl
website www.stijlarchitectuur.nl

T 078-6489607
F 078-6489608

Voorstraat 48
3311 ER Dordrecht

Stijl Architectuur BV BNA is een jong architectenbureau gevestigd in Dordrecht waar op een enthousiaste wijze aan een grote verscheidenheid van projecten gewerkt wordt.

Door vroegtijdige aandacht voor alle facetten van het bouwproces zoals esthetiek, bouwtechniek, planning en financiën wordt een zo optimaal mogelijk ontwerp gerealiseerd.

stijl
ARCHITECTUUR

Stijl Architectuur BV BNA is a young firm of architects based in Dordrecht where a wide variety of projects are worked on in an enthusiastic way.

Through timely attention to all aspects of the construction process, such as aesthetics, construction techniques, planning and finances, the best possible design is realised.

SVP Architectuur en Stedenbouw

154 / 155

e-mail info@svp-svp.nl
website www.svp-svp.nl

T 033-4701188
F 033-4700611

't Zand 17
3811 GB Amersfoort
Postbus 465
3800 AL Amersfoort

Voor een na-oorlogse buurt in Beverwijk heeft SVP in nauwe samenwerking met bestaande bewoners zowel de nieuwe stedenbouwkundige opzet als de architectonische uitwerking ontworpen. Een houten dek vormt een centrale zone die een aantal woningen ontsluit en waaronder geparkeerd wordt. Haaks hierop is een groen speelgebied vrijgehouden. De architectonische uitwerking zorgt ervoor dat het grote aantal verschillende woningtypen tot een samenhangend en herkenbaar buurtje is geworden.

In close cooperation with existing residents, SVP has designed both the new urban plan and the architectural elaboration for a postwar neighbourhood in Beverwijk. A wooden deck forms a central zone that gives access to a number of dwellings with parking underneath. At a right angle to this a green playing area has been kept free. The architectural elaboration ensures that the large number of different types of dwellings form a cohesive and recognisable neighbourhood.

Foto's / Photos: Sjaak Henselmans

Cronenburg 150
1081 GN Amsterdam

1
Cité, Rotterdam, Kop van Zuid. 500 woningen, centrale entreehal en voorzieningen
Cité, Rotterdam, Kop van Zuid. 500 residencies, central hall and facilities

2
Blok 29 Haveneiland West, IJburg, Amsterdam, 2006
Blok 29 Haveneiland West, IJburg, Amsterdam, 2006

3
LOC 23, Almelo. 320 woningen, parkeren en commerciële voorzieningen
LOC 23, Almelo. 320 residencies, parking and commercial facilities

4
Lux, Almere. Duurzaam wooncomplex in het Columbuskwartier
Lux, Almere. Sustainable housing complex in the Columbus Quarter

5
Buskenblaserstraat, Amsterdam, 2008. 111 woningen en voorzieningen
Buskenblaserstraat, Amsterdam, 2008. 111 residences and facilities

6
Kantoorpark Arena, Hilversum, 2002
Arena office park, Hilversum, 2002

7
Hervormd Lyceum West, Amsterdam, 2006
Hervormd Lyceum West, Amsterdam, 2006

8
Crystal Court, Amsterdam Buitenveldert, 2008. 36 vrijstaand-gestapelde villa's
Crystal Court, Amsterdam Buitenveldert, 2008. 36 stand-alone stacked villas

9
18 waterwoningen, Amsterdam Osdorp, 1999
18 lakeside residences, Amsterdam-Osdorp, 1999

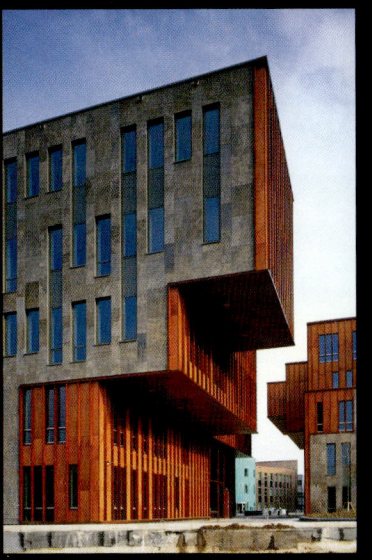

van Tilburg Ibelings von Behr architecten bv

158 / 159

e-mail info@tibarchitecten.nl
website www.tibarchitecten.nl

T 010-2021900
F 010-2021999

Rivium Quadrant 81
2909 LC Capelle aan den IJssel
Postbus 4255
3006 AG Rotterdam

Contrabas, Schiedam — Foto / Photo: Iemke Ruige

Emerald, Delfgauw — Foto / Photo: Petra Appelhof

www.tibarc

Koningslinde, Arnhem

Tuindorp, Zoetermeer

Foto / Photo: Petra Appelhof

hitecten.nl

Topos Architecten bv

e-mail info@toposarchitecten.nl
website www.toposarchitecten.nl

T 0182-394344
F 0182-395878

Middelburgseweg 1a
2741 LB Waddinxveen
Postbus 37
2740 AA Waddinxveen

Architectuur is het maken van ruimte. Topos Architecten realiseert ruimte die klaar is om ingenomen te worden door zijn gebruikers. Aantrekkelijk om in te werken en te leven maar vooral ook functioneel en rationeel. Architectuur met oog voor detail, duurzaamheid en financiële haalbaarheid. Topos Architecten ontwerpt gebouwen die identiteit verschaffen aan de trotse bezitters, gebruikers of bewoners en als een maatpak aangemeten worden. Opmerkelijk en zeker ook bestand tegen de tijd. Topos Architecten maakt architectuur die zich met respect voegt naar zijn context zonder zichzelf weg te cijferen.

The purpose of architecture is the creation of living space. Topos Architecten design living space ready to be occupied by its users. Spaces that are agreeable to work and live in but are also functionally and rationally designed. Architecture with attention to detail, durability and financial feasibility. Topos Architecten design buildings custom-made for its clients with a proud identity for its owners, users or residents; these are remarkable and time-resistant buildings. Topos Architecten create architecture that respectfully conforms to its context without being self-effacing.

1, 3, 7
Brede school De Regenboog, Woerden
De Regenboog community school, Woerden
Ontwerp / Design: S. Lopes da Silva
Foto's / Photos: Peter de Ruig

2
18 schoolwoningen, Bergschenhoek
School building converted into 18 apartments, Bergschenhoek
Ontwerp / Design: S. Kreijns
Foto / Photo: Eric van Straaten

4
Brede school het Startpunt, Maassluis
Het Startpunt community school, Maassluis
Ontwerp / Design: S. Lopes da Silva, K. Jongelie
Foto / Photo: Peter de Ruig

5
23 appartementen De Weerdenhof, Werkhoven
23 apartments De Weerdenhof, Werkhoven
Ontwerp / Design: A. Schilperoord, K. Jongelie
Foto / Photo: toposarchitecten

6
Uitbreiding / verbouw basisschool De Omnibus, Amstelveen
Extension and conversion of De Omnibus primary school, Amstelveen
Ontwerp / Design: M. van Ooi
Foto / Photo: Eric van Straaten

8
40 appartementen woonzorgcomplex Kulturhus, Kootwijkerbroek
40 apartments adjacent to Kulturhus regional care-centre, Kootwijkerbroek
Ontwerp / Design: K. van der Koogh
Foto / Photo: toposarchitecten

1

2

3

4

5

6

7

8

UArchitects

e-mail info@uarchitects.com
website www.uarchitects.com

T 040-2366535
F 040-2366541

Klokgebouw 233
5617 AC Eindhoven

1
Woonhuis Dijkmeijer, Aarle-Rixtel
Dijkmeijer House, Aarle-Rixtel

2
Rijkswaterstaat, Oirschot
Directorate-General for Public Works and Water Management, Oirschot
UArchitects / Rijksgebouwendienst

3
Brede school Grasrijk, Eindhoven
Community school Grasrijk, Eindhoven

4
Jeugddetentie, JJI De Hunnerberg, locatie De Maasberg
Juvenile detention JJI De Hunnerberg, site The Maasberg
UArchitects / Rijksgebouwendienst

Foto's / Photos:
1, 3 UArchitects
2, 4 Norbert van Onna

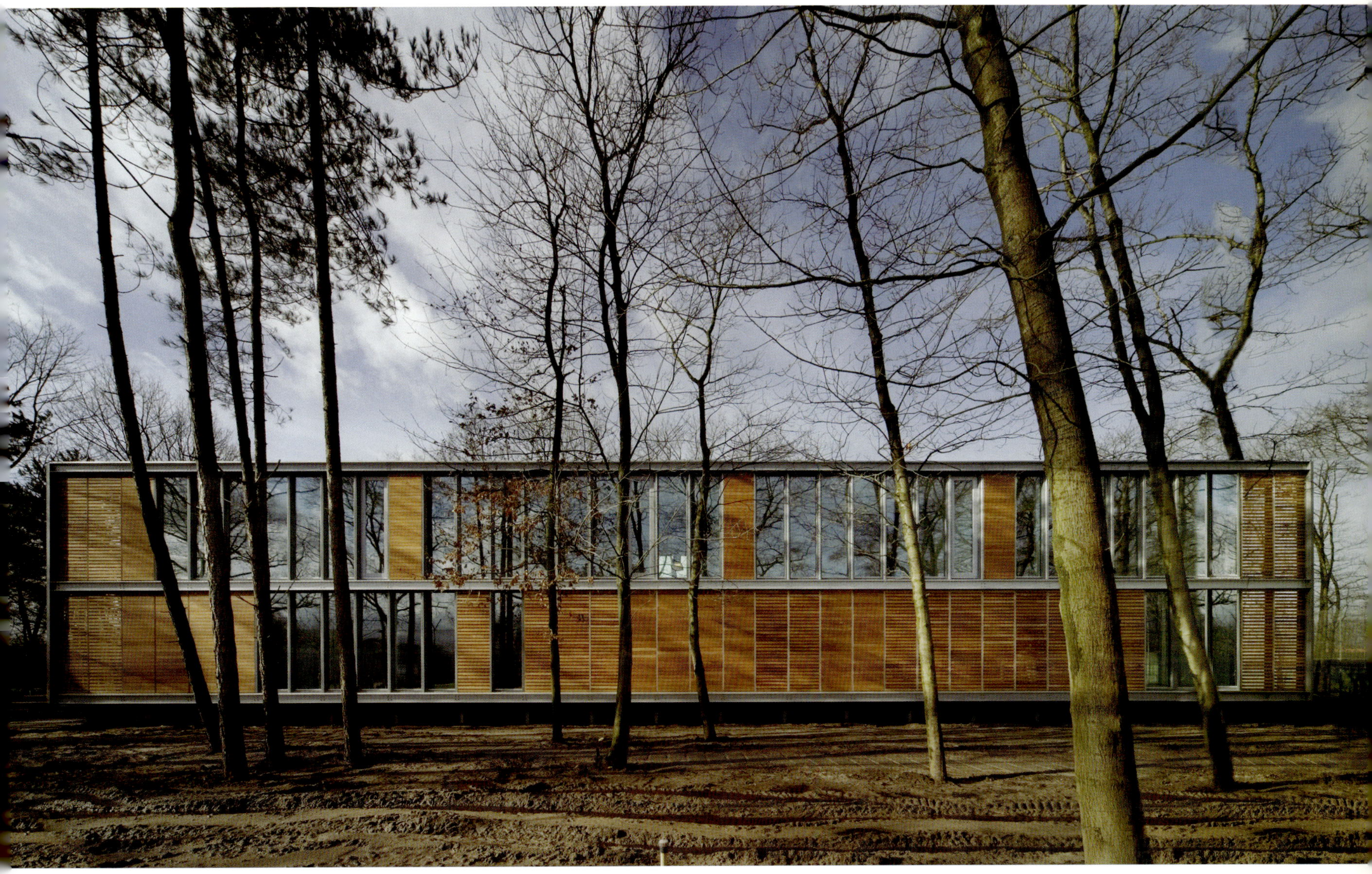

architektenburo irs. VEGTER b.i.

164 / 165

e-mail vegter@planet.nl
www.architektenburovegter.nl

T 058-2150975
F 058-2125126

Harlingerstraatweg 26
8916 BC Leeuwarden

1-2
Fiets / voetgangersbrug Joure
De brug is het resultaat van een Design & Construct project, dat samen met Borginfra bv overtuigend werd gewonnen.
Over de brede waterpartij tussen de wijken Skipsleat en Wyldehoarne is, zwevend boven het water, een ranke, open en slank geconstrueerde tuibrug gebouwd. De brug is eenvoudig van samenstelling en oogt verrassend spannend door zijn ruimtelijkheid. De ijle pylonen reiken openvouwend naar de hemel. Tussen dit uitnodigende gebaar is met een verbreding van het brugdek halverwege een rustpunt gecreëerd - met naar alle kanten een ruime blik over het water. De overspanning van de brug is zeventig meter.

Bridge for cyclists and pedestrians, Joure
The bridge is the result of a Design & Construct project that was convincingly won together with Borginfra BV.
A slender, open cable bridge is suspended across the wide river between the districts of Skipsleat and Wyldehoarne. The bridge possesses a simple composition and an exciting and surprising spatiality. The thin pylons fold open, reaching towards the sky. Between this inviting gesture a spot for pausing is created through a broadening of the bridgedeck half way across – with a spacious view across the water in all directions. The bridge has a span of seventy metres.

3
Bedieningsgebouw Skûlenboarch
Er is een autonoom, op het kanaal georiënteerd gebouw ontworpen. Lineair, evenwijdig aan het kanaal, gekenmerkt door grote eenvoud en helderheid. Het gebouw bestaat uit een smalle bouwmassa met dienstruimten. Aan de kanaalzijde steekt de bedieningsruimte met 180 graden vrij zicht uit. Als tegenhanger is aan de achterzijde de pantry uitgebouwd. Het is in donker baksteen gemetseld, de beide uitkragingen zijn van lichtere materialen vervaardigd: glas, gepatineerd koper en zink aan de achterzijde.
Aan de kanaalzijde maken de in RVS uitgevoerde glazenwasgalerij en de luifel de ranke verschijning compleet.

Skûlenboarch operation building
An autonomous building oriented towards the canal has been designed. Linear and parallel to the canal, it is characterised by great simplicity and clarity. The building consists of a narrow building mass with service areas. On the side of the canal the operating area sticks out with an open view of 180 degrees. The pantry protrudes from the rear as a counterpart. It is built from dark brick, while the two cantilevers are made from lighter materials: glass, patinated copper and zink at the rear.
The stainless steel window cleaning gallery and the awning on the canal side complete the slender appearance.

Architectenbureau Weeda van der Weijden bv

166 / 167

website www.wvdw.com

T 010-2121588
F 010-2122428

Tijs van Zeventerstraat 15
3062 XP Rotterdam
Postbus 4180
3006 AD Rotterdam

PIETER WEEDA
ARCHITECTENBUREAU BNA
PAUL VAN DER WEIJDEN

1. 32 villa's Stellinghof langs de Geniedijk bij fort Vijfhuizen 2. Centrumplan met levensloopbestendige woningen en voorzieningen aan dorpsplein in Kudelstaart
3. 20 geschakelde herenhuizen en 42 appartementen te Leidschendam 4. Vervangende nieuwbouw zorgcentrum Erasmushiem te Leeuwarden 5. Essendael, een landelijke uitbreiding van het dorp Rhoon met 341 woningen 6. Startersappartementen Tolhek te Pijnacker (2008) (Foto: Ineke Key Fotografie)

1. Stellinghof, 32 villas along the Geniedijk near Fort Vijfhuizen 2. Centre scheme with long-lasting dwellings and facilities on the village square, Kudelstaart
3. 20 interlinked mansions and 42 apartments in Leidschendam 4. Replacement new construction of Erasmushiem health centre in Leeuwarden 5. Essendael, a rural expansion of the village of Rhoon with 341 dwellings 6. Tolhek first-time buyers' apartments, Pijnacker (2008) (Photo: Ineke Key Fotografie)

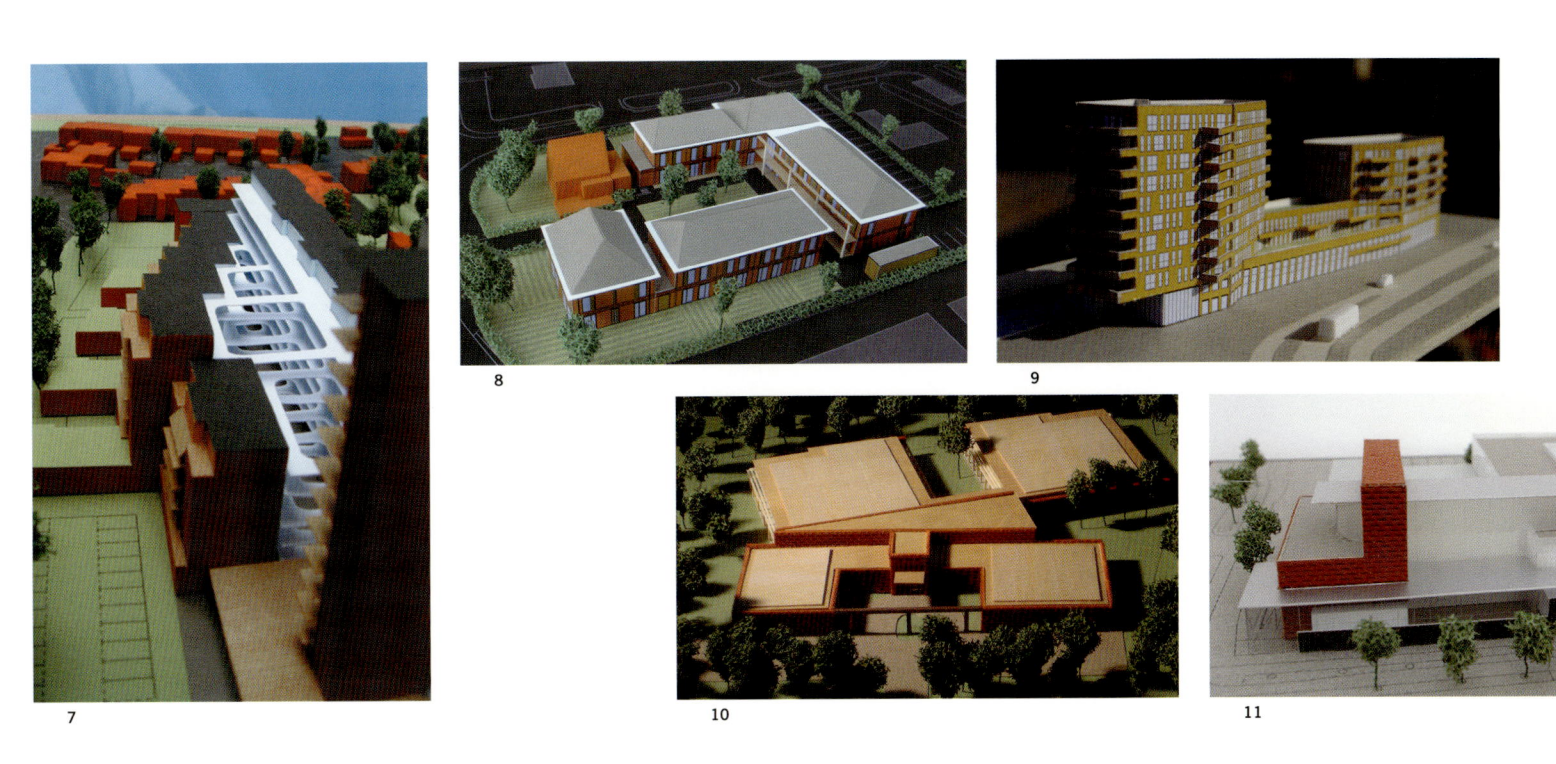

7. Vervangende nieuwbouw zorgcentrum Erasmushiem te Leeuwarden 8. Kleinschalig woningcomplex te Bruchem 9. Appartementencomplex, zorgvoorzieningen, commerciële ruimten en parkeergarage Staart 27, te Alphen aan den Rijn 10. Medisch kinderdagverblijf te Soest 11. Campus Zuidwijk, herbestemming bedrijfsgebouw tot scholencampus in Rotterdam 12. Stedelijke herstructurering: 54 woningen en parkeergarage De Eendracht te Rotterdam (2008) (Foto: Ineke Key Fotografie)

7. Replacement new construction of Erasmushiem health centre in Leeuwarden 8. Small-scale housing complex, Bruchem 9. Staart 27 apartments complex, health facilities, commercial spaces and parking garage, Alphen aan den Rijn 10. Medical day nursery, Soest 11. Zuidwijk Campus, conversion of commercial building into schools campus, Rotterdam 12. Urban restructuring: De Eendracht. 54 dwellings and parking garage, Rotterdam (2008) (Photo: Ineke Key Fotografie)

e-mail info@frankwillemsarchitecte
website www.frankwillemsarchitect

T 024-3608971
F 024-3609261

Javastraat 68
6524 MG Nijmegen
Postbus 1196
6501 BD Nijmegen

1
Uitbreiding woonhuis Heyendaalseweg, Nijmegen
Extension to house on the Heyendaalseweg, Nijmegen

2
Studie woontoren, Almelo
Study for residential tower block, Almelo

3
Woonhuis Bolster, Neede
Bolster house, Neede

4
Appartementen complex Villa Mes, Wijchen
Villa Mes apartment complex, Wijchen

Foto's / Photos:
Gert Hoogeboom Fotografie, Nijmegen (1, 3, 4)

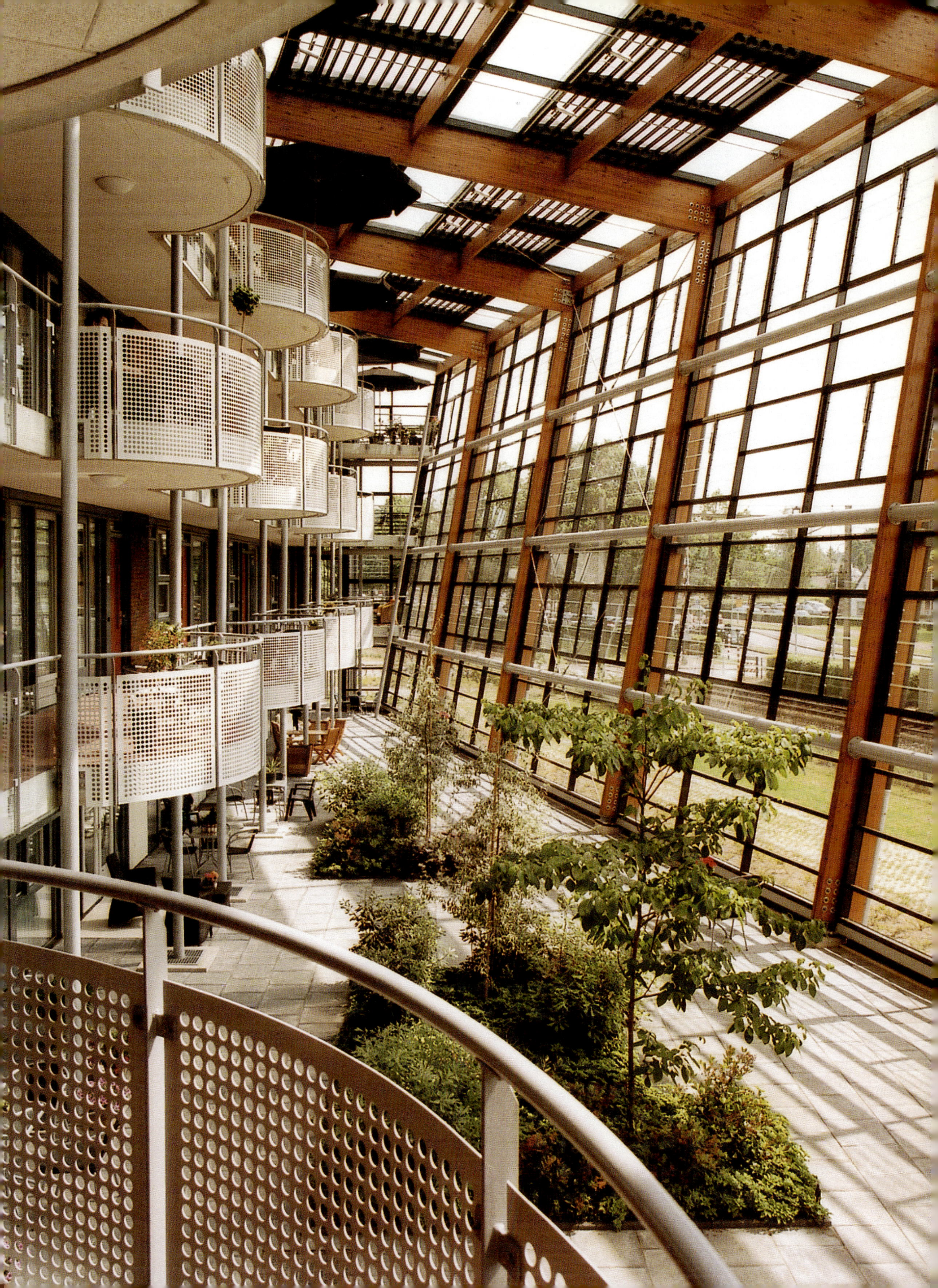

De Witte - Van der Heijden Architecten

Ons bureau bestaat uit circa twintig medewerkers, waaronder vier architecten, en heeft een algemene doelstelling om architectuur, techniek en duurzame ontwikkeling te integreren in de gebouwen die wij ontwerpen. Wij hebben reeds een jarenlange ervaring met het gehele ontwerp- en bouwproces, variërend van stedenbouwkundige plannen tot utiliteits- en woningbouwprojecten. Interieurarchitectuur en kostenbewaking vallen ook onder onze deskundigheid.

Our firm comprises around twenty employees, including four architects. The overall objective is to integrate architecture, technology and sustainable development in the buildings we design. We already have many years of experience in the entire process of design and construction, varying from urban planning to utility buildings and housing projects. Our expertise also encompasses interior design and budgeting.

website www.dewittevanderheijden.nl

Deken Hooijmansingel 4
7141 EC Groenlo
T 0544-461201
F 0544-462899
e-mail groenlo@dwvdh.nl

Emmastraat 135
7513 BB Enschede
T 053-4303835
F 053-4321672
e-mail enschede@dwvdh.nl

Medisch centrum en appartementen, Stadsveld, Enschede
Medical centre and apartments, Stadsveld, Enschede

1
Eengezinswoningen, Kollenveld, Almelo
Family dwellings, Kollenveld, Almelo

2
Diverse villa's, De Schans, Groenlo
Multiple villas, De Schans, Groenlo

3
Appartementengebouw, Minkmaatstraat, Enschede
Apartment building, Minkmaatstraat, Enschede

4
Restauratie 'Grote kerk', Oude Markt, Enschede
Restauration 'Grote kerk', Oude Markt, Enschede

5
Uitbreiding basisschool, Diepenheimsestraat, Hengevelde
Extension primary school, Diepenheimsestraat, Hengevelde

6
Paramedisch centrum en appartementen, Stadsveld, Enschede
Paramedical centre and apartments, Stadsveld, Enschede

7
Woningen en appartementen, Oostenrijkse buurt, Borculo
Dwellings and apartments, 'Oostenrijkse buurt', Borculo

8
Winkels en appartementen, Marktstraat e.o., Wierden
Shops and apartments, Marktstraat area, Wierden

9
Centrum Bouwopleiding, A. Schweitzerstraat, Lichtenvoorde
Building education centre, A. Schweitzerstraat, Lichtenvoorde

10
Woongroep 'De Bolster', Burg. Smitsstraat, Eibergen
Communal housing group 'De Bolster', Burg. Smitsstraat, Eibergen

11
Woningen en appartementen, Het Wegereef, Hengevelde
Dwellings and apartments, Het Wegereef, Hengevelde

12
Woonwerk- en kantoorvilla's, Boddenkampsingel, Enschede
Offices and dwellings, Boddenkampsingel, Enschede

DE WITTE VAN DER HEIJDEN ARCHITECTEN

De Zwarte Hond

De Zwarte Hond is een multidisciplinair ontwerpbureau met jarenlange ervaring in een breed werkveld. Binnen de hedendaagse complexe maatschappelijke, ruimtelijke en economische context, is De Zwarte Hond goed in staat een uitgebalanceerd en bijzonder ontwerp te maken van hoog niveau. Voor het bepalen van ontwerpstrategieën wordt gezocht naar de synergie tussen stedenbouwkundige, architectonische en landschappelijke oplossingen.

De Zwarte Hond is a multidisciplinary design office with many years' experience in a broad sphere of action. Within today's complex social, spatial and economic context, De Zwarte Hond is well equipped to make a balanced and special design at a high level. In determining design strategies, a search is made for the synergy between urban design, architectural and landscape solutions.

Spraakmakende projecten in uitvoering
Talked-about projects in progress

OBS de Vlinder, Ter Apel (nominatie Scholenbouwprijs 2008)
De Vlinder primary school, Ter Apel (nominated for 2008 School Building Prize)

Brede school Nieuw-Crooswijk, Rotterdam
Community school, Nieuw-Crooswijk, Rotterdam

De Haan Advocaten & Notarissen, Groningen
De Haan Advocaten & Notarissen, Groningen

Lloydpiertoren, Rotterdam
Lloydpiertoren, Rotterdam

Studentenhuisvesting, Delft
Student accommodation, Delft

---

e-mail info@dezwartehond.nl
website www.dezwartehond.nl

Aert van Nesstraat 45
3012 CA Rotterdam
Postbus 25160
3001 HD Rotterdam
T 010-2409030
F 010-2409025

Hoge der A 11
9712 AC Groningen
Postbus 1102
9701 BC Groningen
T 050-3134005
F 050-3185460

Ronald McDonald Huis, Groningen
Ronald McDonald House, Groningen

'Het steekt met kop en schouders boven de andere genomineerden uit. Stedenbouwkundig past het perfect in de omgeving. Uit alles spreekt dat opdrachtgever en architect elkaar goed hebben begrepen en hebben geïnspireerd. De rijkdom aan collectieve ruimten, de combinatie van openheid en privacy leidt tot een bijzonder prettig gebouw.'
Bron: juryverslag Gebouwenenquête Groningen 2008, eerste prijs vakjury
'It sticks out head and shoulders above the other nominees. In terms of urban design it fits perfectly into the surroundings. Everything indicates that the client and the architect have properly understood and inspired each other. The wealth of collective spaces, the combination of openness and privacy has led to a particularly pleasant building.'
Source: jury report, Buildings survey, Groningen 2008, first prize awarded by professional jury
Opdrachtgever / Client: Ronald McDonald Kinderfonds

Faculteit Bernoulliborg, Groningen
Bernoulliborg Faculty, Groningen

'Over dit gebouw bestaat weinig tot geen twijfel. De jury noemt het gebouw zelfs fundamenteel goed. De transparantie wordt geprezen, evenals de zalen, de ruime gangen en de andere ontmoetingsruimten.'
Bron: juryverslag Gebouwenenquête Groningen 2008, tweede prijs vakjury
Jaarboek Architectuur in Nederland 2007-2008
Nominatie BNA Gebouw van het Jaar 2008
Nominatie World Architecture Festival Barcelona
Nominatie Nationale Staalprijs 2008
'There is little or no doubt about this building. The jury even describes the building as fundamentally good. Its transparency is praised, as are the rooms, the spacious corridors and the other meeting places.'
Source: jury report, Buildings survey, Groningen 2008, second prize awarded by the professional jury
Architecture in the Netherlands Annual 2007-2008
Nomination for BNA Building of the Year 2008
Nomination at World Architecture Festival, Barcelona
Nomination for National Steel Award 2008
Opdrachtgever / Client: University of Groningen

Vakantiewoningen De Ville Buiten, Schiermonnikoog
De Ville Buiten holiday dwellings, Schiermonnikoog

'Het grijzige, bewerkte Western Red Cedar hout past uitstekend bij de kleuren van het duinlandschap. Het ver boven de markt uitstijgende project heeft de kracht van een manifest. Het is een pleidooi voor vakmanschap en kwaliteit, dat ook in de reguliere woningbouw navolging verdient.'
Bron: juryrapport BNA Gebouw van het Jaar 2008, winnaar Regio Noord
'The greyish, treated Western Red Cedar wood excellently matches the colours of the dune landscape. This project surpasses the market by far and has the force of a manifesto. It is a plea for craftsmanship and quality, which deserves to be imitated also in regular housing.'
Source: Jury report, BNA Building of the Year 2008, Northern Region winner
Opdrachtgever / Client: Kapenglob bv

NEDERLANDSE ARCHITECTEN
VOL. 9

INTER-
IEUR
ARCHI-
TECTEN

NEDERLANDSE ARCHITECTEN
VOL. 9

DUTCH ARCHITECTS
VOL. 9

INTERIOR ARCHITECTS

H

176 / 177

Ontwerpburo Heilig & Buit

HEILIG-BUIT.NL
INTERIEUR ARCHITECTEN

LOCATIE: KLOOSTER HOTEL AMERSFOORT

BEELD: D2CREATORS.NL

Merkx+Girod architecten

Merkx+Girod architecten heeft, sinds haar oprichting in 1996, diverse projecten op het gebied van nieuwbouw, verbouwingen, renovatie, inrichtingen, productontwikkeling en tentoonstellingen gerealiseerd. Het bureau ontwerpt zowel interieurs voor particuliere verbouwingen als ook strategieën voor grote en complexe interieurs van gebouwen met publieke functies waarbij de logistieke en functionele eisen worden geïntegreerd in de ruimtelijke visie. Er zijn projecten gerealiseerd op gebied van retail, restaurants, musea, woonhuizen, openbare gebouwen en kantoren.
Het werk van Merkx+Girod architecten wordt gekenmerkt door een analytische benadering van de ontwerpopgave gecombineerd met een grote liefde voor detail, materiaal, kleur, samenhang, kwaliteit en elegantie. Kwaliteit en respect voor kwaliteit gaan samen.
In samenwerkende groepen van architecten, interieurarchitecten, ontwerpers, tekenaars en constructeurs wordt elke opdracht van begin tot eind begeleid. Het bureau beschikt over een eigen materialen- en maquette werkplaats waar doorlopend onderzoek wordt gedaan naar materiaal, vorm en kleur. Merkx+Girod architecten bestaat uit 35 medewerkers en is gevestigd in Amsterdam.

Since its founding in 1996, Merkx+Girod architecten has realised projects in the field of new building, conversions, renovation, internal layout, product development and exhibitions. The firm designs both interiors for private renovations as well as strategies for large and complex interiors of public buildings where logistical and functional requirements are integrated into the spatial concept. Projects include shops, restaurants, museums, private residencies, public buildings and offices. The work of Merkx+Girod architecten is characterised by an analytical approach to the design project, combined with a passion for detail, materials, colour, cohesion, quality and elegance. Quality and respect for quality go hand in hand. Each project is closely coordinated from start to finish by a team comprising architects, interior designers, draughtsmen and engineers. The firm has its own materials and model studio where continuous research and development on form, materials and colour is carried out. Merkx+Girod employs a staff of 35 and is located in Amsterdam.

1-5
Boekhandel Selexyz Dominicanen, Maastricht, 2007
Selexyz Dominicanen bookshop, Maastricht, 2007

6-7
TNT postkantoren, diverse steden, 2008
TNT post offices, various cities, 2008

8-12
Ernst & Young, Amsterdam, 2008
Ernst & Young, Amsterdam, 2008

Foto's / Photos: Roos Aldershoff

StudiOzo

e-mail info@studiozo.nl
website www.studiozo.nl

T 071-5605560
F 071-5134777

Donklaan 61
2254 AB Voorschoten

Generali Verzekeringsgroep, Diemen

CED Holding, Capelle aan den IJssel

Hotel Oud London, Zeist

Sport & Wellness Total Spirit, Groesbeek

Club Special, Zoetermeer

Pellikaan Health Club, Breda

Sqware mode, Bladel

StudiOzo

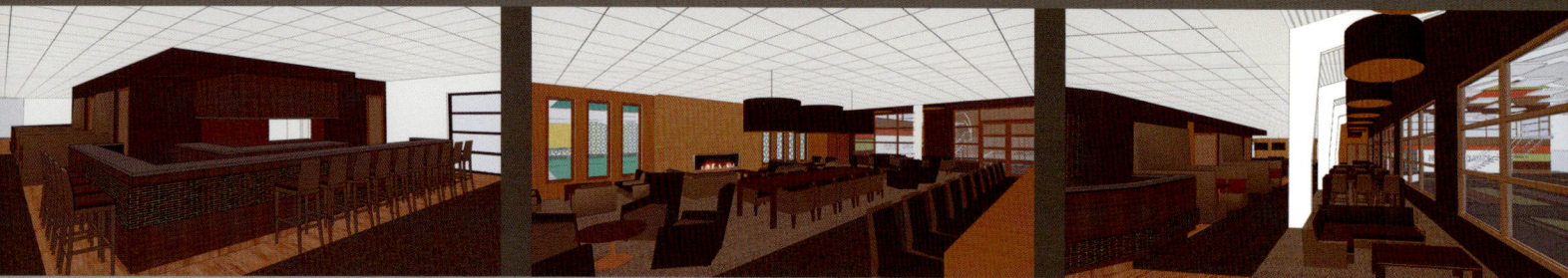

Health & Sports Club Valkencourt, Valkenswaard

Prijsvraag watertoren, Leiden

Healthclub Nijmegen

Pellikaan Health & Racquet Club Riekerhaven, Amsterdam

Pellikaan Health & Racquet Club, Almere

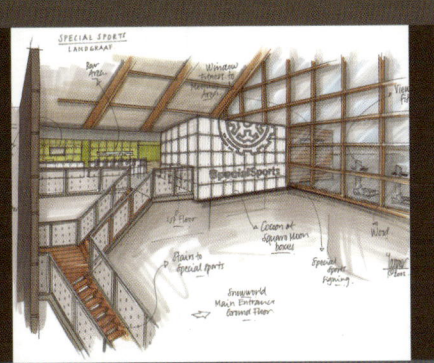

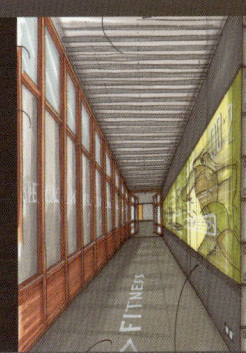

Special Sports, Landgraaf

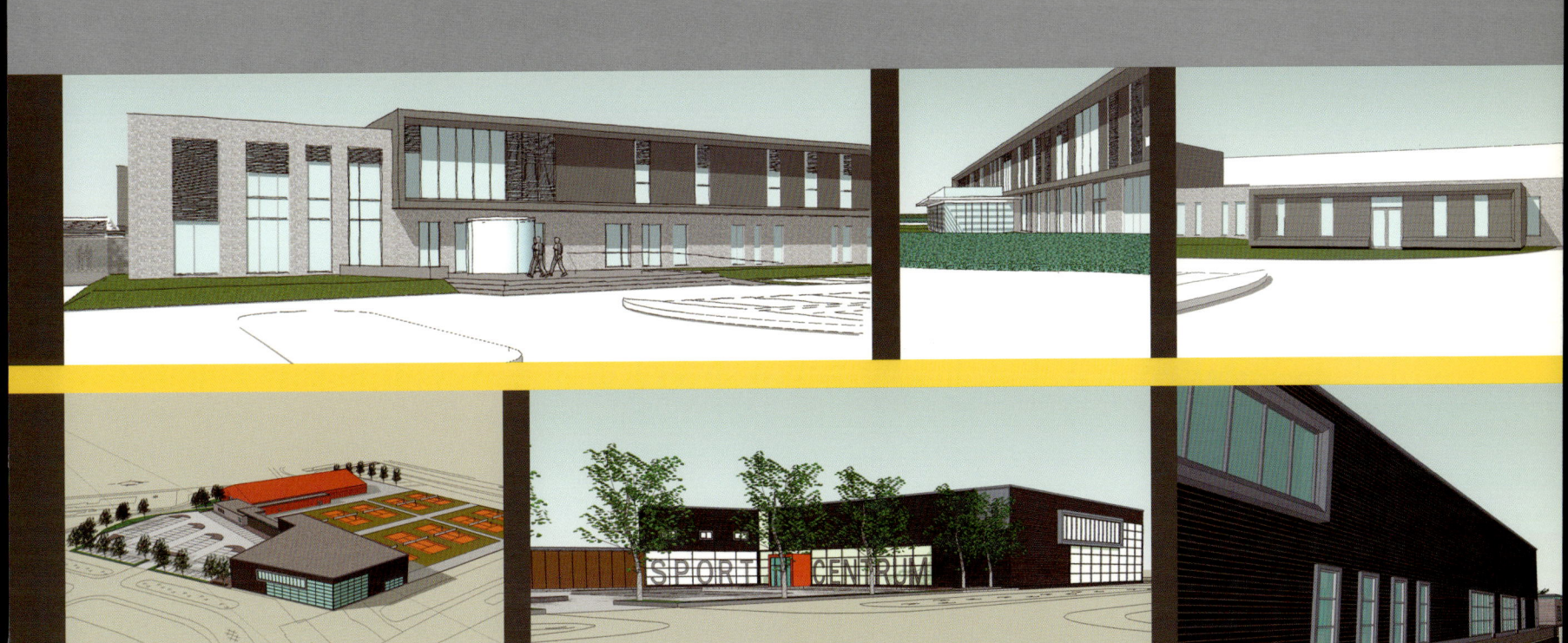

Sportcentrum Leeuwarden

workshop of wonders

Vijftien reg[els]

Ik ken mensen die in staat [...]
in het zwoegen van shove[ls ...]
het gieren van cirkelzager[s ...]

Ik ken mensen die over ee[n ...]
en al weten hoe het smaak[t ...]
bakken, zouten. Ze proeve[n ...]

Ik ken ook mensen die be[...]
ze moeten bevriezen met [...]
niet over na; ze hebben ge[...]

Ik ken mensen die je los k[...]
of die plek nu al bestaat o[f ...]
er moet komen, waar het [...]

hoe werken woont. Ik wee[t ...]
een alomvattende bron die [...]
aan de winkel blijft: de w[...]

17-02-2008 / INGMAR HEYTZE
TER GELEGENHEID VAN HET 15 JARIG BESTAAN
VAN DE WORKSHOP OF WONDERS

ls voor Wow

ijn om een symfonie te horen
het gehamer van drilboren,
en daar muziek van maken.

markt lopen, vis kopen
als ze de vis gaan roken,
het door er aan te denken.

ijpen welke momenten
camera. Ze denken er
oon oog voor de tijd.

t laten in een lege ruimte,
iet. Die mensen weten wat
et staan, hoe wonen werkt,

wat al deze mensen delen,
naakt dat er altijd werk
ot nieuwe wonderen.

NEDERLANDSE ARCHITECTEN
VOL. 9

STEDENBOUWKUNDIGEN & LANDSCHAPSARCHITECTEN

DUTCH ARCHITECTS
VOL. 9

URBAN PLAN- NERS & LAND- SCAPE ARCHI- TECTS

DUTCH ARCHITECTS
VOL. 9

BURO 5 MAASTRICHT
architectuur, stedenbouw, landschap en planologie

BURO 5 MAASTRICHT is een internationaal ontwerpbureau voor architectuur, stedenbouw, landschap en planologie. Wij maken veelzijdige plannen en ontwerpen op verschillende schaalniveaus; van structuurvisie tot individuele ontwerpen. Wij begeven ons vooral op het snijvlak van openbare inrichting, stedenbouw en architectuur. Oog voor de omgeving, het historisch perspectief en positieve belevingswaarde van de gebruikers zijn ons uitgangspunt. Ons doel is verbetering van de kwaliteit van de ruimte en de dagelijkse leefomgeving van mensen.

BURO 5 MAASTRICHT is an international firm of designers for architecture, urban development, landscape and town and country planning. We make versatile plans and designs at various levels of scale; from master plans to individual designs. We work above all at the cutting edge of public spaces, urban development architecture. An eye for the environment, the historic perspective and positive amenity value for the users are our points of departure. Our aim is to improve the quality of people's space and everyday living environment.

BURO 5 MAASTRICHT
architectuur, stedenbouw, landschap en planologie

vormgevers van **uw** leefomgeving

1
Genk (B) C-MINE masterplan
Genk (B) C-MINE master plan

2
Heerlen ZILVERZANDGROEVES landschapsvisie / stedenbouwkundig plan, in samenwerking met Caspar Slijpen
Heerlen ZILVERZANDGROEVES landscape vision / town-planning, in cooperation with Caspar Slijpen

3
Heerlen HEERLERBAAN masterplan / inrichtingsplan / architectuur
Heerlen HEERLERBAAN master plan / arrangement planning / architecture

4
Eindhoven OUD WOENSEL wijkontwikkelingsplan
Eindhoven OUD WOENSEL neighbourhood development planning

5
's-Hertogenbosch CAROLUS stedenbouwkundig plan / beeldkwaliteitplan, in samenwerking met MTD landschapsarchitecten
's Hertogenbosch CAROLUS town-planning / image quality planning, in cooperation with MTD landschapsarchitecten

6
Stein CENTRUMPLAN stedenbouwkundig plan / architectuur
Stein CENTRUMPLAN town-planning / architecture

7
Aken (D) HAUPTBAHNHOF prijsvraag
Aken (D) HAUPTBAHNHOF competition

WWW.BURO5.NL

Crepain Binst Architecture nv
Stedenbouw, architectuur, interieur en design

Crepain Binst Architecture staat voor de stijlfusie van de architect-stedenbouwkundigen Jo Crepain (°1950) en Luc Binst (°1973). Het is de start van een tweede jeugd met een aangescherpte ambitie en frisse wind die ons vanuit een breed spectrum aan projecten dichter moet brengen bij de essentie en werking van een topbureau met een artistieke présence en vele mogelijkheden.

Crepain Binst Architecture hanteert architectuur als een artistiek medium om opdrachten pragmatisch te vertalen tot gebouwde abstracte creaties van conceptuele logica en eenvoud. Uit elke site, met haar randvoorwaarden en eigen identiteit, worden steeds de bruikbare signalen gedistilleerd als basis en setting voor elk ontwerpproces. Samen met de door de opdrachtgever aangereikte verlangens, beperkingen, eisen en gangbare normen wordt er steeds intensief gezocht door middel van een communicatief en creatief proces. Conceptuele zuiverheid, verhouding, dynamiek, expressie, licht, kleur, ruimte en schaal zijn hierbij onze kernwoorden. De ontwerpen worden vertaald in concrete realisaties met onderzoek naar vernieuwend materiaalgebruik, conceptueel ondersteunende detaillering en geraffineerde textuurtoepassing tot een eigen duidelijk herkenbare identiteit. Naast verbouwingen of nieuwbouw van woon-, kantoor- en publieke gebouwen, behoren ook kruisbestuivingen met andere creatieve media tot het opdrachtenspectrum.

Crepain Binst Architecture is een multidisciplinair team samengesteld uit een 70-tal ingenieur-architecten, architecten, interieurarchitecten en stedenbouwkundigen, waardoor een totaal design of ontwerp kan gerealiseerd worden.

Crepain Binst Architecture stands for the merger of styles between architects and urban designers Jo Crepain (°1950) and Luc Binst (°1973). It marks the start of a second youth, with heightened ambition and a breath of fresh air, providing access to a broader range of projects, and bringing us closer to the essence and operation of a top-notch firm with a strong artistic presence and many opportunities.

Crepain Binst Architecture deals with architecture as a practical artistic medium to transform assignments into abstractly built creations of conceptual logic and simplicity. The useful signals are constantly distilled from every site, with its peripheral conditions and its own identity, as basis and the setting for every designing process. Considering the client's requirements, limitations, demands and acceptable standards, we continue to look for solutions through communication and creativity. Conceptual purity, proportion, dynamics, expression, light, colour, space and scale form our core values. The designs are turned into actual realizations following research into the use of renewable materials, conceptually supporting detail and a refined application of texture, to reflect our own clearly recognizable identity. Apart from alterations or the construction of new homes, offices and public buildings, a "cross-pollination" by other creative media also forms part of the range of assignments.

Crepain Binst Architecture is a multidisciplinary team comprising some seventy engineer-architects, architects, interior architects and urban designers that is capable of realizing designs in their totality.

Stedenbouwkundig plan spoorzone Noord, Enschede
Urban design plan for Northern railway zone, Enschede

400-600 woningen / appartementen, Ronse
400-600 dwellings / apartments, Ronse

Feasibility studie voor 250 appartementen, Mechelen
Feasibility study for 250 apartments, Mechelen

Croonen Adviseurs bv
ruimtelijke vormgeving & ordening

e-mail info@croonen.nl
website www.croonenadviseurs.nl

T 073-5233900
F 073-5233999

Hoff van Hollantlaan 7
5243 SR Rosmalen
Postbus 435
5240 AK Rosmalen

Croonen Adviseurs bv ruimtelijke vormgeving & ordening is een adviesbureau op het vlak van ruimtelijke ordening. Het bureau richt zich met name op ontwerp, ontwikkeling en beheer van stad en land. Croonen Adviseurs is een dynamisch bedrijf met aandacht voor zowel creatieve vormgeving en hoge omgevingskwaliteit als voor strategische planning en het maatschappelijk draagvlak. Het bureau omvat momenteel ongeveer vijftig enthousiaste en deskundige medewerkers.

Croonen Adviseurs bv ruimtelijke vormgeving & ordening is an advisory firm in the field of environmental planning. The firm focuses in particular on the design, development and supervision of town and country locales. Croonen Adviseurs is a dynamic company with a concern for creative design and high quality surroundings as well as strategic planning and social support. The firm currently has around fifty enthusiastic and expert staff members.

1
Schets Globale hoofdstructuur
Harinxmaland – Sneek
Global matrix sketch
Harinxmaland – Sneek

2
Prijsvraag Europan 9
Andenne – België
Europan 9 competition
Andenne – Belgium

3
Verkavelingsstudie 1e fase
Harinxmaland – Sneek
Land division study 1st phase
Harinxmaland – Sneek

4
Impressie Poldertuin
Masterplan PrimAviera – Rijsenhout
Impression of polder garden
PrimAviera master plan – Rijsenhout

5
Centrumplan Susteren
Echt-Susteren
Plan for centre of Susteren
Echt-Susteren

6
Uitwerking Centrumvisie II
Centrum – Zundert
Elaboration of Centre Idea II
Centre – Zundert

7
Masterplan 'Kunstwerken'
Westeraam – Elst
'Artworks' master plan
Westeraam – Elst

8
Masterplan 'Kunstwerken'
Westeraam – Elst
'Artworks' master plan
Westeraam-Elst

9
Stedenbouwkundig plan Laauwik
Waalsprong – Nijmegen
Laauwik urban development plan
Waalsprong – Nijmegen

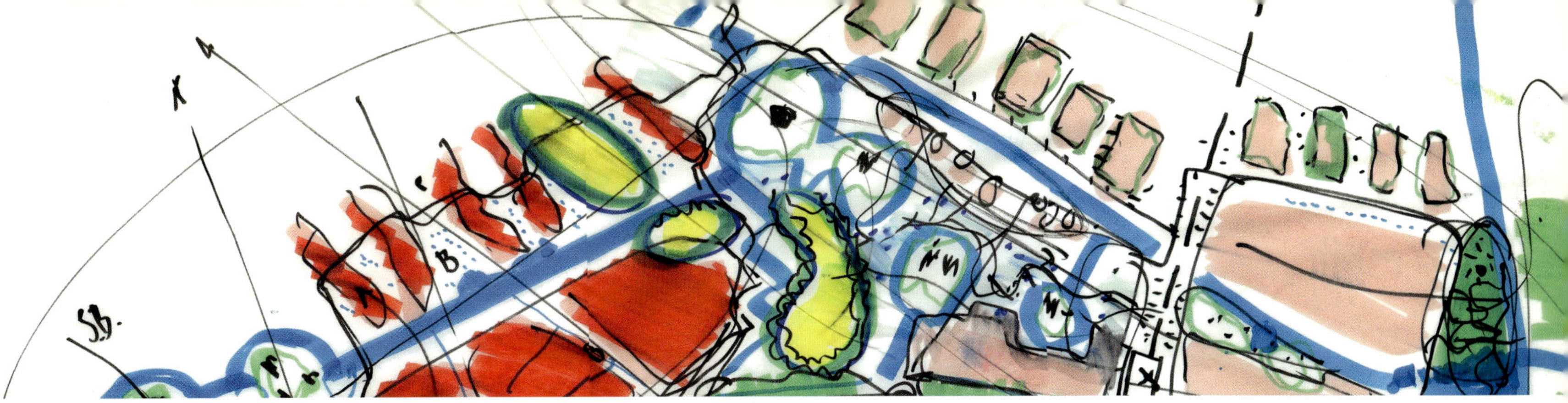

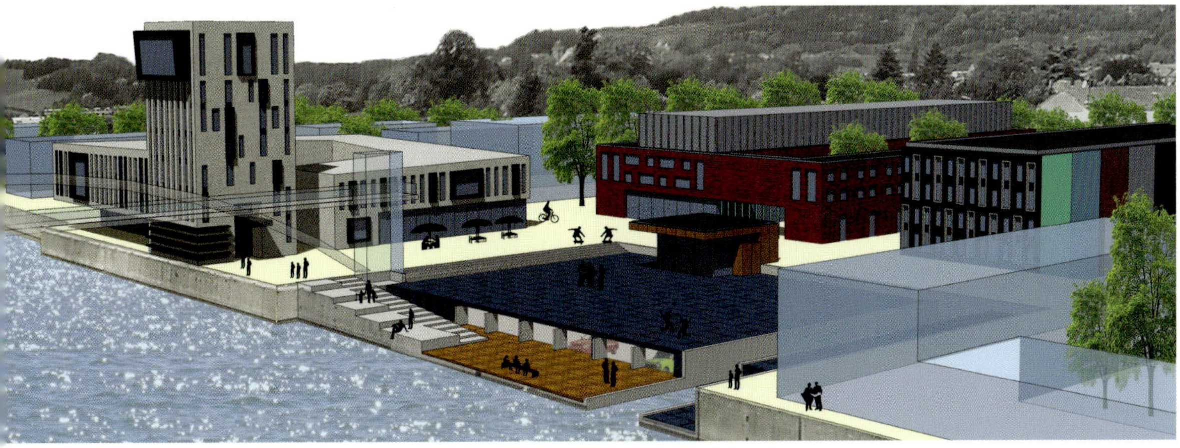

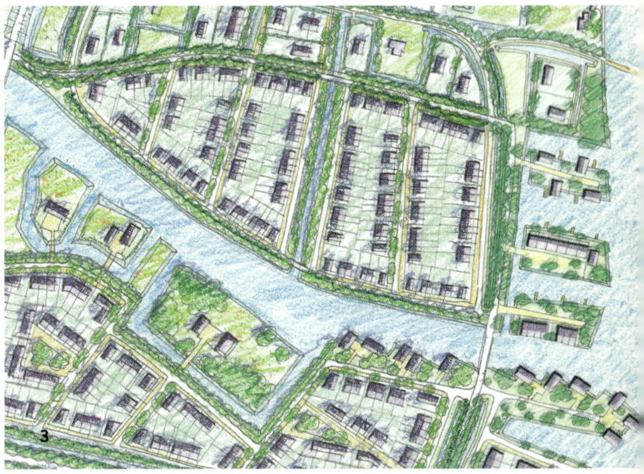

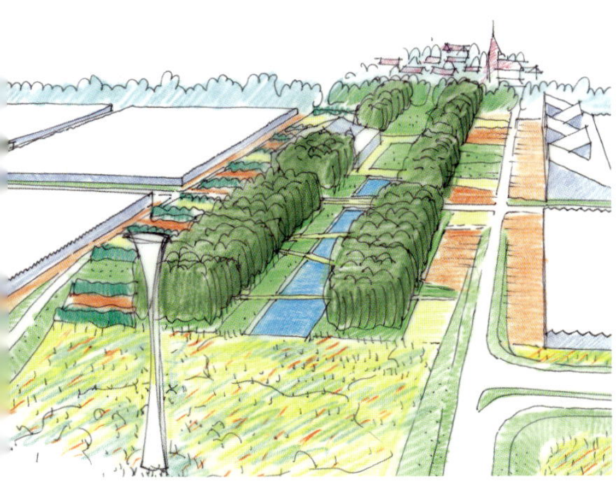

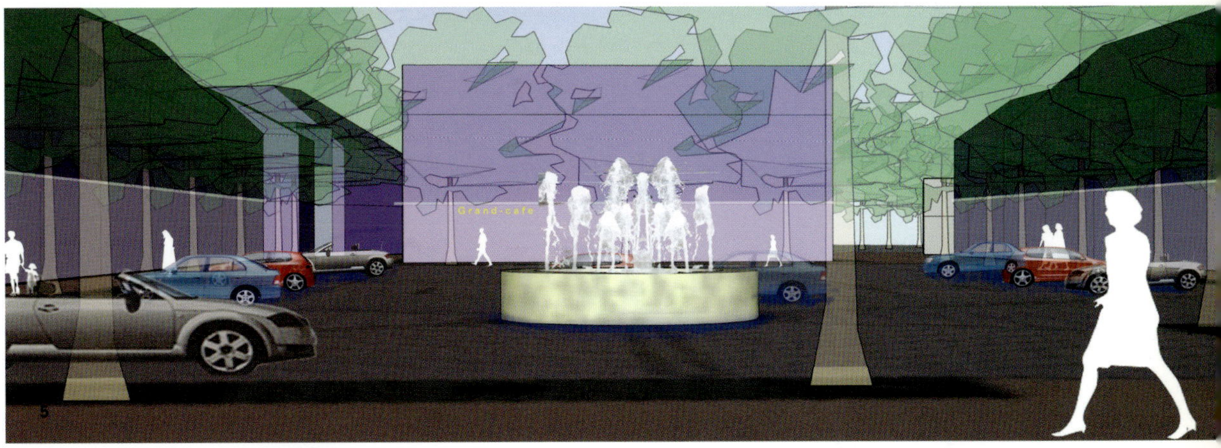
Grand-cafe

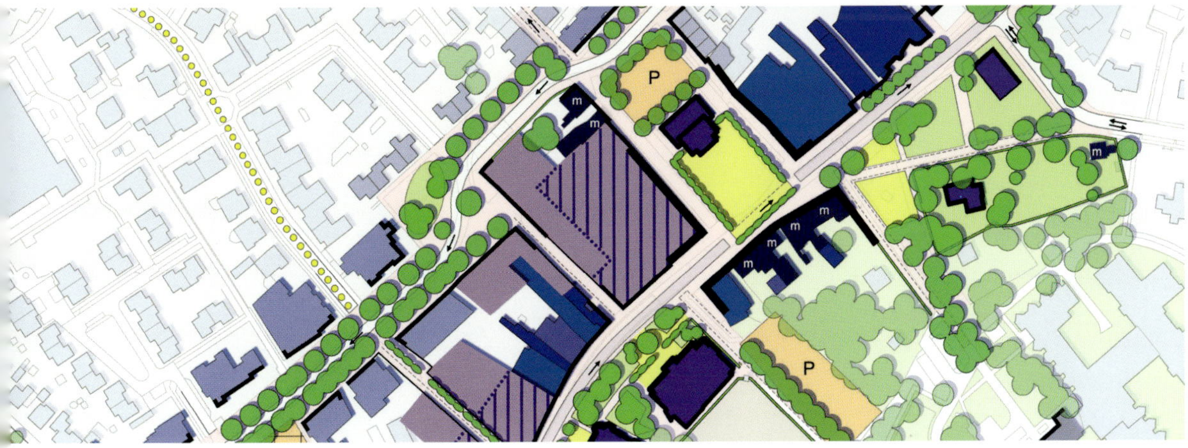
P
P

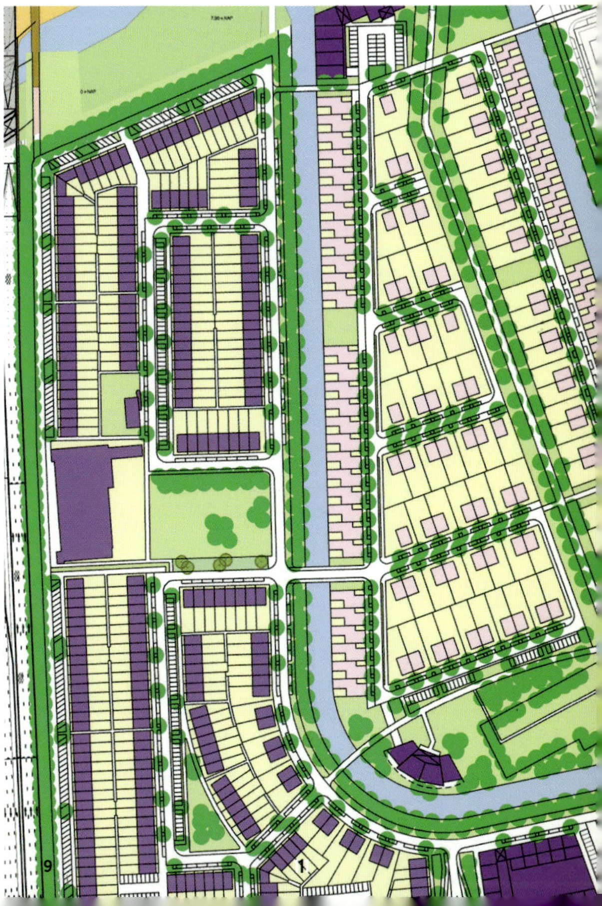

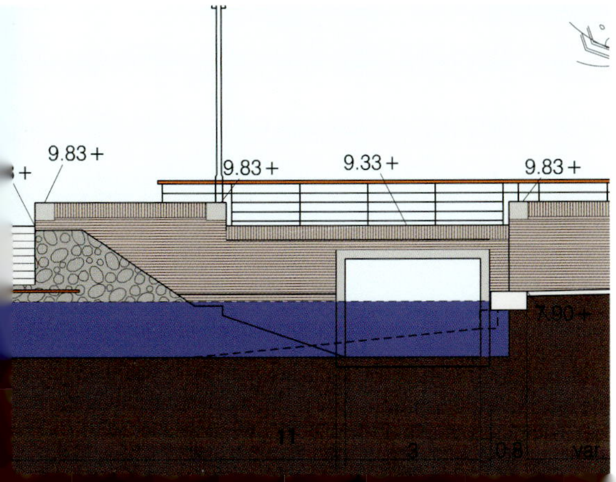
9.83+
9.83+
9.33+
9.83+
7.90+

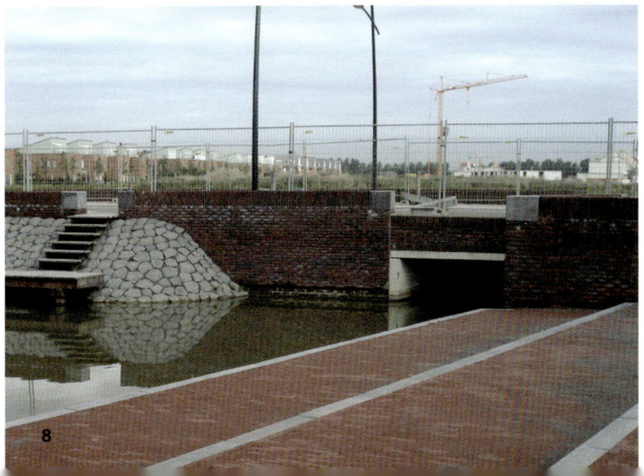

G

G84
bureau voor tuin- en landschapsarchitectuur

G84 is een erkend adviesbureau voor tuin- en landschapsarchitectuur en geeft vorm aan de stedelijke en landschappelijke buitenruimte. Het bureau is in 1984 opgericht en is gevestigd in Amersfoort en Maashees. Binnen het bureau zijn landschapsarchitecten en groeningenieurs werkzaam die adviseren op het terrein van ontwerp, techniek en beheer.
G84 adviseert voornamelijk op het locale schaalniveau voor gemeenten, instellingen, bedrijven en particulieren. Daarbij werken we vaak samen met architecten, stedenbouwkundigen, beeldend kunstenaars en raadgevende ingenieursbureaus. Trefwoorden die ons karakteriseren zijn: enthousiasme, creativiteit én vakmanschap.

G84 is a registered consultancy for garden and landscape architecture and produces designs for urban and outdoor landscape projects. The firm was founded in 1984 and is located in Amersfoort and Maashees. Landscape architects and 'green' engineers are operative in the field of design, technology and management.
G84 mainly offers advice at all levels to local governments, institutions, companies and private individuals. In addition, we work together with architects, urban planners, artists and consulting engineering firms. Key words that characterise us are: enthusiasm, creativity and professionalism.

landschappen

terreinen

plekken

website www.G84.nl

G84 Maashees
Gildelandt 31
5823 CH Maashees
T 0478-636814
F 0478-636891
e-mail G84-maashees@hetnet.nl

G84 Amersfoort
Barchman Wuytierslaan 72
3818 LK Amersfoort
T 033-4618411
F 033-4657341
e-mail amersfoort@G84.nl

G84 25 jaar!

parken

pleinen

straten

woonomgeving

Rein Geurtsen & partners

Stedelijke ontwikkeling als culturele opgave, in de breedste zin van het woord: daar ligt onze fascinatie. Veel projecten gaan over ingrijpende vernieuwing van bestaande stedelijke gebieden. Daarbij zoeken we naar een verbinding tussen de nieuwe opgave en het ruimtelijke erfgoed, de weerslag van de geschiedenis van het stedelijk landschap. Dat zijn spannende zoektochten, samen met alle betrokken partijen. De ondersteuning van bewonersparticipatie is daarbij een van onze specialisaties.
Stedelijke vernieuwing heeft doorgaans een lange looptijd. Dat betekent een langdurige betrokkenheid bij de planvorming, waarbij we in veel projecten tevens regie voeren over de ruimtelijke kwaliteit van openbare ruimte en gebouwen.

Urban development as a cultural assignment, in the broadest sense: that's what fascinates us. Many of our projects involve a radical renewal of existing urban areas. We seek to create a link between the new assignment and the location's legacy, the reflection of the history of the urban landscape. Quests such as these are exciting, and we undertake them in collaboration with all parties involved. Encouraging the participation of residents is one of our specialities in this regard.

Urban renewal generally takes quite a long time. This means a lengthy involvement in the planning stage, during which in many projects we also supervise for the environmental quality of public spaces and buildings.

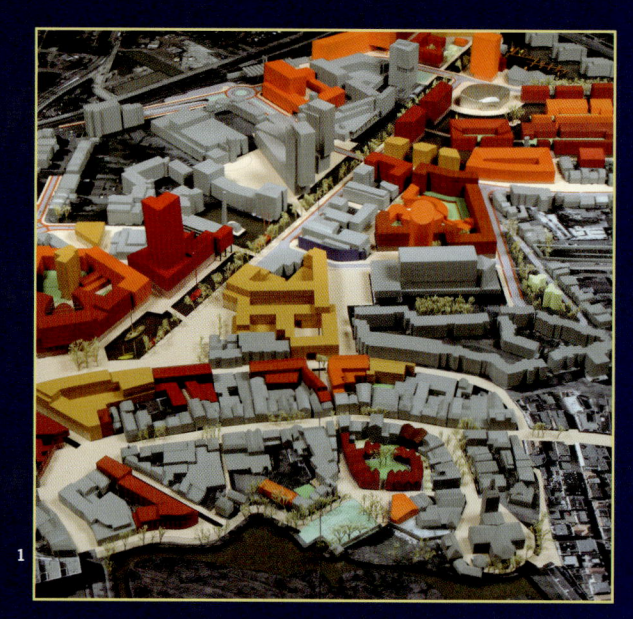

Rein Geurtsen & partners
bureau voor stadsontwerp

landschap | openbare ruimte
onderzoek | stedenbouw
procesadvisering | kwaliteitsregie

public space | landscape
urban design | research
quality supervision | process consultancy

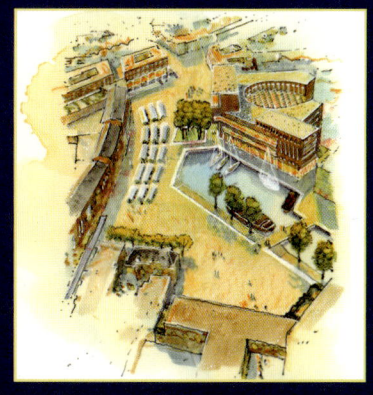

1-3
Almelo: City centre
Client: municipality of Almelo, consortium
Dura Vermeer & Kondor Wessels Projecten

4
Vught: Masterplan de Koepel
Client: municipality of Vught

5-6
Amsterdam Southeast: Market Square &
F-neighbourhood
Client: Projectbureau Vernieuwing
Bijlmermeer, Municipality District South-East

7
Drechtoevers – Papendrecht: Merwehoofd
Client: municipality of Papendrecht,
Van der Vorm Bouw bv, Rabo Vastgoed

8
Zwolle: Kraenbolwerk
Client: BAM Vastgoed Zwolle
in collaboration with Köther Salman Koedijk
Architecten bv

9
Apeldoorn: Canal banks
Client: municipality of Apeldoorn
in collaboration with Paul Achterberg
(Atelier Quadrat)

www.reingeurtsen.nl

Grontmij

198 / 199

e-mail marielle.kok@grontmij.nl
website www.grontmij.com

T 030-2207911
F 030-2200174

De Holle Bilt 22
3732 HM De Bilt
Postbus 203
3730 AE De Bilt

De Hildenberg - Appelscha | Hogeschool INHOLLAND | Ooststellingwerf

Oude Grintweg - Boxtel/Oirschot | Absbroek - Sittard | Het Groene Woud

TT Circuit - Assen | Nieuw-Vennep Zuid | Groeten uit Holland

Grontmij is een multidisciplinair advies- en ingenieursbureau met ruim 8.000 professionals actief op het gebied van milieu, water, energie, bouw, industrie en infrastructuur. Wij willen de beste lokale dienstverlener zijn in Noordwest-Europa en meerwaarde leveren op het hele traject van ontwerp, advisering, engineering, contracting en management van multidisciplinaire projecten.

Grontmij

alijbos - Nootdorp | Doonheide - Gemert/Bakel | Steenbergse Vliet - Steenbergen | De Bavelse Berg - Breda

udekerk | Landgoed Haverleij - 's-Hertogenbosch | Sint Michielsgestel | Brandevoort, De Veste - Helmond

ndijk | Waalre-Noord | Geestmerambacht - Alkmaar | Landgoed Lemborgh - Sittard

Grontmij is a multidisciplinary design, consultancy and engineering firm employing 8,000 professionals active in the environmental, water, energy, building, industrial and transportation sectors. We aim to be the best local service provider in North-West Europe and provide added value throughout the entire process of design, consulting, engineering, contracting and managing multidisciplinary projects.

planning connecting
respecting
the future

HOLLANDSCHAP

Adviesburo voor Stad- en Landschapsinrichting

ing. P. van Loon, landschapsarchitect BNT / directeur

e-mail mail@hollandschap.nl /
mail@eurolandscape.com
website www.hollandschap.nl /
www.eurolandscape.com

T 079-5931819
F 079-5932498

Moerdijkstraat 23
2751 BE Moerkapelle
Postbus 13
2750 AA Moerkapelle

Sinds de oprichting in oktober 1983 heeft HOLLANDSCHAP zich ontwikkeld tot een onafhankelijk, multidisciplinair plan- en adviesbureau voor de inrichting van de stedelijke ruimte en het landelijke gebied. Het leveren van maatwerk is het belangrijkste uitgangspunt. Wij zijn inzetbaar in sterk uiteenlopende projecten en op elk traject, van overall structuurplanning plus ontwerp tot en met uitvoeringsniveau en projectmanagement.
Pieter van Loon is in Nederland en de Verenigde Staten officieel geregistreerd als landschapsarchitect.
In het buitenland opereert HOLLANDSCHAP onder de naam EUROLANDSCAPE.

Since its foundation in October 1983 HOLLANDSCHAP has grown into an independent, multidisciplinary planning and advisory office for the design of urban spaces and rural areas. Our most important basic principle is the provision of custom-made work. We are available for a wide variety of projects and for any trajectory, from overall structural planning and design up to and including realization and project management.
Pieter van Loon is officially registered as landscape architect BNT in the Netherlands and in the United States. HOLLANDSCHAP operates in foreign countries under the name EUROLANDSCAPE.

HOLLANDSCHAP en de samenwerkende bureaus vertegenwoordigen de volgende vakdisciplines:
HOLLANDSCHAP and the offices it works with represent the following disciplines:
- **LANDSCHAPSARCHITECTUUR** / LANDSCAPE ARCHITECTURE;
- **STEDENBOUW** / URBAN DEVELOPMENT;
- **NATUURONTWIKKELING EN ECOLOGIE** / NATURAL DEVELOPMENT AND ECOLOGY;
- **GROEN- EN LANDSCHAPSBEHEER** / PARK AND LANDSCAPE MANAGEMENT;
- **PLANVISUALISATIE** / VISUALIZATION OF PLANS;
- **RECREATIEPROJECTEN** / RESORTS.

Kijk voor meer informatie op onze website: www.hollandschap.nl
Visit our website for more information: www.eurolandscape.com

Graag zijn wij u van dienst bij projecten die een creatieve invalshoek vereisen.
We kindly offer you our services with projects that need a creative landscape approach.

HOLLANDSCHAP®
Adviesburo voor Stad- en Landschapsinrichting

1
Broersepark, Amstelveen; in nauw overleg met de gemeente, klankbordgroep en bewoners heeft Hollandschap een ontwikkelingsvisie gemaakt voor de renovatie van het Broersepark
Broersepark, Amstelveen; Hollandschap has made a development scheme for renovating the Broersepark in close consultation with the municipality, a sounding board group and residents

2
Sijtwende deelgebied 2, gemeente Voorburg-Leidschendam; Hollandschap heeft de plannen voor de maaiveldinrichting van het gebied opgesteld
Sijtwende subsector 2, municipality of Voorburg-Leidschendam; Hollandschap has drawn up the plans for structuring the ground level of the area

3
Appartementeneiland Legmeer West, Uithoorn; Hollandschap is verantwoordelijk voor het landschappelijke ontwerp van de buitenruimte
Legmeer West apartments island, Uithoorn; Hollandschap is responsible for the landscape design of the outdoor area

4
Centrumgebied, 's-Gravenzande; Hollandschap heeft een masterplan voor het gehele centrumgebied ontwikkeld, dat later in deelplannen is omgezet en uitgewerkt
Town centre, 's-Gravenzande; Hollandschap has developed a master plan for the entire town centre, which has been elaborated and turned into sector plans

5
Rijnvaartpark, 's-Gravenzande; het park is nadrukkelijk ingericht als gebruikerspark waardoor het een meerwaarde voor de directe omgeving heeft gekregen
Rijnvaart Park, 's-Gravenzande; the park has been expressly organised as a user's park so that it acquires extra value for the immediate surroundings

6
Begraafplaats, 's-Gravenzande; uitgangspunt bij het ontwerp was de wens om de bestaande begraafplaats en de uitbreiding samen te voegen tot een functioneel en visueel geheel
Cemetery, 's-Gravenzande; principle for the design was the wish to merge the existing cemetery and the extension into a functional and visual whole

7
Spaarnebuiten, Spaarndam; in opdracht van Volker Wessels Vastgoed heeft Hollandschap de verkaveling en het inrichtingsplan voor de buitenruimte uitgewerkt
Spaarnebuiten, Spaarndam; Hollandschap was commissioned by Volker Wessels Real Estate to work out the land pattern and development plan for the outdoor area.

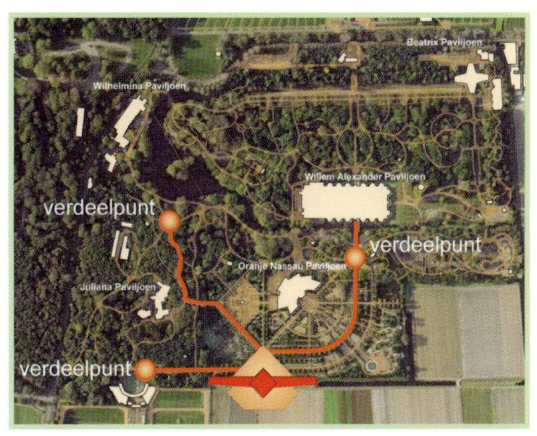

8
Keukenhof, Lisse; herontwikkeling van het entreegebied met nieuwe parkeerplaatsen en ontsluiting, in samenwerking met Architectenbureau Van Manen bv
Keukenhof, Lisse; redesign of the entrance area, opening it up and adding new parking places, in collaboration with Architectenbureau Van Manen bv

EUROLANDSCAPE®
Landscape Architects & Urban Planners

9
Wilimy, Polen; in opdracht van Realvisie bv wordt een masterplan opgesteld voor een nieuw te realiseren vakantiepark in Polen
Wilimy, Poland; commission from Realvisie BV to draw up a master plan for a new holiday park in Poland

10
California Polytechnical State University, U.S.A.; voor de herontwikkeling van het campusterrein van deze universiteit werkt Eurolandscape verschillende concepten uit
California Polytechnical State University, U.S.A.; Eurolandscape drew up various concepts for redeveloping the university campus

K3 architectuur en planning bv BNA

202 / 203

e-mail info@k3architectuur.nl
website www.k3architectuur.nl

T 026-3515951
F 026-4457027

Utrechtsestraat 67
6811 LW Arnhem
Postbus 612
6800 AP Arnhem

K3 architectuur en planning is een middelgroot, dynamisch bureau voor architectuur en stedenbouw dat onderzoekend en oplossingsgericht is ingesteld. K3 architectuur en planning staat voor creativiteit, slagvaardigheid en kwaliteit. In elk ontwerp vormen zowel de plek als het programma het uitgangspunt. Gezocht wordt naar het eigene en het unieke van beide en naar de optimale manier om ze te verenigen. Het ontwerp moet als vanzelfsprekend ogen maar ook tot de verbeelding spreken. Bij veel projecten gaat het om het zoeken naar een evenwicht tussen bestaand en nieuw. Scherpe analyses van het programma, de situatie en de context vormen de basis van het ontwerpconcept. Daarbij is de kennis die de opdrachtgevers en gebruikers inbrengen vaak essentieel voor de kwaliteit van het plan.
Om deze opgaven te doorgronden en tot een goede uitvoering te brengen heeft K3 architectuur en planning meerdere disciplines in huis die aanvullend zijn ten opzichte van elkaar. Binnen het bureau werken verschillende krachten samen: kennis, creativiteit, vormgeving, teamgeest, onderzoek en analyse, communicatie, project- en procesmanagement.

K3 architectuur en planning is a medium-sized, dynamic office for architecture and urban planning and is focused on research and solutions. K3 architectuur en planning stands for creativity, decisiveness and quality. Both the site and the programme of requirements are the points of departure for each design. We search for the intrinsic and the unique in each one, and for the optimum way of uniting them. The design should seem natural but also appeal to the imagination. Many projects entail a quest for a balance between the existing and the new. Sharp analysis of the programme, the situation and the context form the basis for the design context. Here the knowledge contributed by the clients and occupants is often essential to the quality of the plan.
In order to comprehend the nature of the assignment and successfully implement it, K3 architectuur en planning has several disciplines in-house that enhance each other. Various qualities combine forces with each other within the office: knowledge, creativity, design, team spirit, research and analysis, communication, project and process management.

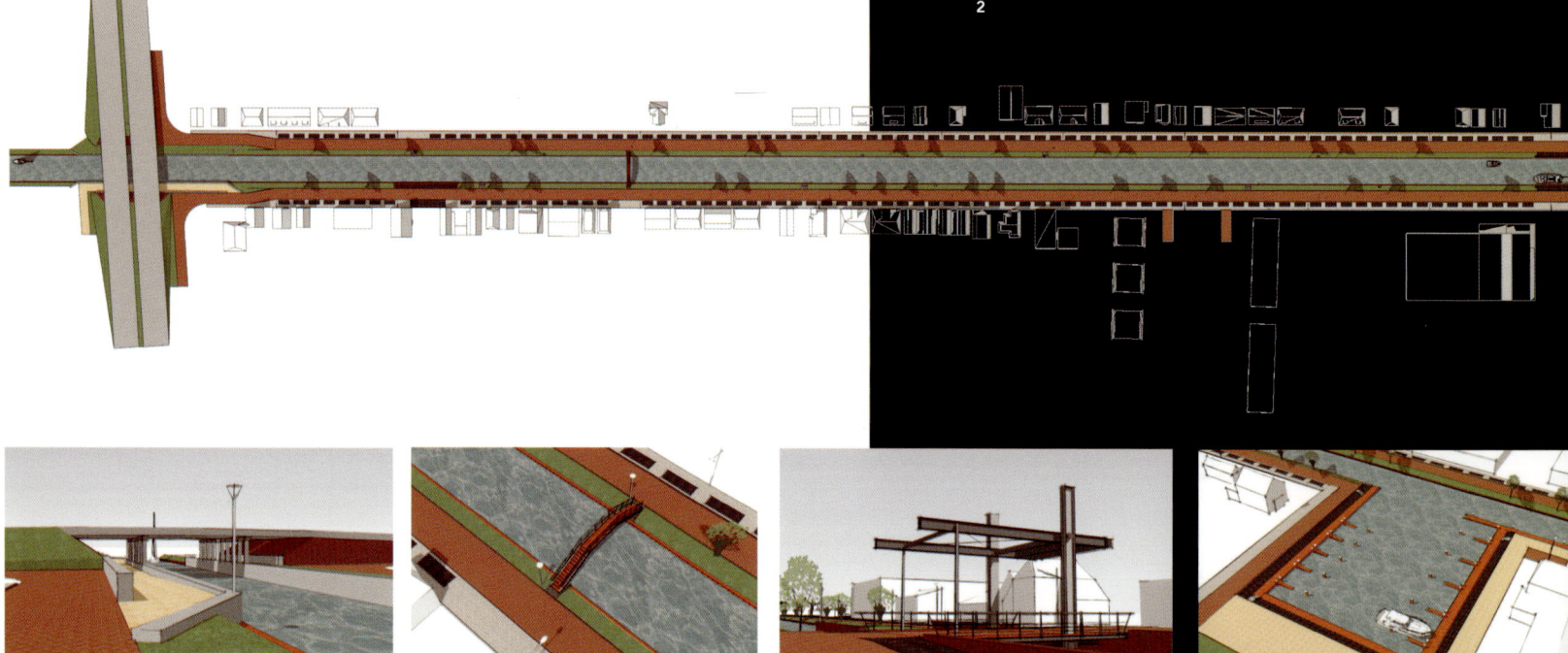

1
Nieuwe Vaart, Drachten
New Canal, Drachten

2
Nieuw Esdorp, Drente
New Village, Drente

3
Uitbreidingswijk, Meerkerk
Suburban development, Meerkerk

4
Het Arnhemse Broek, Arnhem
Het Arnhemse Broek, Arnhem

5
Herstructurering Terweijde, Culemborg
Redevelopment Terweijde, Culemborg

6
Nieuw stadspark, Arnhem
New city park, Arnhem

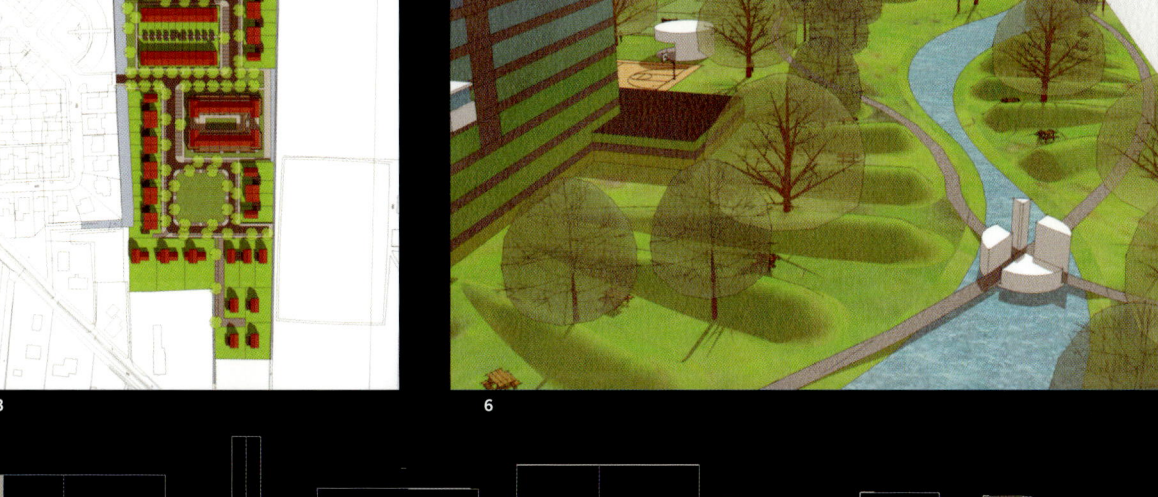

MARCELIS WOLAK landschapsarchitectuur
de Ziel van de Plek – Betrokkenheid – Integrale Benadering

Marcelis Wolak landschapsarchitectuur is een gerenommeerd bureau met 24 jaar ervaring op een breed gebied dat zich uitstrekt van stedenbouw, landschapsarchitectuur en tuinontwerp tot regionale ontwerpen, welstandsbeleidsplannen en projectmanagement.
Opdrachtgevers vinden bij ons een enthousiast en deskundig team dat met hen meedenkt en een product creëert van een duurzame en hoge kwaliteit. Hierbij houden wij steeds rekening met de karakteristieken van de plek en het welbevinden van de gebruikers ervan.

Marcelis Wolak landschapsarchitectuur is a reputable firm with 24 years of experience on a broad scale ranging from urban planning, landscape architecture and garden design to regional planning, building regulation policy plans and project management.
Clients find us to be an enthusiastic and expert team who think along with them in creating a sustainable, high-quality product. We always take the characteristics of the site and the satisfaction of its users into account.

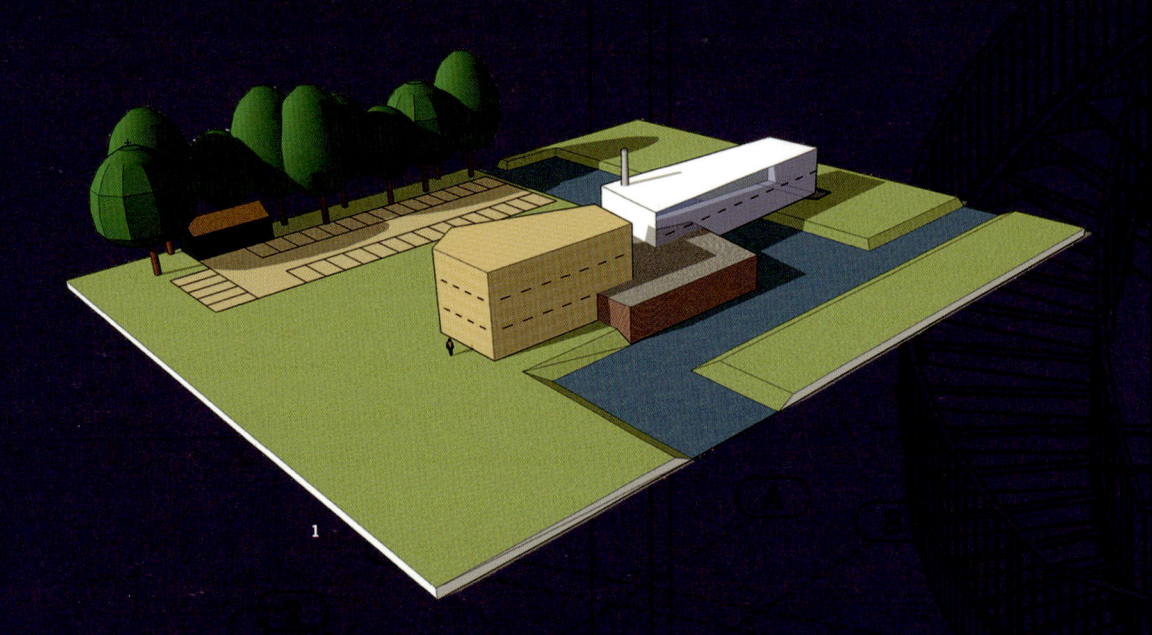

e-mail info@marceliswolak.nl
website www.marceliswolak.nl

T 026-3390151
F 026-3390107

Italiaanseweg 6
6865 NC Doorwerth
Postbus 155
6860 AD Oosterbeek

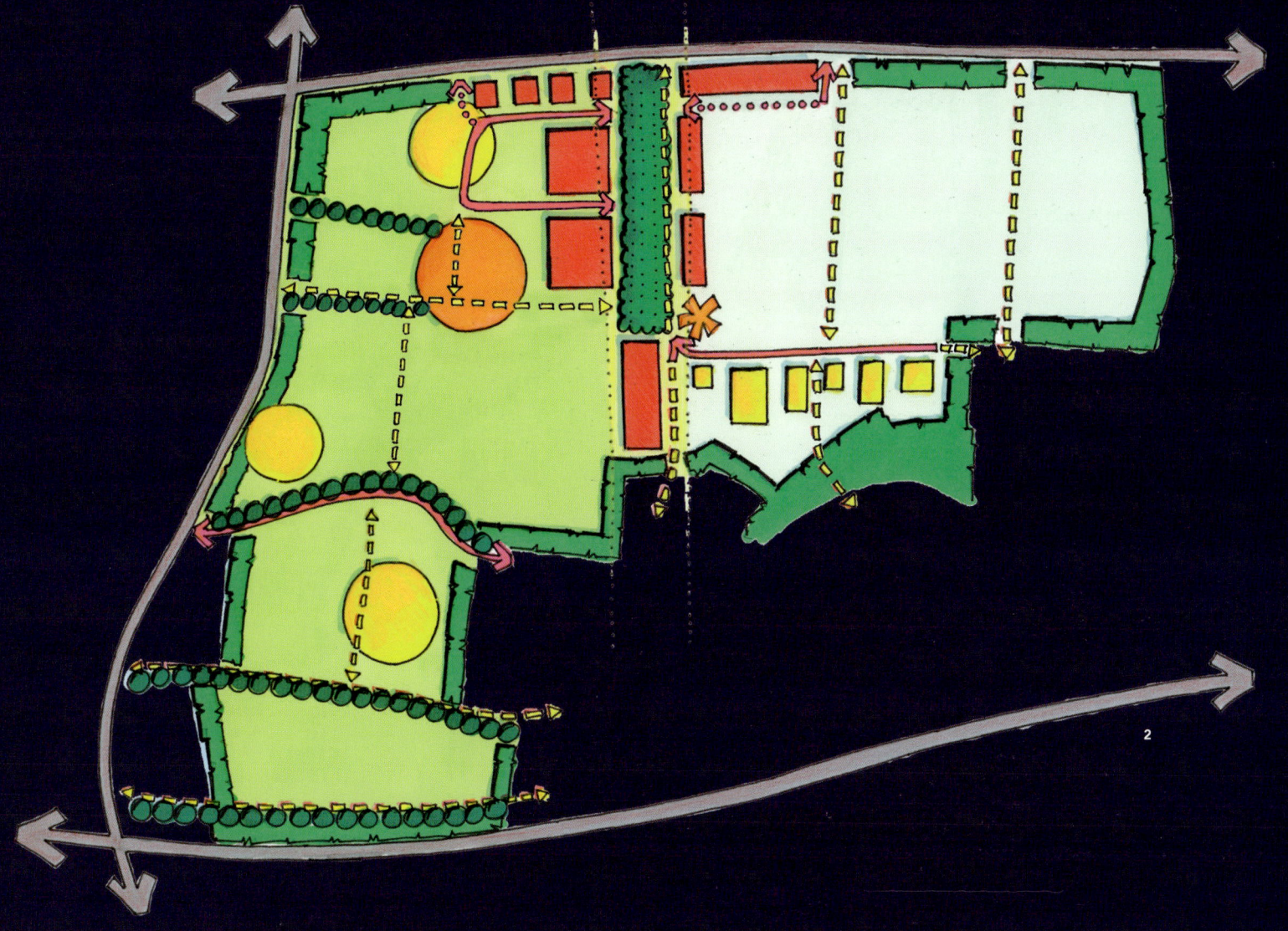

1
Ruimtelijke impressie toekomstig bezoekerscentrum Natuurmonumenten in Haarzuilens
Spatial impression of future Natuurmonumenten visitors' centre in Haarzuilens

2
Ontwikkelingsvisie Sportpark Het Diekman in Enschede
Development scheme for Het Diekman Sportpark in Enschede

3
Kantoortuin Triada Wonen in Heerde
Triada Wonen office garden, Heerde

4
Masterplan Landgoed Hofwijk in Dalfsen
Masterplan for Hofwijk country estate, Dalfsen

5
Streekeigen Huis en Erf Kampereiland en de Buitenpolders
Native home and farmyard Kampereiland and the Buitenpolder

6
Bewoners werkgroep Kampereiland en de Buitenpolders
Residents' working group Kampereiland and the Buitenpolders

7
Ruimtelijke impressie Diekmanplein in Enschede
Spatial impression of Diekmanplein in Enschede

van den Oever, Zaaijer & Partners architecten

1
Ontwerp landgoed en architectuur Ruimzicht, Doetinchem
Ruimzicht country estate design and architecture, Doetinchem
Artist's impression: OC Graphics, Naarden

2
Stedenbouwkundig plan Vrachelen 4/5, Oosterhout
Vrachelen 4/5 urban development scheme, Oosterhout

1

ARCHITECTUUR - STEDENBOUW - BOUWKUNDE - INTERIEUR

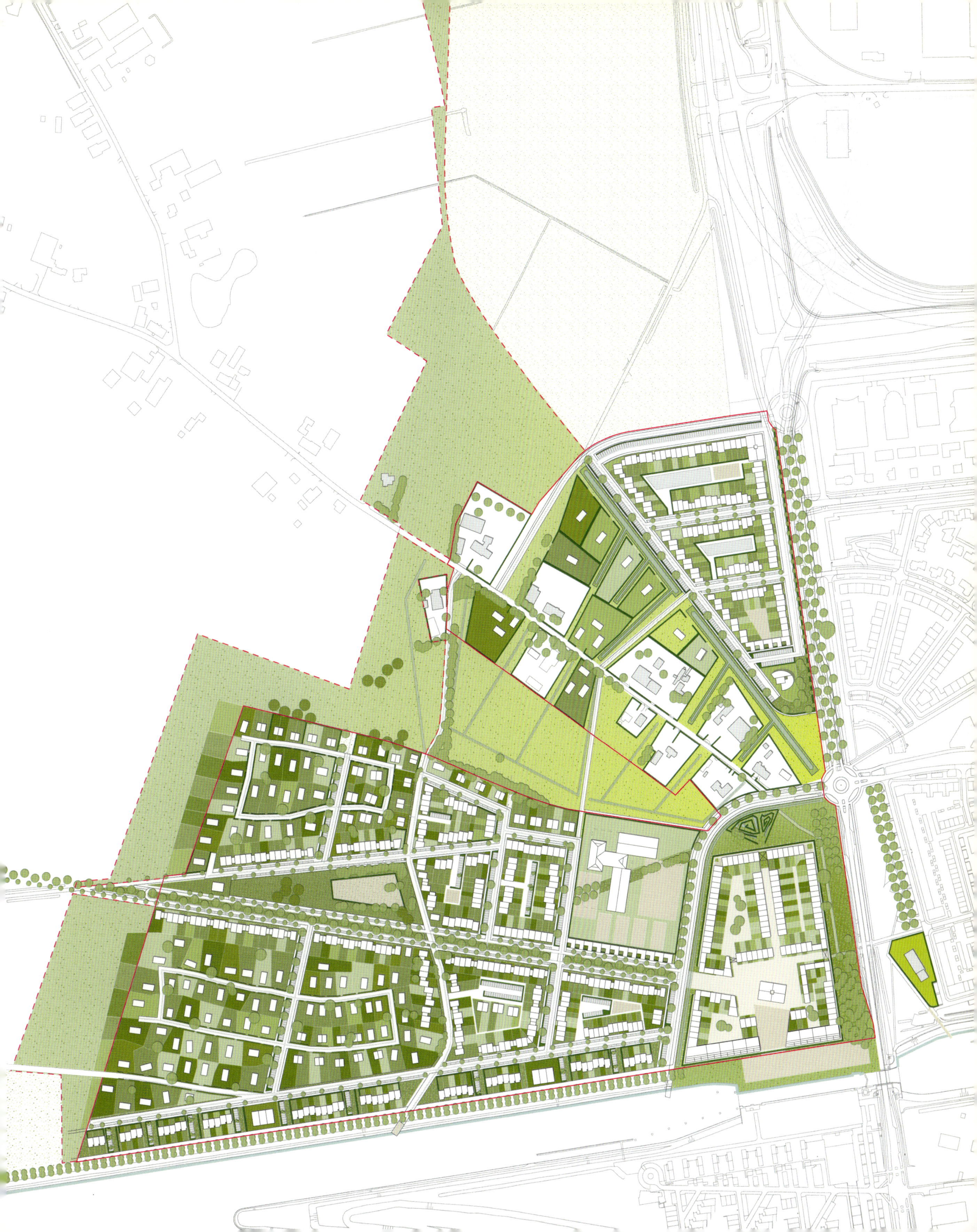

Palmbout-Urban Landscapes bv

Ontwerpen is uitvinden. Palmbout-Urban Landscapes maakt ruimtelijke ontwerpen voor stedenbouw, landschap en buitenruimte, in zeer uiteenlopende situaties en op zeer uiteenlopende schaalniveaus: van regioplan tot straatprofiel, van binnenstad tot snelwegknoop, van studieproject tot bouwplan.
Ontwerpen is uitvinden, en het resultaat is per definitie onvoorspelbaar: het kan het zicht openen op iets totaal nieuws, of op een onverwacht gebruik van wat al aanwezig is.
Onze werkwijze wordt gekenmerkt door een combinatie van conceptueel denken en materieel vakmanschap. Dit levert ontwerpen op die eigentijds en tijdsbestendig zijn; die vernieuwing mogelijk maken maar tegelijkertijd de lange duur trotseren. In samenwerking met onze opdrachtgevers zoeken we naar een treffende combinatie van programma en locatie, van logische eenvoud en onnadrukkelijke poëzie; van ruimtelijkheid en tastbaarheid; van diepgang en relativering.

Designing is inventing. Palmbout-Urban Landscapes practice produces urban design, landscape and public space designs for a great diversity of situations and a great diversity of scales: ranging from regional plans to street profiles, from urban centres to motorway junctions, from study projects to building plans.
Designing is inventing, and the result is by definition unpredictable: it can offer a perspective on something totally new or unveil the unexpected potential of the existing. Our approach is characterised by a combination of conceptual thinking and material skill. This yields contemporary and time-proof designs that not only make innovation possible, but can also stand the test of time. Together with our clients we look for the right combination of programme and location; of logical simplicity and casual poetry; of spatiality and tangibility; of depth and lightness.

1
Collage van onze projecten, v.l.n.r. Amsterdam IJburg, Den Haag Ypenburg, Maastricht Belvédère, Regionaal plan Zuidplaspolder, Zevenaar-Oost, Rotterdam Schiebroek-zuid

Collage of our projects, from left to right: IJburg, Amsterdam; Ypenburg, The Hague; Belvédère, Maastricht; Regional plan for Zuidplaspolder; Zevenaar-Oost; Schiebroek-zuid, Rotterdam

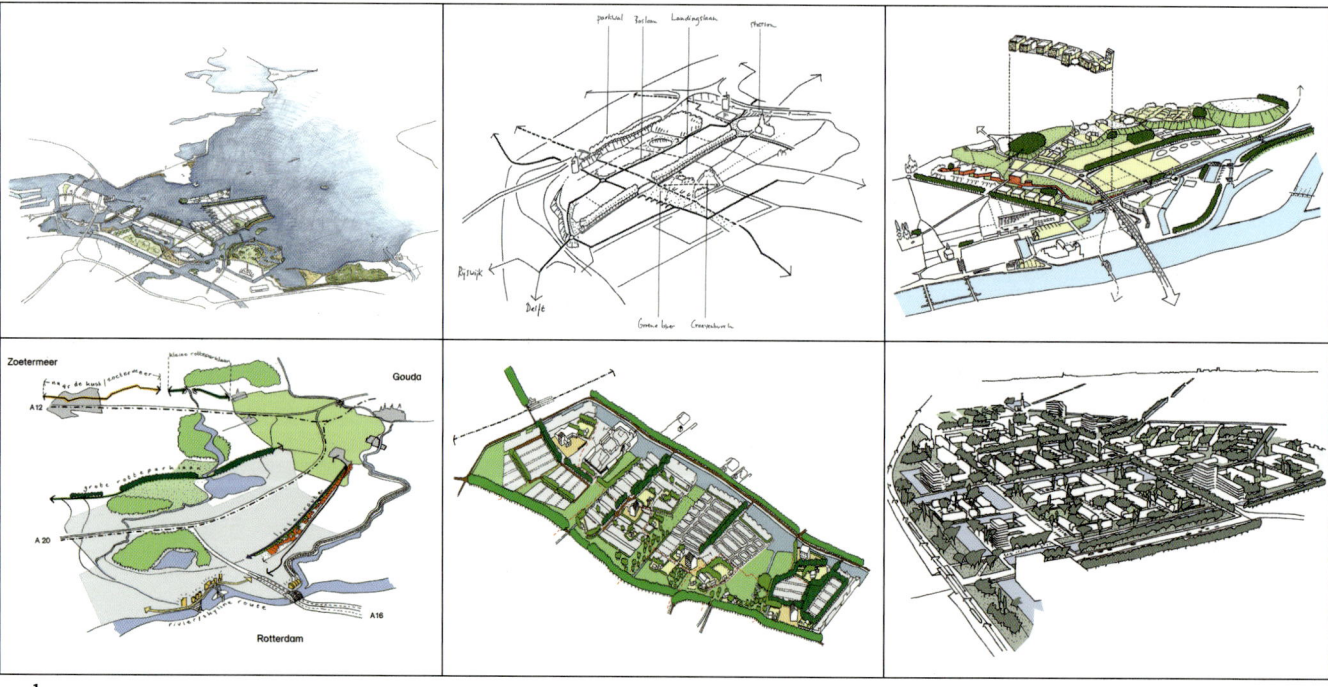

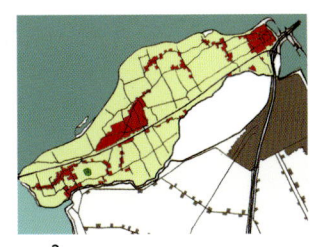

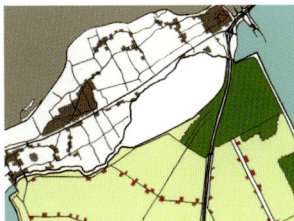

2
Inbedding van het woonlandschap,
vogelvluchtperspectief plan Wieringerrandmeer
Embedding of the residential landscape, bird's
eye view of Wieringerrandmeer

3
Het eiland Wieringen / de polder Wieringermeer /
het Wieringerrandmeer
Wieringen island / Wieringermeer polder /
Wieringer peripheral lake

4
Voorbeelduitwerking van twee van de woonmilieus:
boswonen en wonen op de schor
Model elaboration of two of the living
environments: living in the forest and living on the
salt marsh

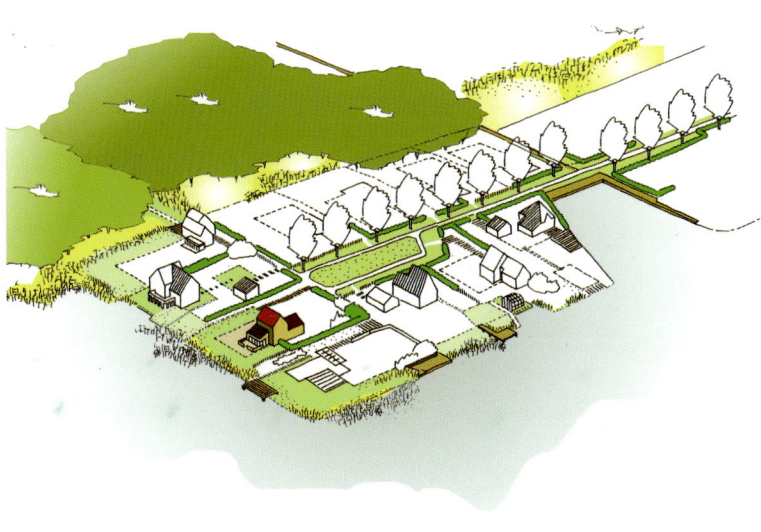

atelier Quadrat
atelier voor stedenbouw, landschap en architectuur

Neptunusplein en Willem Barendsstraat, Amersfoort
stedenbouwkundig plan, inrichting buitenruimte
Neptunusplein and Willem Barendsstraat, Amersfoort
urban design scheme, design of outdoor area

Opdrachtgever / Client:
gemeente Amersfoort / municipality of Amersfoort

Periode van ontwerp / Design period: 2001

Periode realisatie / Realization period: 2007-2008

Programma / Programme:
195 woningen / 195 dwellings
1.100 m² winkels / 1.100 m² shops
2.300 m² sociaal-culturele voorzieningen /
2.300 m² socio-cultural facilities
1,9 ha park / 1,9 ha park
parkeerplaatsen in garage / garage parking

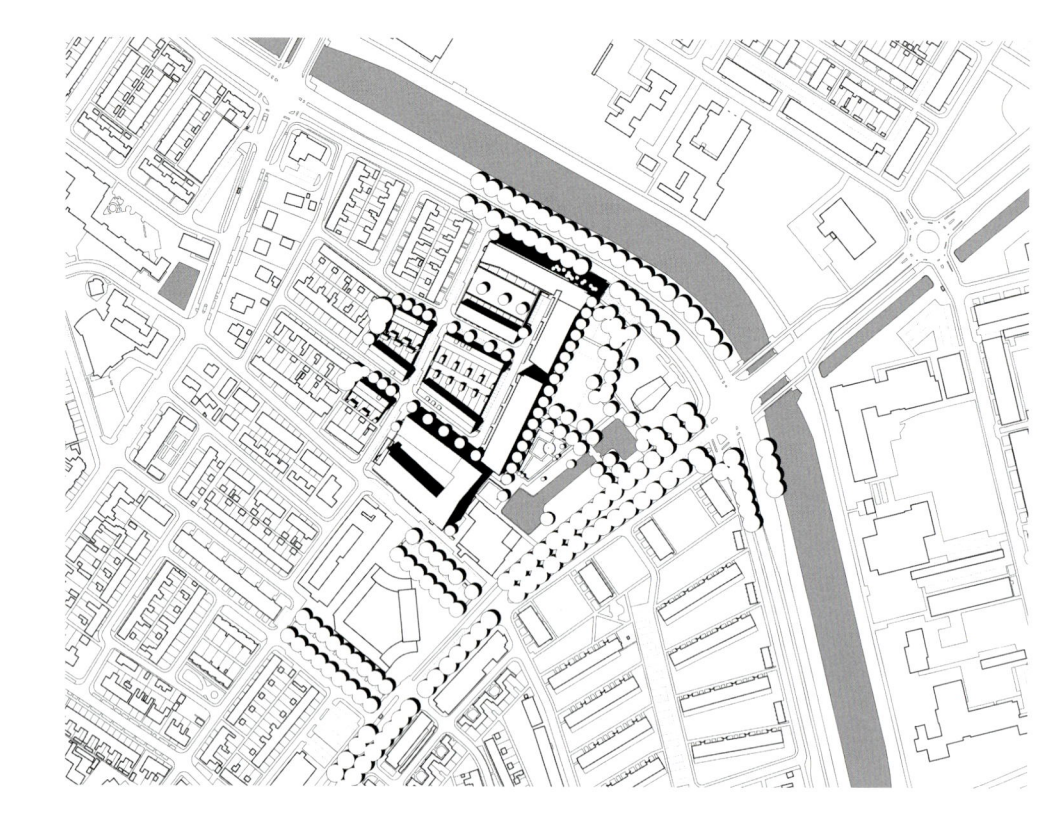

e-mail atelier@quadrat.nl
website www.quadrat.nl

T 010-4133088
F 010-4132916

Scheepmakershaven 56
3011 VD Rotterdam

Schoolenaer, Haarlem
stedenbouwkundig plan, inrichting buitenruimte
urban design scheme, design of outdoor area

Opdrachtgever / Client:
Eurowoningen en gemeente Haarlem
Eurowoningen and municipality of Haarlem

Ontwerp in samenwerking met / Design in collaboration with:
Architectuurstudio Herman Hertzberger

Periode van ontwerp / Design period: 2000-2003

Periode van realisatie / Realization period: 2004-2008

Programma / Programme
119 nieuwe woningen / 119 new dwellings

Soeters Van Eldonk architecten

212 / 213

e-mail arch@soetersvaneldonk.nl
website www.soetersvaneldonk.nl

T 020-6242939
F 020-6246928

Kerkstraat 204
1017 GV Amsterdam
Postbus 15550
1001 NB Amsterdam

Foto's / Photos:
Daria Scagliola / Stijn Brakkee
Retina / Martien Kerkhof
Wim Beishuizen
Han Singels
Aluphoto bv / Haverleij bv
René de Wit
Petersen / Tom Jersø
Your Captain Luchtfotografie

Strootman Landschapsarchitecten

Strootman Landschapsarchitecten is een ontwerpbureau, opgericht in 2002, dat sterk in ontwikkeling is. Het bureau bestaat uit een mooie mix van zeer ervaren landschapsarchitecten en stedenbouwkundigen, jonge landschapsontwerpers, cultuurtechnici, een kunstenaar, een grafisch vormgever en een office-manager. Wij werken veel samen met mensen uit andere vakgebieden, zoals ecologie, architectuur, verkeerskunde, hydrologie, recreatiekunde, volkshuisvesting en communicatie. Wij bestrijken het hele vakgebied: van regionaal ontwerp tot tuin, van landelijk gebied tot stad en van onderzoek tot realisatie. In de projecten koppelen wij analytische scherpte aan wervende toekomstperspectieven, robuustheid aan gedoseerde verfijningen en nuchterheid aan een gezonde dosis romantiek.

Founded in 2002, Strootman Landschapsarchitecten is a fast developing design office that comprises an excellent mix of very experienced landscape architects and urban designers, young landscape designers, landscape engineers, an artist, a graphic designer and an office manager. We work a lot with people from other professional fields, such as ecology, architecture, traffic management, hydrology, leisure, public housing and communication. We cover the entire professional field: from regional design to garden, from rural area to city and from research to realization. Our projects combine analytical sharpness with attractive future perspectives, robustness with well-balanced refinements and down-to-earthness with a healthy dose of romanticism.

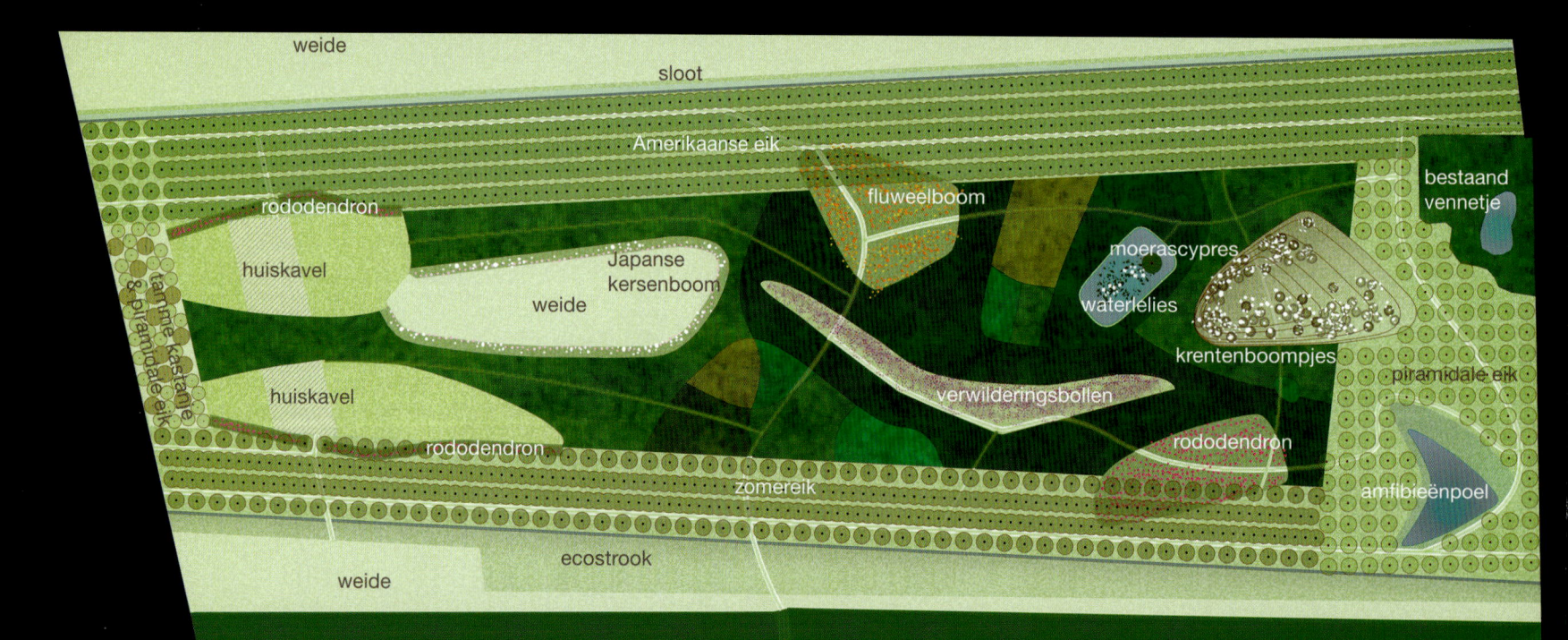

Piraeusplein 37
1019 NM Amsterdam
T 020-4194169
F 020-4190617
e-mail bureau@strootman.net
website www.strootman.net

1

1
Waterzuiveringspark landgoed Het Lankheet
Water treatment park, Het Lankheet country estate
Beeld / Image: Anouk Vogel

2
Bosontwerp Schoonloo
Forest design, Schoonloo

3-8
Eusebiushof Arnhem – twee binnenhoven in het nieuwe stadskantoor van de gemeente Arnhem
Eusebiushof, Arnhem – two courtyards in the new Arnhem municipal offices

De Zwarte Hond

De Zwarte Hond is een multidisciplinair ontwerpbureau met jarenlange ervaring in een breed werkveld. De Zwarte Hond maakt bijzonder functionele ontwerpen die oplossingen voor het heden geven, maar ook vergezichten naar de toekomst bieden. Opgave en opdrachtgever zijn belangrijke inspiratiebronnen bij de ontwikkeling van het ontwerp. Kennis van cultuur en tradities van de plek komen niet alleen door onderzoek en analyse tot stand, maar juist ook door open communicatie met de opdrachtgever.

De Zwarte Hond is a multidisciplinary design firm with years of experience in a broad field of work. De Zwarte Hond creates particularly functional designs that provide solutions for the present as well as offering prospects for the future. Assignment and client are important sources of inspiration in developing the design. Knowledge of the site's culture and traditions are achieved not only through research and analysis, but also very much through an open communication with the client.

Herstructurering Groeseind-Hoefstraat, Tilburg
Redevelopment of Groeseind-Hoefstraat, Tilburg

Tilburg Groeseind-Hoefstraat is een arbeiderswijk rondom een voormalige textielfabriek. Deze vooroorlogse huurwoningen hebben veel fysieke problemen en de plattegronden zijn verouderd. De betrokken woningcorporaties en de gemeente Tilburg hebben een analyse van de wijk gemaakt en de woonwensen van de bewoners geïnventariseerd. Het masterplan dat hieruit voortkwam, heeft als basis gediend voor het stedenbouwkundig plan dat De Zwarte Hond heeft ontwikkeld.
De toekomstige Pietersbuurt en Bisschoppenbuurt krijgen een grote diversiteit aan woningen, veel autovrije woonstraten en een groot park. Het nieuwe Rosmolen wordt een woonwijk met drie groene pleinen en eengezinswoningen met ruime tuinen. De herstructurering in Groeseind-Hoefstraat is de grootste in de Tilburgse geschiedenis en zal tot 2014 duren.

Groeseind-Hoefstraat in Tilburg is a working-class district surrounding a former textile factory. These prewar rented dwellings have a lot of physical problems and the floor plans are old-fashioned. The housing corporations involved and the municipality of Tilburg have analysed the district and made an inventory of the residents' domestic requirements. The resulting masterplan has served as the basis for the urban development plan devised by De Zwarte Hond. The future Pieters and Bisschoppen neighbourhoods will acquire a large diversity of dwellings, several car-free residential streets and a large park. The new Rosmolen wil become a residential district with three green squares and single-family houses with spacious gardens. The redevelopment in Groeseind-Hoefstraat is the biggest in Tilburg's history and will be completed in 2014.

Opdrachtgever / Client: WonenBreburg, Tiwos and municipality of Tilburg

Herstructurering Grunobuurt, Groningen
Redevelopment of Gruno neighbourhood, Groningen

De gevarieerde eenheid van de buurt is als uitgangspunt voor de nieuwe Grunobuurt-Noord genomen. Het doel is de toekomstige buurt op de schaal van de stad als één wijk vorm te geven, waardoor deze in de stedelijke context duidelijk herkenbaar zal zijn. Gelijktijdig wordt op kleinere schaal naar nuances binnen de wijk gezocht.

The varied unity of the neighbourhood has been taken as the starting point for the new Gruno-North neighbourhood. The aim is to design the future neighbourhood as a single district on an urban scale, so as to make it clearly recognisable in the urban context. At the same time, there is a search for nuances on a smaller scale within the district.

Opdrachtgever / Client: Nijestee, municipality of Groningen

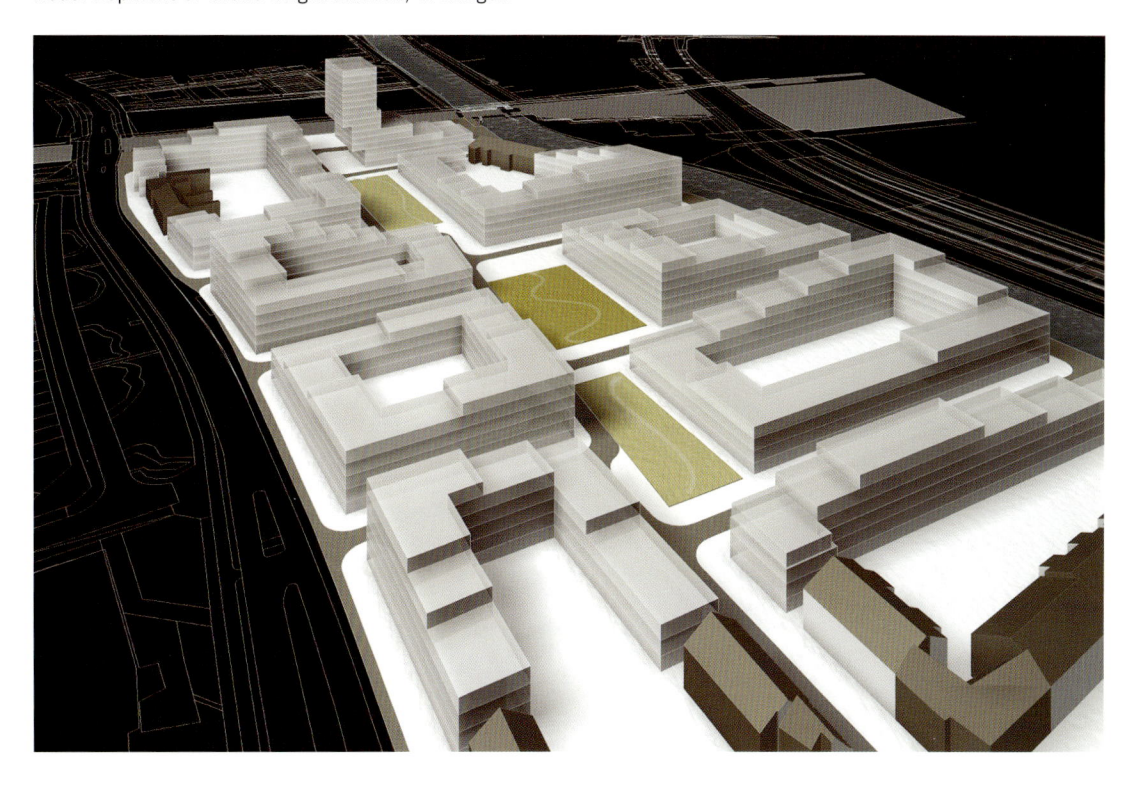

Transformatie Blauwestad, Oost-Groningen
Transformation of Blauwestad, East Groningen

In Oost-Groningen heeft multidisciplinair ontwerpbureau De Zwarte Hond een nieuwe stad in een nieuw landschap ontworpen: Blauwestad. De aanleg van Blauwestad is in volle gang. Nu de aanleg vordert is te zien hoe gemaakte ontwerpkeuzes uitwerken in de realiteit. Hier vindt geen facelift of correctie plaats maar een complete transformatie. Deze transformatie laat zich het beste tonen in beeld. Van braakliggende graanakkers, leeglopende dorpen en stille landweggetjes is het gebied veranderd in een meer van 800 hectare, nieuwe landschappen, 1500 woningen, diverse recreatiegebieden en ook in het uiteindelijke doel: een betere leefbaarheid in dit gebied in Oost-Groningen.

The multidisciplinary design firm De Zwarte Hond has designed a new city in a new landscape in East Groningen: Blauwestad. The construction of Blauwestad is in full swing. Now that construction is progressing we can see how the design choices that were made are turning out in reality. Instead of a facelift or correction, what is happening here is a complete transformation. This transformation reveals itself the best in images. From fallow fields of grain, emptying villages and silent country lanes, the region has been transformed into more than 800 hectares of new landscapes, 1,500 dwellings, various recreational areas and also into the ultimate goal: a better quality of life in this area in East Groningen.

Opdrachtgever / Client: Projectbureau Blauwestad

NEDERLANDSE ARCHITECTEN
vol. 9

ADVER-
TEERD-
ERS

DUTCH ARCHITECTS
VOL.9

ADVER-
TISERS

PLAFONDS | SYSTEMEN
[Samen van idee tot werkelijkheid.™]

Geef vorm aan akoestiek

CANOPY COLLECTIE 2009

Armstrong's collectie is uitgebreid met twee nieuwe oplossingen: Optima Canopy & Axiom Knife Edge Canopy. Daarmee heeft u bij Armstrong de grootste keuze uit zwevende plafonds. Speel met verschillende materialen, vormen of afmetingen en laat design en akoestiek samenkomen. Combineer de Canopies en breng leven in het plafond. Geef de ruimte uw stempel en verhoog het akoestische en visuele comfort!

Bezoek onze website en ontdek de nieuwste collectie.

www.armstrong.nl/plafonds

Armstrong

U houdt niet van concessies.
Wij ook niet.

Het Origineel Ottolini Chemin de fer

Hang- en sluitwerk conform uw inzichten.
Bij uw keuze voor hang- en sluitwerk laat u zich uiteraard graag leiden door uw eigen inzichten. *Concessies zijn hierbij taboe.*
Daarom ontwikkelt Kerkhof eigen lijnen hang- en sluitwerk, geïnspireerd op het karakter van veel woningen.
En vaak met gebruikmaking van *authentieke technieken en hoogwaardige materialen.*
Zoals messing, (mat)nikkel en rvs, oud-zilver en brons.
In de namen van onze collecties vindt u die hang naar oorspronkelijkheid terug: *Ottolini, Amstelland, Eemland, Delftland en Goylant en Argenteria Giara.*
Elke collectie is compleet, dus inclusief espagnoletten, raamuitzetters, grepen, briefplaten, toiletsluitingen, keukenknoppen etc.

Veel architecten sturen hun cliënten door naar onze showroom of komen zélf met hun opdrachtgever.
Graag maken onze vakmensen een afspraak voor bezoek en het doornemen van het bestek.

Kerkhof
hang- en sluitwerk

Naarderstraat 12-14, 1251 BB Laren, 't Gooi
(vlak bij het Singer Museum), telefoon (035) 539 53 02.

Online-informatie op:
www.kerkhoflaren.nl
www.ottolini.nl
www.eemlanddeurbeslag.nl
www.delftlanddeurbeslag.nl
www.goylant.nl

Bright
Architectural Illumination and Light Installations

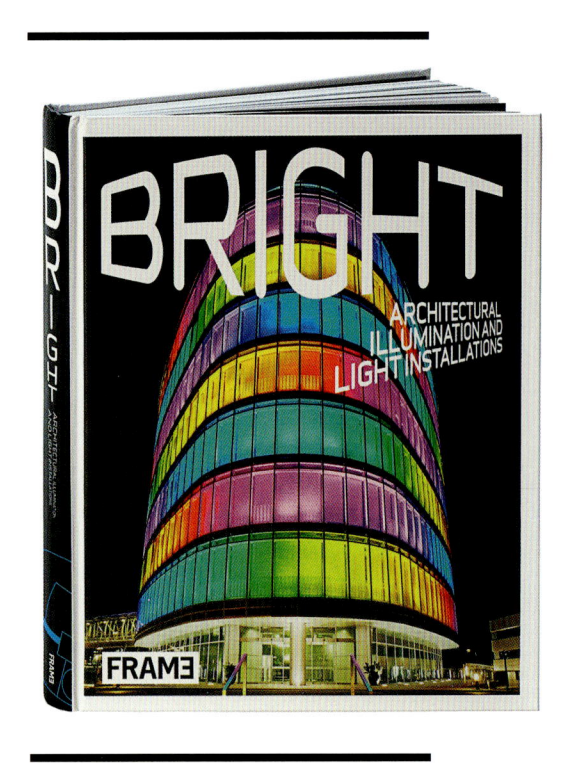

HARD COVER
352 PAGES
€ 50

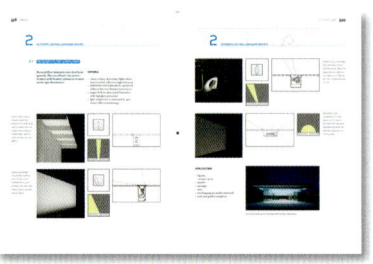

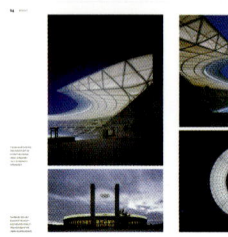

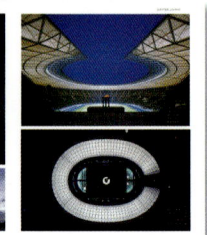

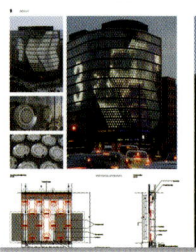

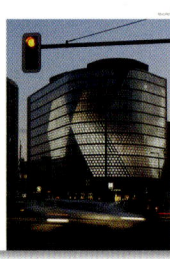

FEATURES
* Static, dynamic and interactive designs
* 38 architectural lighting projects from all over the world
* Includes a technical lighting guide
* Detailed project descriptions

A book by the makers of FRAME

Order online at
www.framemag.com

Two Magazines
One Vision

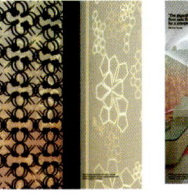

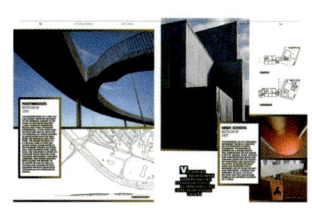

**FRAME
THE GREAT
INDOORS**

**MARK
ANOTHER
ARCHITECTURE**

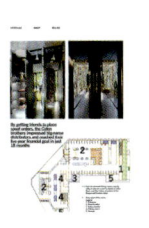

**Subscribe online to both Frame and Mark and
enjoy almost 3000 pages of inspiration every year**

www.framemag.com
www.mark-magazine.com

BIS Publishers
International publisher for creative professionals

www.bispublishers.nl

www.stonetwins.com

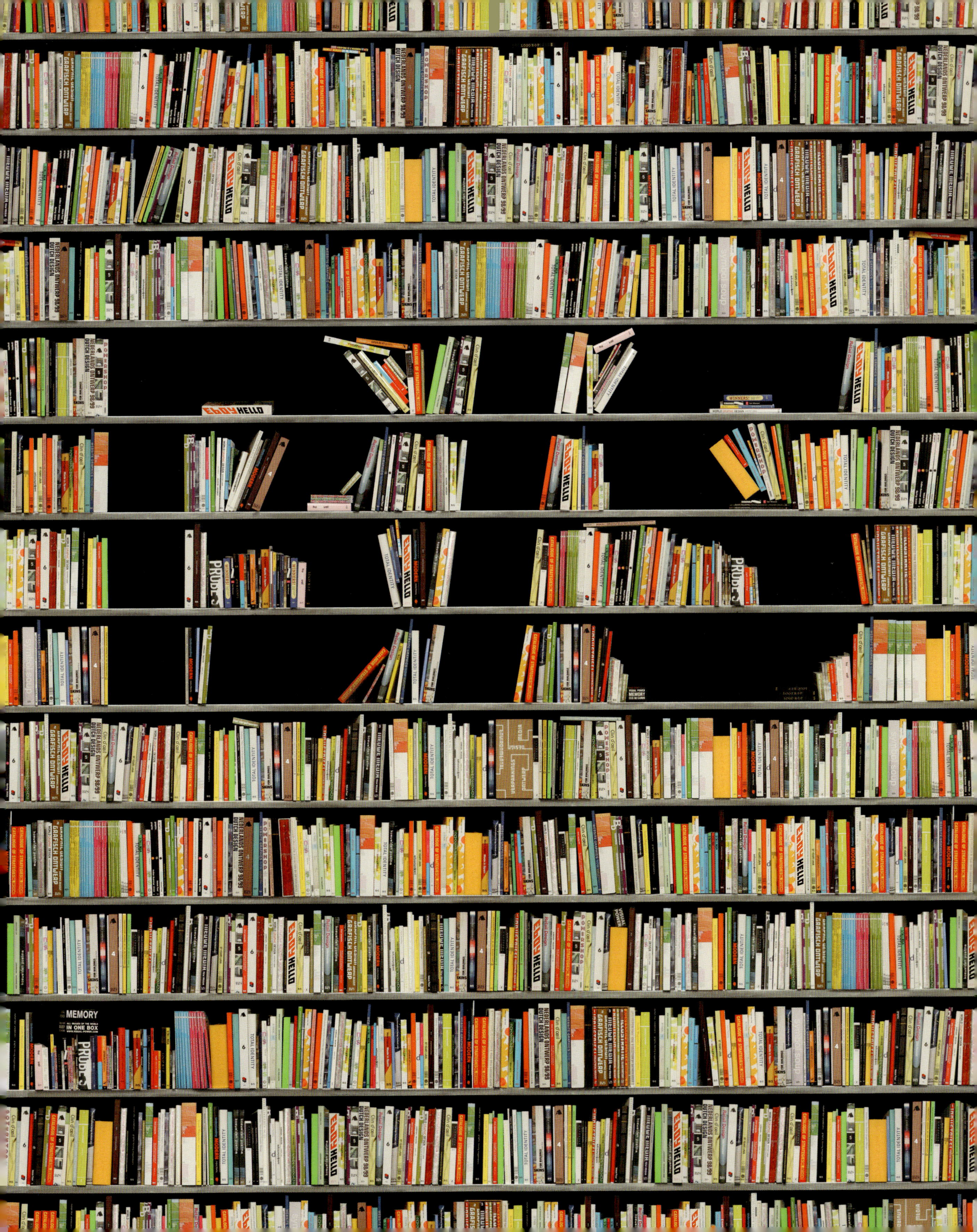

www.archined.nl

~ sinds 1996 ~

architectuur
stedenbouw
landschap
interieur
planning
beleid
actueel
exposities
discussie
opinie
vacaturebank
media
boeken
reageer
kies periode
constructeurs
fotografen
bouwproducten
info
zoek
tentoonstellingen
onderwijs
kritisch
theorie
prijsvragen
tijdschriften
video
tv
ArchiTV
techniek
geschiedenis
kort nieuws
interview
diepfout
links
dossier
informatie
activiteiten
prijzen
aanbestedingen
persbericht
buitenland
tentoonstelling
internet
design
society
agenda
selectie
onafhankelijk
correspondenten
index
belangrijk

Misbruik de bouwfysicus
Forumgebouw Wageningen
SCREENTESTS OP AFFR PARTY
QUIZZZ: GRATIS KAARTEN VOOR LEZERSFEEST EN VAANDRAGER-TOCHT
Wat is er aan
Venetië - het Nederlandse paviljoen: Praten en werken
Amsterdamse Architectuurdag
Op zoek naar een glocale vorm
Dynamiek van Techtoniek
Noorwegen en Europa
Winnaars Europan 9
Nijmegen, op in de vaart der volkeren
Informal City Making
Aaron Betsky director 11th Architecture Biennale Venezia
De monumentenzorg van Plasterk
Stimuleringsfonds voor Architectuur
ontvang het Boek van de Maand
Zoeken
010
STIMULERENDE MIDDELEN
DIRECT SOLLICITEREN?
een fantastisch architectuurjaar
EL HEMA ontwerpwedstrijd
Mart Stam prijs 2007
Schreudersprijs 2007
GEVELtotaal Innovatieprijs
Het verhaal van de architectuur
Al Manakh - special edition
Helidrome
Superuse

ZORG DAT UW BUREAUPRESENTATIE IN 2010 NIET ONTBREEKT!

DE 10E EDITIE VAN NEDERLANDSE ARCHITECTEN ZAL VERSCHIJNEN IN APRIL 2010.

'VOOR PROJECTONTWIKKELAARS EEN ONMISBARE EN UITGELEZEN, BEKNOPTE OPSOMMING VAN DE INDIVIDUELE CAPACITEITEN EN KWALITEITEN VAN NEDERLANDSE ARCHITECTEN, INTERIEURARCHITECTEN, STEDENBOUWKUNDIGEN EN LANDSCHAPSARCHITECTEN, IN ÉÉN NASLAGWERK.'
AB VAN PELT PROJEKTONTWIKKELING BV

'EEN HELDER EN OVERZICHTELIJK NASLAGWERK, EEN BRON VAN INSPIRATIE.'
BOUWFONDS MAB ONTWIKKELING BV

'EEN GOEDE GEHEUGENSTEUN VOOR HET MAKEN VAN EEN VERANTWOORDE KEUZE. EEN OVERZICHTELIJKE PRESENTATIE VAN EEN VEELHEID AAN OPVATTINGEN.'
BAM VASTGOED

'NEDERLANDSE ARCHITECTEN GEEFT EEN GOED INZICHT IN DE GEVARIEERDE KWALITEITEN VAN NEDERLANDSE ONTWERPERS.'
GEMEENTE DEN HAAG

'PRETTIG OM IEDER JAAR IN VOGELVLUCHT TE KUNNEN ZIEN WAT ER AAN ARCHITECTUUR WORDT GEMAAKT EN WAT DE SIGNATUUR VAN EEN BUREAU IS. HIERMEE KAN EEN SNELLE MATCH TUSSEN OPDRACHTGEVER EN GESCHIKTE ARCHITECT WORDEN GEMAAKT.'
INTERPOLIS VASTGOED

'IN DE NIEUWE FUSIEGEMEENTE WESTLAND IS HELDER COMMUNICEREN OVER KWALITEIT EXTRA BELANGRIJK. DE UITGAVE NEDERLANDSE ARCHITECTEN BLIJKT DAARBIJ EEN GOEDE BRON VAN INFORMATIE TE ZIJN.'
GEMEENTE WESTLAND

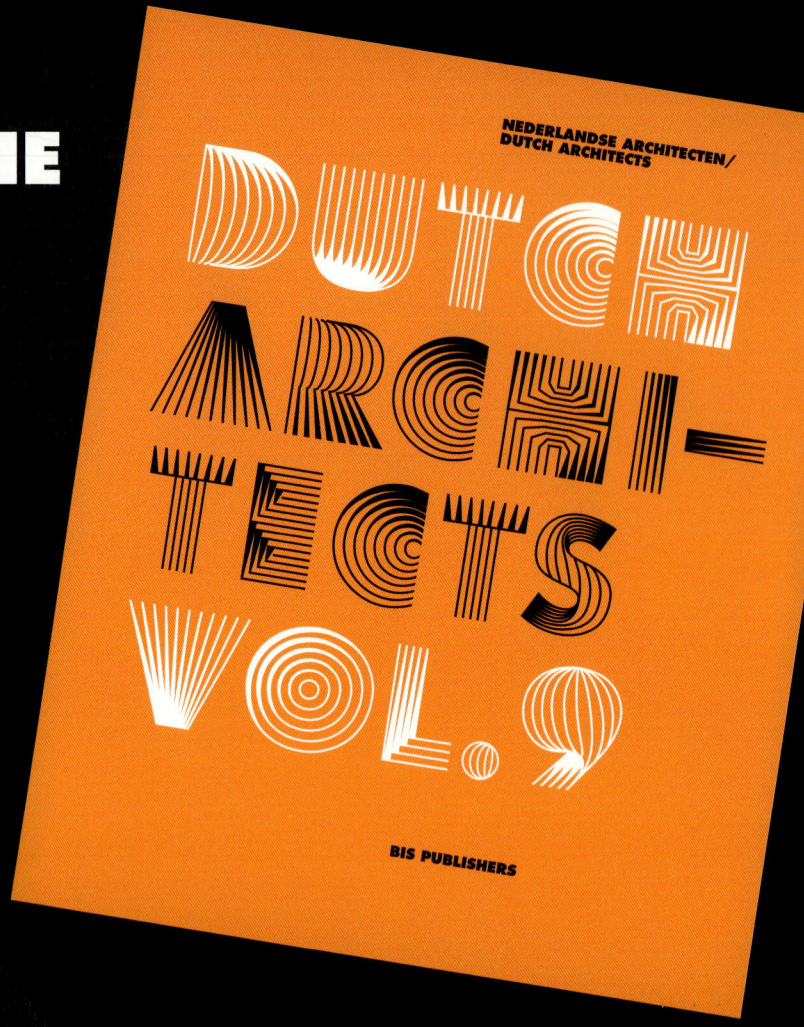

MARKT
Professionele bouwopdrachtgevers bij (semi)overheden, woningbouwcorporaties en projectontwikkelaars gebruiken dit boek om zich breed te oriënteren op het aanbod van Nederlandse architecten, interieurarchitecten, stedenbouwkundigen en landschapsarchitecten.

VERSPREIDING
Nederlandse Architecten wordt gratis verspreid onder 1.000 belangrijke opdrachtgevers van architectuur en stedenbouw, zoals overheden, woningbouworganisaties, projectontwikkelaars en bouwbureaus van grote bedrijven. Overige verspreiding geschiedt via direct-mail, advertenties in de vakbladen en verkoop door de gespecialiseerde boekhandel.

NU OOK MET APARTE CHINESE EDITIE
Vanaf de achtste editie brengt BIS uw bureaupresentatie niet alleen in de internationale Nederlandstalige en Engelstalige editie, maar ook in een Chinese editie op de markt in samenwerking met een gerenommeerde Chinese architectuur uitgeverij. Hierdoor komt uw werk onder de aandacht van architectuur professionals en opdrachtgevers in de groeimarkt China.

GRATIS PRESENTATIE OP GROOTSTE SELECTIEWEBSITE
Alle bureaus die zich in het boek presenteren, krijgen een jaar gratis een informatiepagina met bureauprofiel, afbeeldingen van werk en een link naar de eigen website op ArchiNed Index van ArchiNed. Deze database vormt voor opdrachtgevers dé ideale aanvulling op het boek.

WIE KUNNEN MEEDOEN?
Nederlandse architecten, interieurarchitecten, stedenbouwkundigen en landschapsarchitecten.

MEER INFORMATIE?
Voor meer informatie over deelname aan de komende editie, kunt u contact opnemen met salesmanager Marijke Wervers bij BIS Publishers via telefoonnummer 020-515 02 30 of e-mail marijke@bispublishers.nl

Aluminium systemen voor ramen, deuren, serres en gevels

ALCOA architectuursystemen

Harderwijk   tel. 0341-464611   www.alcoa-architectuursystemen.nl

NEDERLANDSE ARCHITECTEN
VOL. 9

REGISTER DEEL- NEMERS

DUTCH ARCHITECTS
VOL. 9

INDEX OF PARTI- CIPANTS

Architecten / Architects

4

4D architecten

Dorpsstraat 102
7468 CN Enter
Postbus 95
7468 ZH Enter
T 0547-383280
F 0547-384389
e-mail enter@4darchitecten.nl
website www.4darchitecten.nl

Midden Engweg 2
3882 TT Putten
Postbus 2
3880 AA Putten
T 0341-356085
F 0341-351733
e-mail putten@4darchitecten.nl
website www.4darchitecten.nl

Opgericht / Founded: 1999
Aantal medewerkers / Staff: 27
Contactpersonen / Contacts: M. Pijffers (directeur-architect), R. Klein Horsman (directeur-architect), E. Kamphuis (directeur-adviseur), A. Drost, (directeur-architect)
Lidmaatschap / Membership: BNA

Werkgebieden / Fields of work
Woningen, kantoren, commerciële ruimten, openbare gebouwen, bedrijfshuisvesting, interieur.
Dwellings, offices, commercial spaces, public buildings, business accommodation, interior.

Opdrachtgevers / Clients
Particulieren, bedrijven, projectontwikkelaars, woningbouwverenigingen, gemeenten.
Private individuals, companies, project developers, housing associations, municipalities.

A

A12 Architecten BNA

Landjuweel 20
3905 PG Veenendaal
Postbus 1180
3900 BD Veenendaal
T 0318-519008
F 0318-540436
e-mail info@a12architecten.nl
website www.a12architecten.nl

AAARCHITECTEN bv

Caballero Fabriek
Saturnusstraat 60
2516 AH Denhaag
T 070-3504203
F 070-3512717
e-mail denhaag@aaarchitecten.nl
website www.aaarchitecten.nl

Driehoek 5
6711 DH Ede
T 0318-616321
F 0318-616322
e-mail ede@aaarchitecten.nl
website www.aaarchitecten.nl

Opgericht / Founded: 1974
Aantal medewerkers / Staff: 30
Contactpersonen / Contacts: J.S.A. de Brauwere, G.J. Kruijning, J.B. Steenkamer
Lidmaatschap / Membership: BNA, Stawon
Prijzen / Awards: nominatie / nomination Staalprijs 2006, Emporios Skyscraper Award 2007, Nieuwe Stad Prijs 2007, Dumebo DWS Award 2008, eervolle nominatie / honourable nomination – CTBUH 2008 Best Tall Building Award – Europe

Bureauprofiel / Profile
AAARCHITECTEN is sinds de start in 1974 meer en meer gericht op het maken van architectonische en stedenbouwkundige ontwerpen die toekomstige, vaak nog onbekende, programma's kunnen opnemen. In een steeds sneller veranderende maatschappij zijn toekomstgerichte concepten nodig.
Het zoeken naar slimme oplossingen om tegenstrijdigheden in de opgave met elkaar te verzoenen, ziet AAARCHITECTEN als een uitdaging. Innovatieve bruikbaarheid en duurzaamheid staan hierbij echter altijd voorop. Een ander belangrijk component is de culturele en maatschappelijke rol die een architectenbureau heeft. Gebouwen beïnvloeden immers het bestaan van zowel gebruiker als passant. Dit resulteert in gedegen onderzoek naar onder andere materiaaltoepassingen, waarbij het experiment niet wordt geschuwd.
Elk bouwwerk is een uniek product, waaraan vele partijen samenwerken binnen het verwachtingspatroon en de cultuur van de organisatie van de opdrachtgever. Project- en procesmanagers hebben zich gespecialiseerd in het organiseren, regelen en masseren van die omstandigheden, iets wat de architect in het verleden als bouwmeester deed.

Projecten: boekendepot UvA, Amsterdam, 2003; brandweer uitrukpunt, Vollenhove, Grontmij, 2005; renovatie thoraxcentrum EMC, Rotterdam, ca. 12.000 m^2, 2005; dependance Oostpoortschool / 4 woningen, Delft, 2006; Ronald McDonaldhuis, Emma Kinderziekenhuis AMC, Amsterdam, 2006; parkeergarage AMC-terrein, Amsterdam, 2006; interieur bureau AAARCHITECTEN in Caballero fabriek, Den Haag, 2006; afvaloverslaghal AVRI, Geldermalsen, 2006; woontoren 'Het Strijkijzer', Den Haag, 2007.

Since its founding in 1974, AAARCHITECTEN has been focusing more and more on the creation of architectural and urban designs that can absorb future and often as yet unforeseeable programmes. In our continually changing society we need future-oriented concepts.
The search for clever solutions in order to reconcile contradictions in the brief is something that AAARCHITECTEN sees as a challenge. Innovative practicability and sustainability, however, are always the first matters of importance. Another important component is the cultural and social role played by an architectural office. Buildings, after all, influence the life of both users and passers by. This results in thorough research into such matters as material applications, whereby experiments are not shunned.
Every building is a unique product on which several parties collaborate within the expectations and the culture of the client's organisation. Project and process managers are specialised in organising, regulating and massaging these conditions, something that in the past was the task of the master builder.

Projects: University of Amsterdam book depositary, Amsterdam, 2003; fire brigade muster point, Vollenhove, Grontmij, 2005; renovation of thorax centre EMC, Rotterdam, ca. 12.000 m^2, 2005; Oostpoort school annex / 4 dwellings, Delft, 2006; Ronald McDonald House, Emma Kinderziekenhuis AMC, Amsterdam, 2006; covered car park AMC-grounds, Amsterdam, 2006; interior for AAARCHITECTEN bureau in Caballero factory, The Hague, 2006; transshipment depot AVRI, Geldermalsen, 2006; Residential High Rise 'Het Strijkijzer', The Hague, 2007.

Werkgebieden / Fields of work
Zorg, laboratoria, bedrijfsverzamelgebouwen, winkelcentra, crematoria, gemeentewerven, woningbouw, renovatie, interieur en stedenbouw. Complexe opgaven, zoals binnenstedelijke invullocaties, maar ook het opzetten van organisatiestructuren voor kantoor- en laboratoriumgebouwen behoren tot ons werkgebied.
Healthcare, laboratories, multi-tenant industrial buildings, shopping centres, crematories, municipal wharves, housing, renovation, interiors and urban planning. Our field of activity includes complex assignments, such as vacant inner city locations, but also setting up organisational structures for office buildings and laboratories.

Opdrachtgevers / Clients
Universiteit Utrecht, Universiteit van Amsterdam, AMC Amsterdam, Erasmus Medisch Centrum Rotterdam,

Wereldhave Management Holding bv Den Haag, Yarden Uitvaartverzekering en verzorging Meppel, Vestia Den Haag Zuid-Oost, Ceres Projecten Den Haag, Grontmij Gelderland Arnhem.
University of Utrecht, University of Amsterdam, AMC Amsterdam, Erasmus Medical Centre Rotterdam, Wereldhave Management Holding B.V. The Hague, Yarden funeral insurance and care Meppel, Vestia The Hague South East, Ceres Projects The Hague, Grontmij Gelderland Arnhem.

van aken architecten

Stratumsedijk 44
5611 NE Eindhoven
Postbus 6424
5600 HK Eindhoven
T 040-2163311
F 040-2163399
e-mail info@vanakenarchitecten.nl
website www.vanakenarchitecten.nl

Opgericht / Founded: 1979
Aantal medewerkers / Staff: 90
Contactpersonen / Contacts: J.G.P. Neggers arch. AvB, C. de Groot, J.A.A. Widdershoven, M.H. Eugelink
Lidmaatschap / Membership: BNA
Prijzen / Awards: Architectuurprijs gemeente Eindhoven (1993), Architectuurprijs en Publieksprijs gemeente Weert (2002), tweede prijs Zorgzame Architectuur uitgeschreven door College Bouw Ziekenhuisvoorzieningen, nominatie Staalprijs (2004), Publieksprijs Dirk Roosenburgprijs Eindhoven (2005), eervolle vermelding Architectuurprijs Weert (2006), winnaar Welstandsprijs Noord-Brabant 2008 (particuliere woningbouw)
Architecture Prize municipality of Eindhoven (1993), Architecture Prize and Public Prize municipality of Weert (2002), 2nd prize Caring Architecture awarded by College of Hospital Building Provisions, nomination Steel Prize (2004), Public Prize Dirk Roosenburg Prize Eindhoven (2005), honourable mention Architecture Prize Weert (2006), winner of the 2008 North Brabant Aesthetic Design Prize (private housing)

Bureauprofiel / Profile
Van aken architecten is uitgegroeid tot een dynamisch architectenbureau dat met negentig medewerkers een betrouwbare partner is om aan complexe en vernieuwende ideeën te werken. Van aken architecten is gevestigd in het Brabantse Eindhoven. Het bureau realiseert projecten in heel Nederland en de ervaring van het bureau strekt zich uit van woningbouw tot grote stedenbouwkundige projecten.
Volgens VAA moet een gebouw functioneel en gebruiksvriendelijk zijn. De organisatie gelooft in een ontwerp dat de wisselwerking tussen gebruikers stimuleert. De mens staat daarbij voorop. Een ontwerp is pas geslaagd wanneer alle elementen van het ontwerpproces zijn geïntegreerd tot één geheel en er een juiste balans ontstaat tussen de omgeving en het gebouw. Daarom besteedt VAA veel aandacht aan maatschappelijke ontwikkelingen waardoor het ontwerp een extra bijdrage levert aan een bijzondere leef- en werkomgeving.
Dankzij de toepassing van jarenlange kennis en ervaring, innoverende ontwerpen en creatieve ideeën is van aken architecten inmiddels uitgegroeid tot een landelijk bekend architectenbureau. Bij VAA staat de opdrachtgever centraal en wordt er gestreefd naar maakbare architectuur die zich binnen vooraf vastgestelde financiële uitgangspunten kan ontwikkelen. Door creatief om te gaan met zowel het ontwerp, de coördinatie als de uitwerking kunnen met behulp van de meest vernieuwende en moderne materialen schitterende resultaten worden bereikt. Tijdens het proces worden zowel bouwkosten als investeringskosten op professionele wijze bewaakt en levert het bureau advies en ondersteuning tot en met de nazorg. De korte communicatielijnen en de open organisatiestructuur bevorderen de collegiale en informele sfeer, welke al jaren garant staat voor de efficiënte en slagvaardige werkwijze van van aken architecten.
With a staff of 90, van aken architects is a reliable architectural partner for work on complex projects. The firm holds a leading position in the construction market and produces realistic, high-quality, modern architecture. Substantial knowledge and considerable experience are able to see the ambitions of clients realized in full, as has been demonstrated in many projects. Van aken architects is closely involved with all parties in the building process, gladly works with clients with inspired ideas and enthusiastically contributes to an environment in which we all feel at home. The firm responds with good, practical solutions and a thorough supervision of the construction process, ensuring quality in a way that brings our clients back to us. We are proud of this. Van aken architects has been in existence for more than 25 years.
The firm is led by a team of four, each with his own field of expertise. The project architects work on their projects with a high degree of independence. Thanks to a system of internal checks, balances and consultations, the design quality is collectively guaranteed in every project.
The firm designs a wide range of projects and oversees the entire construction process. It has regularly been shown that an analytical approach to investigating a project's most optimal inclusion in the surroundings in which it will be used leads to excellent results. Here we are guided by the client's wishes, but we do not hesitate to be critical. In our experience, this dialogue means achieving the best solutions. Each new project is designed in our design department by one of our project architects and their team. Our designs are consistently made from the standpoint of our vision that functionality, architectural design, appropriateness for the situation and technical details are all equally important. This should produce designs in which these aspects are united in a harmonious and functional whole. The design phase is followed by the preparation phase. The project is turned over to one of our project managers, who coordinates the drawings, the search for an optimal division of space for the functions and the further elaboration of technical details by one or more of our technical draughtsmen, the completion of the written specifications, if required, and the aesthetic supervision. After the preparatory phase, the project manager will carry out all possible tasks involved with building contracting and managing construction at the building site. Because of the size of our firm and the extensive experience of our staff, projects are realized with full awareness of both costs and results.

Werkgebieden / Fields of work
Projectmatige woningbouw, kantoren, laboratoria en cleanrooms, scholen, winkelcentra, verpleeg- en verzorghuizen, gemeentehuizen, bioscopen.
Residential projects, offices, laboratories and cleanrooms, schools, shopping centres, nursing homes and assisted living centres, town halls, cinemas.

Opdrachtgevers / Clients
Woningbouwverenigingen, projectontwikkelaars, bedrijfsleven, overheid en semi-overheid, zorginstellingen.
Housing associations, project developers, industry, government and semi-government projects, care institutions.

ARCADIS

Piet Mondriaanlaan 26
3812 GV Amersfoort
Postbus 220
3800 AE Amersfoort
T 033-4771000
F 033-4772000
e-mail info@arcadis.nl
website www.arcadis.nl
www.arcadis-global.com

Opgericht / Founded: 1997 (voorheen Heidemij – opgericht in 1888)
Aantal medewerkers / Staff: 2.000 (in Nederland)
Contactpersonen / Contacts: ir. Marjolijn C. Versteegden
Lidmaatschappen / Memberships: BNA, SBA, NAi
Prijzen / Awards: BNA – Gebouw van het Jaar 2008 en Riba European Award (Engelse architectuurprijs) – beide prijzen voor het ontwerp van Station Amsterdam Bijlmer ArenA (in samenwerking met Grimshaw)
BNA Building of the Year 2008 and Riba European Award (British architecture prize) – both prizes for the design of Amsterdam Bijlmer ArenA Station (in collaboration with Grimshaw)

Bureauprofiel / Profile
ARCADIS is een internationale onderneming die ontwerpen, projectmanagement, adviezen en ingenieursdiensten levert op het gebied van infrastructuur, milieu en gebouwen. Wereldwijd werken meer dan 13.500 mensen bij ARCADIS (in Nederland ca. 2.000).
ARCADIS is an international company that provides designs, project management, advice and engineering services in the field of infrastructure, environment and buildings. More than 13,500 people are working at ARCADIS worldwide (ca. 2,000 in the Netherlands).

Werkgebieden / Fields of work
Urban architecture, urban green (binnenstedelijk groen), stedelijke knooppunten, duurzaamheid, Life Cycle Cost, hergebruik en herbestemming.
Urban architecture, urban green, urban interchanges, sustainability, Life Cycle Cost, re-use and conversions.

Opdrachtgevers / Clients
Overheid (gemeenten, ProRail etc.), private partijen, ontwikkelaars etc.
Government (municipalities, ProRail, etc), private parties, developers, etc.

Archipelontwerpers
architecture, urban design, interior, industrial design

Dr. Lelykade 64
2583 CM Den Haag
T 070-3387570
F 070-3387571
e-mail buro@archipelontwerpers.nl
website www.archipelontwerpers.nl

Opgericht / Founded: 1984
Aantal medewerkers / Staff: 7
Contactpersonen / Contacts: Eric Vreedenburgh, Coen Bouwmeester, Guido Zeck
Lidmaatschap / Membership: BNA

Bureauprofiel / Profile
Archipelontwerpers is een Nederlands architectenbureau dat ontwerp en onderzoek verricht in het hele spectrum van architectuur, stedenbouw, interieur en productontwikkeling. Archipelontwerpers is opgericht door Eric Vreedenburgh en heeft haar kantoor in het pakhuis Nautilus in de haven van Scheveningen (Den Haag). Bovenop dit pakhuis heeft Archipelontwerpers een aantal 'luchtgebonden woningen' ontworpen waarvoor het bureau recentelijk de European Aluminium Award, de Nationale Staalprijs, een IPSV en de Belverdere Award heeft gekregen.
Archipelontwerpers is a Dutch architectural office producing design and research in the broad field of architecture. Archipelontwerpers was founded by Eric Vreedenburgh and is based in the 'Nautilus' warehouse in the harbour of Scheveningen, The Hague. On top of this warehouse Archipelontwerpers has designed an 'airborne building', for which the office recently received the European Aluminium Award, the National Steel Prize, the IPSV and the Belverdere Award.

Architecten aan de Maas
Westelaken Dulfer de Jong

A. Battalaan 7
6221 CA Maastricht
Postbus 3061
6202 NB Maastricht
T 043-3515000
F 043-3515050
e-mail aadmm@architectenaandemaas.com
website www.architectenaandemaas.com

Willemsplein 490
3016 DR Rotterdam
Postbus 23138
3001 KC Rotterdam
T 010-2060222
F 010-2060220
e-mail aadmr@architectenaandemaas.com
website www.architectenaandemaas.com

A

architectenbureau visser en bouwman bv

Orthen 51
5231 XP 's-Hertogenbosch
Postbus 125
5201 AC 's-Hertogenbosch
T 073-6412133
F 073-6413870
e-mail info@visserenbouwman.nl
website www.visserenbouwman.nl

Contactpersonen / Contacts: ir. Sietse Visser,
ir. Anoul Bouwman

ArchitectenConsort bv bna

Prins Hendrikkade 18
3071 KB Rotterdam
Postbus 2855
3000 CW Rotterdam
T 010-4117814
F 010-4145132
e-mail info@hetconsort.nl
website www.architectenconsort.nl

Opgericht / Founded: 1947
Aantal medewerkers / Staff: 30
Contactpersonen / Contacts: ir. Peter Couwenbergh,
Machiel Hopman avb bna, Hans Lucas avb bna
Lidmaatschappen / Memberships: BNA, IWA, SAB, LEED

Bureauprofiel / Profile
Het ArchitectenConsort (1947) is een integraal werkend architectenbureau gevestigd in Rotterdam. Opdrachtgevers voorzien wij van deskundig advies en innovatieve ontwerpen binnen disciplines uiteenlopend van architectuur, stedenbouw en bedrijfsbebouwing tot interieurontwerpen en woningen. Ons dertig personen tellende team is actief in een drietal vakgroepen: ontwerp, bouwmanagement en bouwtechniek. Deze opzet is de garantie voor een uniek ontwerp, deskundig proces en een volmaakte bouwtechniek. Met innovatieve concepten onderscheiden wij ons binnen de branche. We benaderen complexe opgaven vanuit meerdere gezichtspunten en ontwikkelen op basis van onze visie vernieuwende programma's waarmee we antwoord geven op de vraag van opdrachtgevers. Karakteristiek voor het ArchitectenConsort is de creatie van zorgvuldig ontworpen en markante gebouwen, waarin aandacht is besteed aan functionaliteit en exploitatiekosten. Klanten kiezen voor de expertise van onze mensen en voor onze praktische aanpak, die naadloos aansluit op de uitvoerende praktijk.
The ArchitectenConsort (1947) is an integrated architectural firm based in Rotterdam. We provide clients with expert advice and innovative designs within disciplines ranging from architecture, urban planning and commercial buildings to interior designs and dwellings. Our team of thirty members of staff is active in three departments: design, building management and constructional technology. Such a structure guarantees a unique design, an expert process and a perfect construction technique. We distinguish ourselves within the branch with innovative concepts, approaching complex assignments from several points of view, using our ideas to develop innovative programmes with which we provide the answer to a client's question. The ArchitectenConsort typically creates carefully designed, striking buildings in which attention is devoted to functionality and operating costs. Clients opt for the expertise of our staff and our practical approach that seamlessly connects with the practice of execution.

Werkgebieden / Fields of work
Architectuur, utiliteitsbouw, stedenbouw, interieurontwerp en woningen.
Architecture, utility buildings, urban design, interior design and dwellings.

Opdrachtgevers / Clients
Projectontwikkelaars, aannemers, bedrijven, gemeenten, beleggers, woonstichtingen en zorginstellingen. Voor de particuliere woningbouw heeft het ArchitectenConsort het Hopmanhuis-concept ontwikkeld, zie www.hopmanhuis.nl. MKB-bedrijven voorzien wij van ontwerp en advies over bedrijfsnieuwbouw of -verbouw via ons Bgoed-concept. Kijk op www.bgoed.nl.
Project developers, contractors, companies, municipalities, investors, housing associations and healthcare organisations. The ArchitectenConsort has developed the Hopmanhuis concept for private housing – see www.hopmanhuis.nl. We provide small and medium businesses with designs and advice about new construction or renovation via our Bgoed concept – see www.bgoed.nl.

architecten|en|en

Jeroen Boschlaan 144
5613 GC Eindhoven
Postbus 6480
5600 HL Eindhoven
T 040-2462728
F 040-2462530
e-mail info@architecten-en-en.nl
website www.architecten-en-en.nl

Architektenkombinatie
fred bos / dennis hofman / gert wiebing

Stille Veerkade 35
2512 BE Den Haag
T 070-3636960
F 070-3656921
e-mail info@architektenkombinatie.nl
website www.architektenkombinatie.nl

archivolt architecten bv
**waarin opgenomen architektenbureau M. van Haaren bv
directie en architectuur: ir. Martin van Dort,
ir. Philip Breedveld en ir. Hans Bilsen**

Eekholt 30
1112 XH Diemen
T 020-6905070
F 020-6904679
e-mail archivolt@archivolt-bna.nl
website www.archivolt-bna.nl

B

Bureau B+O Architecten B.V.

Gasfabriek
Gasgracht 3
7941 KG Meppel
Postbus 264
7940 AG Meppel
T 0522-246625
F 0522-241355
e-mail info@bureaubeno.nl
website www.bureaubeno.nl

BBVH Architecten bv

Bergse Linker Rottekade 317
3056 LK Rotterdam
T 010-2417468
F 010-2417469
e-mail bbvh@bbvh.nl
website www.bbvh.nl

Opgericht / Founded: 1997
Aantal medewerkers / Staff: 7
Contactpersonen / Contacts: Joris van Hoytema
Lidmaatschappen / Memberships: BNA
Prijzen / Awards: diversen / various

Bureauprofiel / Profile
Ambitieus, betrokken en praktisch.
Ambitious, involved and practical.

Werkgebieden / Fields of work
Woningbouw, particuliere villa's en horeca.
Housing, private villas and restaurants.

Opdrachtgevers / Clients
Vestia, Kristal, COM.WONEN, Fortis Vastgoed, HeJa projectontwikkeling, Bohan projectontwikkeling.

bd architectuur

Utrechtseweg 310 | Gebouw B38
6812 AR Arnhem
Postbus 5233
6802 EE Arnhem
T 026-3336943
F 026-3332737
e-mail info@bdarchitectuur.nl
website www.bdarchitectuur.nl

Boerhaavelaan 4
2334 EN Leiden
T 071-5174911
F 071-5155093

BDG Architecten Ingenieurs

BDG Architecten Ingenieurs Almere
Postbus 1611
1300 BP Almere
T 036-5333382
F 036-5342580
e-mail info@bdgalmere.nl
website www.bdgalmere.nl

BDG Architecten Ingenieurs Haarlem
Postbus 3139
2001 DC Haarlem
T 023-5517119
F 023-5517188
e-mail info@bdghaarlem.nl
website www.bdghaarlem.nl

BDG Architecten Ingenieurs Zwolle
Postbus 633
8000 AP Zwolle
T 038-4213337
F 038-4215205
e-mail info@bdgzwolle.nl
website www.bdgzwolle.nl

Böhtlingk
architectuur

's Herenstraat 40
3155 SK Maasland
Postbus 80
3155 ZH Maasland
T 010-5914807
F 010-5927003
e-mail mail@bohtlingk.nl
website www.bohtlingk.nl

C

Cita: architecten bna

Oudegracht 34
3511 AP Utrecht
T 030-2314716
F 030-2319183
website www.cita.nl

Opgericht / Founded: 1979
Aantal medewerkers / Staff: 9
Contactpersonen / Contacts: J.G. Cornelissen architect bna, R.V. Jockin architect bna, C.A.R.L. Möller architect bna
Lidmaatschappen / Memberships: BNA, STARO

Bureauprofiel / Profile
Cita: architecten wordt gevormd door een team enthousiaste mensen. Wij onderscheiden ons al 25 jaar door kwaliteit en maatwerk. Er zijn negen vaste krachten werkzaam: drie architecten, vijf bouwkundig medewerkers en een pr-medewerker. Daarnaast werken wij samen met deskundigen op het gebied van installaties, constructies, bouwfysica en bouwkosten. Door de compacte organisatie is het bureau in staat veel tijd te besteden aan de uitwerking en begeleiding van de projecten.
Cita: architecten consists of a team of enthusiastic people. Quality and made-to-measure work has distinguished our practice for 25 years. There are nine perma-

nent staff: three architects, five engineering assistants and a PR staff member. In addition we work together with experts in the field of building services, construction, building physics and building costs. The compact organisation of the firm enables it to devote a lot of time to executing and supervising the projects.

Werkgebieden / Fields of work
Wij zijn actief in alle categorieën woningbouw, (brede) scholen, multifunctionele centra, sociaal-culturele voorzieningen, kinderdagverblijven, utilitaire werken zoals: zorg- en gezondheidscentra, bedrijfsgebouwen en sportvoorzieningen.
We are active in all categories of housing, (community) schools, multi-purpose centres, socio-cultural facilities, day nurseries, utility buildings such as social and health centres, commercial buildings and sports facilities.

Crepain Binst Architecture nv
Stedenbouw, architectuur, interieur en design

Vlaanderenstraat 6
2000 Antwerpen, België
T +32 (0)3-2136161
F +32 (0)3-2136162
e-mail mail@crepainbinst.be
website www.crepainbinst.be

Opgericht / Founded: 1973
Aantal medewerkers / Staff: 70
Contactpersonen / Contacts: Jo Crepain, gedelegeerd bestuurder (architect-stedenbouwkundige), Luc Binst (gedelegeerd bestuurder, architect), Dirk Engelen (partner, architect), Lieven Louwyck (partner, architect), Jo Taillieu (partner, architect)
Prijzen / Awards: een twintigtal nationale en internationale prijzen waaronder de Andrea Palladioprijs in 1989. Verder onder meer:
- Prijs voor het beste bedrijfsgebouw voor de renovatie van de Uco-gebouwen te Gent
- Laureaat voor de wedstrijd Monument Koning Boudewijn te Antwerpen
- Laureaat voor ontwerp campus voor de Universitaire Instelling Antwerpen: 10.000 m²
- Laureaat voor de renovatie van het kantoorgebouw van het WTCB en VKB te Brussel: 7.500 m²
- Laureaat stedenbouwkundige wedstrijd voor het Ringpark te Tilburg
- Laureaat woningbouwproject Uithoorn
- Winnend wedstrijdontwerp voor het bouwen van een 160-tal woningen te Goirle
- Winnend wedstrijdontwerp Vogelsang, honderd wooneenheden te Leerdam
- Laureaat besloten wedstrijd voor de bouw van een nieuw campusgebouw voor de Katholieke Hogeschool Leuven, 11.000 m²
- Laureaat besloten wedstrijd voor de aanleg van een marktplein en bouw van 41 seniorenwoningen en winkels in Geulle
- Laureaat besloten wedstrijd herbestemming van monumentaal bejaardentehuis Mariëngaarde van architect Kropholler tot luxe seniorenappartementen met zorgvoorzieningen in Tilburg
- Provinciale prijs West-Vlaanderen 2003 en energie-award voor het kantoorgebouw Renson te Waregem
- Prijs voor beste bedrijfsgebouw van het jaar 2004, Telindus te Haasrode
- 'Artevelde Hogeschool' laureaat wedstrijd voor de bouw van een nieuw schoolgebouw, Campus Kantienberg met een oppervlakte van 20.000 m² te Gent in functie van 3500 studenten
- 'Campus Mortsel' laureaat besloten wedstrijd voor de bouw van een basisschool voor 650 leerlingen (5.500 m²) in een bestaand park-masterplan
- 'Grave' laureaat wedstrijd voor de bouw van 45 appartementen en 1.600 m² winkels in het historisch centrum
- 'Heijlaar' laureaat besloten wedstrijd voor een stedenbouwkundige visie van de ontwikkeling van een landgoed te Breda met plm. 80 woningen en 24 percelen in functie van de verkaveling
- 'West Vlaamse Energie Maatschappij' laureaat besloten wedstrijd voor de nieuwbouw van kantoren, magazijnen en omgevingsaanleg
- 'Appartementen het Eilandje' laureaat wedstrijd voor nieuwbouw met gemengde bestemming in opdracht van Brabo
- The Marble Architectural Award, Europe (Luc Binst) – vrijstaande loftwoning Luc Binst.

Twenty national and international prizes, including the Andrea Palladio Prize in 1989. Further, among others:
- Prize for the best commercial building for the renovation of the Uco buildings in Ghent
- Laureate in the King Boudewijn Monument competition Antwerp
- Laureate for the design of the University of Antwerp campus: 10,000 m²
- Laureate for the renovation of the WTCB and VKB office building, Brussels: 7,500 m²
- Laureate in the urban planning competition for the Ringpark, Tilburg
- Laureate for housing project, Uithoorn
- Winning design in the competition for building 160 dwellings in Goirle
- Winning design in the Vogelsang competition, a hundred residential units in Leerdam
- Laureate in the closed competition for building a new campus building for the Catholic University of Leuven: 11,000 m²
- Laureate in the closed competition for the construction of a market square and 41 apartments for the elderly and shops in Geulle
- Laureate in the closed competition for the conversion of the monumental Mariëngaarde old people's home by architect Kropholler into luxury apartments with care facilities for the elderly in Tilburg
- West-Flanders Provincial Prize 2003 and energy award for the Renson office building in Waregem
- Prize for Telindus, the best commercial building of the year 2004, in Haasrode
- 'Artevelde Hogeschool', laureate in the competition for constructing a new school building, Campus Kantienberg, with a floor area of 20,000 m² serving 3,500 students in Ghent
- 'Campus Mortsel', laureate in the closed competition for constructing a primary school for 650 pupils (5,500 m²) in an existing park master plan
- 'Grave', laureate in the competition for the construction of 45 apartments and 1,600 m² shops in the historic centre
- 'Heijlaar', laureate in the closed competition for a planning concept for developing a country estate in Breda with ca. 80 dwellings and 24 parcels of land
- 'West Flemish Energy Company', laureate in the closed competition for new offices, warehouses and surroundings
- 'Het Eilandje Apartments', laureate in the competition for new buildings with mixed usage commissioned by Brabo
- The Marble Architectural Award, Europe (Luc Binst) - detached loft building for Luc Binst.

Bureauprofiel / Profile
Crepain Binst Architecture staat voor de stijlfusie van de architect-stedenbouwkundigen Jo Crepain (*1950) en Luc Binst (*1973). Het is de start van een tweede jeugd met een aangescherpte ambitie en frisse wind die ons vanuit een breed spectrum aan projecten dichter toe brengen bij de essentie en werking van een topbureau met een artistieke présence en vele mogelijkheden.
Crepain Binst Architecture hanteert architectuur als een artistiek medium om opdrachten pragmatisch te vertalen tot gebouwde abstracte creaties van conceptuele logica en eenvoud. Uit elke site, met haar randvoorwaarden en eigen identiteit, worden steeds de bruikbare signalen gedistilleerd als basis en setting voor elk ontwerpproces. Samen met de door de opdrachtgever aangereikte verlangens, beperkingen, eisen en gangbare normen wordt er steeds intensief gezocht door middel van een communicatief en creatief proces. Conceptuele zuiverheid, verhouding, dynamiek, expressie, licht, kleur, ruimte en schaal zijn hierbij onze kernwoorden. De ontwerpen worden vertaald in concrete realisaties met onderzoek naar vernieuwend materiaalgebruik, conceptueel ondersteunende detaillering en geraffineerde textuurtoepassing tot een eigen duidelijk herkenbare identiteit. Naast verbouwingen of nieuwbouw van woon-, kantoor- en publieke gebouwen, behoren ook kruisbestuivingen met andere creatieve media tot het opdrachtenspectrum.
Crepain Binst Architecture is een multidisciplinair team samengesteld uit een zeventigtal ingenieur-architecten, architecten, interieurarchitecten en stedenbouwkundigen, waardoor een totaal design van ontwerp gerealiseerd kan worden.
Crepain Binst Architecture stands for the merger of styles between architects and urban designers Jo Crepain (*1950) and Luc Binst (*1973). It marks the start of a second youth, with heightened ambition and a breath of fresh air, providing access to a broader range of projects, and bringing us closer to the essence and operation of a top-notch firm with a strong artistic presence and many opportunities.
Crepain Binst Architecture deals with architecture as a practical artistic medium to transform assignments into abstractly built creations of conceptual logic and simplicity. The useful signals are constantly distilled from every site, with its peripheral conditions and its own identity, as basis and the setting for every designing process. Considering the client's requirements, limitations, demands and acceptable standards, we continue to look for solutions through communication and creativity. Conceptual purity, proportion, dynamics, expression, light, colour, space and scale form our core values. The designs are turned into actual realizations following research into the use of renewable materials, conceptually supporting detail and a refined application of texture, to reflect our own clearly recognizable identity. Apart from alterations or the construction of new homes, offices and public buildings, a 'cross-pollination' by other creative media also forms part of the range of assignments.
Crepain Binst Architecture is a multidisciplinary team comprising some seventy engineer-architects, architects, interior architects and urban designers that is capable of realizing designs in their totality.

Werkgebieden / Fields of work

Stedenbouw
Het kantoor telt diverse stedenbouwkundige opdrachten, zowel in België als in Nederland, met als belangrijkste in het oog springende: De Balije, 850 woningen in de Leidsche Rijn, de herontwikkeling van de Boelwerfsite in Temse, verkavelingen in Wondelgem en Kuringen van telkens 500 woningen en appartementen en het stedenbouwkundig plan Antwerpen Nieuw-Zuid: een 1000-tal woningen en 150.000m² kantoren als eerste stadsuitbreiding op de rechteroever sinds 1930.

Architectuur
Het kantoor heeft een zeer ruime ervaring, gaande van woningen tot grote wooncomplexen, schoolgebouwen, stadhuizen, industriële gebouwen en kantoren, zowel nieuwbouw als renovatie. Voorname realisaties zijn: renovatie Dexia Pachecolaan Brussel; het nieuwbouw kantoor Renson te Waregem dat een energie-award in de wacht sleepte; het nieuwbouw kantoor Telindus te Haasronde (verkozen tot beste bedrijfsgebouw van 2003) en het Stadhuis te Lommel. Enkele lopende projecten zijn de kantoren aan het Station te Leuven (60.000m²); Niko te Sint-Niklaas, de Arteveldehogeschool te Gent, de kantoren van de West Vlaamse Energiemaatschappij in Torhout, appartementen bij de Stadsfeestzaal, aan de Jordaens-kaai en op het Eilandje te Antwerpen; de renovatie van het Telexgebouw Belgacom te Brussel en vele andere.
In Nederland zijn het Wladiwostokcomplex op het Java-eiland in Amsterdam, de 175 luxe-appartementen langs de IJssel en de 55 appartementen in de Polstraat, beiden in Deventer, het kasteel Haverleij in 's Hertogenbosch, het Carré met 145 woningen in Etten-Leur en de 100 appartementen in Limos in Nijmegen, bijna de meest bekende projecten. Enkele andere complexen zijn in volle ontwikkeling zoals: IJburg Amsterdam, Gershwin Amsterdam, Kavel 3A op het Oosterdokseiland te Amsterdam en Presikhaaf te Arnhem.

Interieur & design
Interieur & design vormen samen een belangrijke discipline in het kantoor, het interieurteam werd het afgelopen jaar verder uitgebouwd tot een sterk zeskoppig team van complementaire medewerkers. Het team heeft een rijke ervaring in het inrichten van woningen, appartementen en volledige kantoren, en dit binnen diverse kostprijscategorieën. Door de jarenlange ervaring is het kantoorconcept geëvolueerd tot een uiterst flexibel en uitgepuurd geheel. Zij werken binnen een architectuurdossier complementair het interieurgedeelte uit, tevens werken zij onafhankelijk aan interieurdossiers en geven advies en ondersteuning in verband met materialen, techniek, armaturen. In het verleden werden ook diverse tentoonstellingen als 'Ogen-blik', 'Sport in Hellas' en onze eigen modulaire tentoonstelling 'Crepain Binst Architecture'

mede door hen vormgegeven. Als kruisbestuiving met andere disciplines zoals design en fashion zijn als belangrijkste realisaties te vermelden: JOFFICE (Jo's office), een kantoormeubelserie verdeeld door Ahrend in de Benelux, Engeland en Frankrijk en het ELIKS lichtarmatuur in samenwerking met KREON met een internationale verdeling. Stilaan werken wij aan de vormgeving van een eigen collectie objecten die in samenwerking met diverse fabrikanten op de markt komen. Zowel de firma's DARK als LENSVELT-GISPEN lanceren in 2008 één van onze ontwerpen die vanuit 'de basis' geconcipieerd werden terwijl andere concepten nog in volle opstartfase zijn.

Urban planning
The firm handles various urban development projects both in Belgium and in the Netherlands, of which the most eye-catching ones are: De Balije, 850 houses in the Leidsche Rijn; the urban redevelopment of the Boelwerf site in Temse; the housing estate in Wondelgem, with 350 houses and apartments; and the Antwerp Nieuw-Zuid urban development plan, with some 1,000 houses and 150,000 m² offices, as the first urban expansion on the right river bank since 1930.

Architecture
The office boasts a very wide range of experience, ranging from homes to large residential complexes, school buildings, town halls, industrial buildings and offices, both new constructions and renovation. The most important actualisations are: the renovation of Dexia Pachecolaan Brussels; the newly build Renson office in Waregem that bagged an energy-award; the newly constructed Telindus office in Haasrode (also voted best commercial building of 2003) and the Town Hall in Lommel.
Some current projects are the offices at the Leuven Station (60,000m²); Niko in Sint-Niklaas, the Arteveldecollege in Ghent, the offices of the West Vlaamse Energiemaatschappij in Torhout, apartments at the Stadsfeestzaal, at the Jordaens quay and on the Island in Antwerp; the renovation of the Belgacom Telex building in Brussels and many more.
In the Netherlands, the Wladivostok complex on Java-island in Amsterdam, the 175 luxury apartments along the IJssel and the 55 apartments in Polstreet, both in Deventer, the castle of Haverleij in 's Hertogenbosch, the Carré with 145 homes in Etten-Leur, and the 100 apartments in Limos in Nijmegen, are amongst the most well-known projects. The development of some other complexes are in full swing, such as: IJburg Amsterdam, Gershwin Amsterdam, Lot 3A on the Oosterdok island in Amsterdam and Presikhaaf in Arnhem.

Interior & design
Together, interior & design form an important discipline in the office. Last year, the interior design team was developed further into a strong team consisting of five complementary employees. The team has a wealth of experience in the decoration of homes, apartments and entire offices, and this within different cost-price categories. Due to the experience that was gained over many years, the office setup evolved into an extremely flexible and refined entirety. They prepare a complementary interior design within an architectural folder, they also work independently on interior folders and offer advice and support as far as materials, techniques and fittings are concerned. In the past, various exhibitions such as 'Ogen-blik', 'Sport in Hellas' and our own modular exhibition 'Crepain Binst Architecture' were also co-designed by them. As a cross-pollination with other disciplines such as design and fashion, the most important actualisations to be mentioned are: JOFFICE (Jo's office), an office furniture series distributed by Ahrend in the Benelux, UK and France and the ELIKS light fittings in cooperation with KREON with an international distribution. We are also slowly but certainly working on the design of our own collection of objects that will be marketed in cooperation with various manufacturers. In 2008, the companies DARK, and LENSVELT-GISPEN will each be launching one of our designs that was conceived from 'the basis', while other concepts are still in startup stage.

Opdrachtgevers / Clients
België (kantoorbouw): Uco (Gent), Telindus (Haasrode), Ultrak (Wommelgem), Renson (Waregem), Duval Guillaume Advertising (Brussel), VVL/BBDO (Brussel), Mercator-Noordstar (Antwerpen), Dexia (Brussel), Fortis (Brussel), Niko (Sint-Niklaas).
Nederland: sociale woningbouwverenigingen: woningbouwvereniging Het Oosten (Amsterdam), de Woonunie (Deventer), TBV (Tilburg), gemeentelijke overheden (Amersfoort, Geleen, Beverwijk), projectontwikkelaars: Heijmans Projectontwikkeling, Bouwfonds Vastgoedontwikkeling, Johan Matser, IBC, Rabo, ING, Grondmij, Amstelland, AM, AB, Multi Vastgoed, DC Development, Koningsveen projectontwikkeling, Boers aannemingsmaatschappij.
Belgium (office buildings): Uco (Ghent), Telindus (Haasrode), Ultrak (Wommelgem), Renson (Waregem), Duval Guillaume Advertising (Brussels), VVL/BBDO (Brussels), Mercator-Noordstar (Antwerp), Dexia (Brussels), Fortis (Brussels), Niko (Sint-Niklaas).
The Netherlands: public sector housing associations: Het Oosten housing association (Amsterdam), de Woonunie (Deventer), TBV (Tilburg), local governments (Amersfoort, Geleen, Beverwijk), project developers: Heijmans Projectontwikkeling, Bouwfonds Vastgoedontwikkeling, Johan Matser, IBC, Rabo, ING, Grondmij, Amstelland, AM, AB, Multi Vastgoed, DC Development, Koningsveen projectontwikkeling, Boers aannemingsmaatschappij.

D

Dam & Partners Architecten

Schipluidenlaan 4
1062 HE Amsterdam
T 020-6234755
F 020-6277280
e-mail office@damenpartners.com
website www.damenpartners.com

Opgericht / Founded: 1962
Aantal medewerkers / Staff: 60
Contactpersonen / Contacts: professor Cees Dam, ir. Diederik Dam

Bureauprofiel / Profile
Dam & Partners Architecten heeft een eigen, unieke architectuuropvatting en stijl ontwikkeld die zich voegt naar de visie óp en de context van de opgave. Een stijl die daardoor op verrassende wijze van gezicht weet te veranderen onder invloed van nieuwe technologieën, nieuwe opvattingen over vormgeving en design en door de intensieve betrokkenheid van het bureau en zijn medewerkers bij de kunsten en het culturele debat. In het voortdurende proces van verandering en vernieuwing blijft de architectuur echter centraal staan, in al haar ambachtelijkheid en met haar traditie en wetmatigheden van maat, schaal en ritme.
In de open omgeving van het bureau kunnen de medewerkers met hun uiteenlopende achtergronden en talenten zich optimaal ontwikkelen; niet uitsluitend in het architectuurvak, maar ook op het terrein van de verwante disciplines (beeldende kunst, muziek, mode), van maatschappelijke en economische aspecten en van sociale vaardigheden. Mede hierdoor weet het bureau op unieke wijze een professionele, zakelijke houding te koppelen aan grote creativiteit en maximale ruimte voor onderzoek, analyse en conceptvorming.
Dam & Partners Architecten has developed its own unique style and view of architecture that complies with the idea and context of the assignment. A style that hence manages to change its face in a surprising way under the influence of new technologies, new conceptions about design, and through the intensive involvement of the office and its staff in the arts and cultural debates. In the continual process of change and innovation, however, what remains central is the craft of architecture, with all its tradition and laws of measure, scale and rhythm. The staff with their various backgrounds and talents are able to develop themselves optimally in the open environment of the office; not only within the profession of architecture, but also in the field of related disciplines (art, music, fashion), social and economic aspects and social skills. Partly because of this, the office succeeds in coupling, in a unique way, a professional, businesslike attitude with great creativity and maximum space for research, analysis and the creation of concepts.

Werkgebieden / Fields of work
Het bureau werkt aan in aard en omvang zeer uiteenlopende opdrachten: van complexe stedenbouwkundige plannen, kantoren en winkelcentra, theaters en stadhuizen, horeca en leisure, restauratieprojecten, woon- en kantoortorens, sociale woningbouw en luxe villa's tot en met interieurs, meubels, tapijt en glaswerk.
The office works on assignments whose nature and scale varies greatly: from complex urban planning schemes, offices and shopping centres, theatres and town halls, restaurants and leisure facilities, restoration projects, residential and office tower blocks, social housing and luxury villas down to interiors, furniture, carpets and glassware.

Opdrachtgevers / Clients
De opdrachtgevers van Dam & Partners Architecten zijn de locale- en rijksoverheid, bedrijven, projectontwikkelaars, institutionele beleggers, museum- en theaterinstellingen, schoolbesturen, besturen van ziekenhuizen en psychiatrische instellingen, woningbouwcorporaties, fabrikanten van o.a. meubelen, glaswerk en tapijt, en particulieren.
The clients of Dam & Partners Architecten are local and national government bodies, companies, project developers, institutional investors, museum and theatre organisations, school governing boards, boards of hospitals and psychiatric institutions, housing corporations, manufacturers of furniture, glassware and carpets, and private individuals.

DKV architecten

Schiedamsedijk 42
3011 ED Rotterdam
T 010-4138243
F 010-4140841
e-mail info@dkv.nl
website www.dkv.nl

---

döll - atelier voor bouwkunst
www.dollab.nl

Haringvliet 100
3011 TH Rotterdam
Postbus 2555
3000 CN Rotterdam
T 010-2718200
F 010-2718222
e-mail mail@dollab.nl
website www.dollab.nl

Opgericht / Founded: april 2003
Aantal medewerkers / Staff: 20
Contactpersoon / Contact: ir. Henk Döll (architect)

Bureauprofiel / Profile
Enkele jaren geleden introduceerde architect Henk Döll het begrip 'reflective practice' in de architectuurpraktijk. Dit begrip staat voor een houding van de architect waarbij creativiteit en innovatie wordt ingezet om projecten op een ondogmatische manier te lijf te gaan. Centraal staat de interactie tussen opgave en ontwerp op grond van open communicatie met opdrachtgevers en toekomstige gebruikers. Deze filosofie vormt de basis voor het Rotterdamse bureau Döll – Atelier voor Bouwkunst dat Henk Döll in 2003 oprichtte. In de twintig jaar daarvoor was hij oprichter en partner van Mecanoo architecten uit Delft. Döll – Atelier voor Bouwkunst bestaat uit een internationaal team van circa twintig hoogopgeleide en enthousiaste medewerkers dat werkt aan uiteenlopende Nederlandse en internationale opdrachten. De kernactiviteiten liggen op het gebied van architectuur, stedenbouw en interieur. Daarnaast heeft het bureau de ambitie om het vakgebied door cross-overs met andere disciplines breder te ontwikkelen en een bijdrage te leveren aan actuele maatschappelijke discussies. Dit leidde onder meer tot het boek Ground-up City / Play as a Design Tool over speelnetwerken in de stad en de oprichting van de Sustainable Dance Club, een integraal concept voor duurzaamheid.
A few years ago Henk Döll introduced the notion of 'reflective practice' into architectural practice. This notion stands for an attitude on the part of the architect whereby creativity and innovation is deployed in order to tackle the design task in an undogmatic way. The focus is on the interaction between the brief and the design in open communication with clients and future users. This is the philosophy that lies at the basis of the Rotterdam office Döll – Atelier voor Bouwkunst, which Henk Döll founded in 2003. In the twenty years before he was a founding-

partner at Mecanoo architects in Delft. Döll – Atelier voor Bouwkunst consists of an international team of twenty highly qualified and enthusiastic staff working on a variety of Dutch and international projects. The core activities are architecture, urban planning and interior design. Besides that the office strives to deepen the profession by looking for crossovers with other disciplines and by addressing actual social issues. This has resulted in – among others – the book Ground-up City / Play as a Design Tool on networks of play in city areas and the foundation of the Sustainable Dance Club, an integral concept on sustainability.

Werkgebieden / Fields of work
Architectuur, stedenbouw, interieurontwerp.
Architecture, urban development, interior design.

Opdrachtgevers / Clients
Onze opdrachtgevers bevinden zich zowel in de (semi-)publieke sector (o.a. overheden, instellingen voor gezondheidszorg, onderwijsinstellingen, woningcoöperaties) als in de private sector (o.a. beleggers, projectontwikkelaars, bedrijven, particulieren).
Our clients are both from the public and semi-public sector (including governments, healthcare institutions, education, housing corporations) and the private sector (including investors, project developers, companies, private individuals).

E

ENGELMAN ARCHITECTEN BV

Eci 1a
6041 MA Roermond
Postbus 369
6040 AJ Roermond
T 0475-468100
F 0475-464484
e-mail mail@engelmanarchitecten.nl
website www.engelmanarchitecten.nl

Opgericht / Founded: 1980
Aantal medewerkers / Staff: 15
Contactpersonen / Contacts: Maarten Engelman, Taci Yurtay
Lidmaatschap / Membership: BNA
Prijzen recent / Recent prizes:
- Betonprijs 2007, winnaar in de categorie: uitvoering met de woontoren Porthos (100 meter) te Eindhoven
- Nominatie NRW (Nederlandse Raad van Winkelcentra) jaarprijs 2008
- Nominatie CSC (The International Council of Shopping Centers) award 2008 met nieuwbouw en renovatie winkelcentrum Woensel XL Eindhoven
- Concrete Prize 2007, winner in the category: implementation of the Porthos residential high rise (100 metres), Eindhoven
- Nomination NRW (Dutch Council of Shopping Centres), annual prize 2008
- Nomination CSC (The International Council of Shopping Centres), award 2009 for the new building and renovation of Woensel XL, Eindhoven

Bureauprofiel / Profile
In 1980 opgericht door Maarten Engelman en inmiddels uitgegroeid tot een middelgroot architectenbureau.
Engelman Architecten streeft naar een hoge architectonische kwaliteit. Een functionele uitwerking van het programma van eisen staat centraal bij een goed ontwerp. Met deze stellingname laat het werk van ons bureau zich niet expliciet rubriceren in een architectuurstroming.
Onze architectuuropvatting is dat ontwerpen van nu, gebouwen zijn voor de toekomst met gebruikmaking van moderne en duurzame materialen en installaties. Wij maken geen gebruik van neo-architectuurstijlen maar wensen functioneel te bouwen met een hoogwaardige esthetische kwaliteit ondersteund door strakke detaillering.
Engelman Architecten specialiseert zich bewust niet in een bepaalde sector van bouwopdrachten, maar vindt zijn inspiratie en ervaring in de diversiteit van opdrachten en profileert zich daardoor als een veelzijdig professioneel bureau.

Engelman Architecten was founded by Maarten Engelman in 1980 and has since grown into a medium-sized firm of architects.
Engelman Architecten strives for high architectural quality. A good design depends on a functional execution of the brief. This attitude means that our firm's work cannot be explicitly classified within a particular architectural trend.
Our view of architecture is that today's designs are buildings for the future, with the use of modern and sustainable materials and services.
Rather than make use of neo-architecture styles, our wish is to build functionally with a high aesthetic quality, supported by austere detailing.
Engelman Architecten is deliberately not specialised in a particular sector of building commissions, but finds its inspiration and experience in a diversity of commissions, thereby profiling itself as a multi-faceted, professional firm.

F

Factor Architecten bv
Onderdeel van Ingenieursburo Arnhem Groep

Geograaf 40
6921 EW Duiven
Postbus 223
6920 AE Duiven
T 026-3844460
F 026-3844479
e-mail info@factorarchitecten.nl
website www.factorarchitecten.nl

Opgericht / Founded: 1974
Aantal medewerkers / Staff: Factor 25 medewerkers, totaal IA Groep 80 medewerkers / Factor staff: 25, total IA Group staff: 80
Contactpersonen / Contacts: ir. G.A.L. (Ger) Kengen, architect BNA, directeur, ir. E.A.A. (Eelco) Basten, architect BNA, adjunct-directeur
Lidmaatschappen / Memberships: BNA, VIBA, STARO, ISO 9001 certified
Prijzen / Awards: Villa Beekbergen Stentor Publieksprijs 2007, Apeldoorn / Villa Beekbergen Stentor Public prize 2007, Apeldoorn

Bureauprofiel / Profile
Factor Architecten verricht stedenbouwkundige studies en is actief in nieuwbouw, renovatie en interieuropgaven. Factor Architecten is onderdeel van de IA Groep te Duiven. Opdrachten voor ontwerp kunnen in samenwerking met de zusterbedrijven IA Bouwkunde, IA Werktuigbouw, IA Elektrotechniek en Feenstra adviseurs worden aangenomen. Factor Architecten werkt nationaal en internationaal.
Factor Architecten carries out urban planning studies and is active in assignments for new buildings, renovations and interiors. Factor Architects is part of the IA Group in Duiven. Design commissions can be taken on in collaboration with the sister companies IA Building Engineering, IA Mechanical Engineering, IA Electrical Engineering and Feenstra consultants. Factor Architecten works both nationally and internationally.

Werkgebieden / Fields of work
Het werk omvat verschillende vormen van woningbouw, kantoren, (brede) scholen, multifunctionele accommodaties, publieke voorzieningen, hotels, bedrijfsgebouwen, winkels en recreatieprojecten.
Its work includes various forms of housing, offices, (community) schools, multifunctional accommodation, public facilities, hotels, commercial buildings, shops and recreational projects.

Opdrachtgevers / Clients
Gemeenten, projectontwikkelaars, woningbouwverenigingen, schoolbesturen, bouwbedrijven en vele overige instellingen en bedrijven.
Municipalities, project developers, housing associations, school governors, construction companies and many other organisations and companies.

FARO architecten

Lisserweg 487d
2165 AS Lisserbroek
IJsselkade 28
7201 HD Zutphen
T 0252-414777
F 0252-415812
e-mail info@faro.nl
website www.faro.nl

Opgericht / Founded: 1991
Aantal medewerkers / Staff: 40
Contactpersonen / Contacts: ir. Hugo de Clercq, ir. Jurgen van der Ploeg, ir. Pieter Weijnen, ir. Coen Kampstra
Lidmaatschappen / Memberships: BNA, Stawon
Prijzen / Awards: 2007: 1:500 Ontwerp Heesterveld competitie, laatste drie; CasLa, 'Eenvoud' – Ontwerp gekozen om gebouwd te worden; BNA Gebouw van het Jaar Regio Noord, nominatie voor landelijke BNA Gebouw van het Jaar competitie, Lewenborg, Groningen.
2006: 'Eenvoud' prijsvraag – Comité de Fantasie en CASLa, Almere, winnaar – Atelier, Oeken; BNA Gebouw van het Jaar Regio Oost, nominatie voor landelijke BNA Gebouw van het Jaar competitie; Atelier, Oeken; Groninger dag van de Architectuur, nominatie Lewenborg.
2004: European Architecture Award 'Luigi Cosenza' – 'silver plate', Houtsma Loods, Amsterdam; Zuiderkerkprijs Geuzentuinen, Amsterdam.
Zie voor complete lijst: www.faro.nl.
2007: 1:500 Heesterveld design competition, last three; CasLa, Simplicity – Design selected to be built; BNA Building of the Year Northern Region, nomination for national BNA Building of the Year competition, Lewenborg, Groningen.
2006: 'Simplicity' competition – Comité de Fantasie and CASLa, Almere, winner – Atelier, Oeken; Nomination for national BNA Building of the Year competition; Atelier, Oeken; Groninger Day of Architecture, Nomination Lewenborg.
2004: European Architecture Award 'Luigi Cosenza' – 'silver plate', Houtsma Loods, Amsterdam; Zuiderkerkprijs Geuzentuinen, Amsterdam.
For complete list see: www.faro.nl.

Bureauprofiel / Profile
FARO architecten richt zich op het vormgeven van complexe programma's en situaties in heldere projecten met een sterke identiteit.
Ons handschrift is eerder herkenbaar door werkwijze dan door eindbeeld. Wij verrichten projecten en studies in opdracht van gemeenten, woningbouwverenigingen en ontwikkelaars. Onze brede ervaring bestaat o.a. uit: het bouwen op een geluidsbelaste locatie langs de A10, een tweede leven voor de naoorlogse tuinsteden, compacte laagbouw in hoge dichtheid, hoogstedelijke invullingen, VINEX-locaties, stedelijke scholen en design voor dorpen en landelijk gebied. Er is een speciale 'research' afdeling opgericht voor speciale woningbouwprojecten, kantoorgebouwen en stedenbouwkundig werk. Duurzaamheid is een belangrijk aspect voor ons bureau.
Sinds mei 1997 zitten we op het landgoed 'De Olmenhorst' in de Haarlemmermeer. Onlangs hebben we een tweede vestiging geopend in Zutphen.
FARO architecten focuses on translating complex programmes and situations into clear projects with a strong identity.
Our signature may be discerned in our working method rather than by the final results. We carry out assignments for municipalities, housing associations and developers. Our broad experience encompasses building alongside the noisy A10 city-ring of Amsterdam, a second life for post-war garden cities, compact low-rise projects with high density, inner-city infill, VINEX sites, urban schools, and design for villages and rural areas. A separate research department has been set up within the office for special housing projects, office buildings, and urban planning tasks. Our office regards sustainability as an important aspect.
Since May 1997 we are located in the country estate 'De Olmenhorst' in the Haarlemmermeer. We recently opened a second office in Zutphen.

Werkgebieden / Fields of work
Complexe woningbouw, utiliteitsbouw, stedenbouw, research, duurzaam bouwen.
Complex housing, utility construction, urban planning, research, sustainable building.

Opdrachtgevers / Clients
Gemeenten, ontwikkelaars, particulieren.
Municipalities, developers, private individuals.

Fillié & Verhoeven

Fonteijnenburghlaan 19
2275 CZ Voorburg
T 070-3954218
F 070-3191484
e-mail info@colourfulcity.com
website www.colourfulcity.com

FKG architecten aan de zaan

Lagedijk 308
1544 BX Zaandijk
Postbus 90
1540 AB Koog aan de Zaan
T 075-6474991
F 075-6215852
e-mail fkg@fkg.nl
website www.fkg.nl

Frencken Scholl Architecten

Heugemerweg 11
6221 GD Maastricht
T 043-3502940
F 043-3254852
e-mail info@frenckenscholl.nl
website www.frenckenscholl.nl

G

Greiner Van Goor Huijten Architecten bv

Schipluidenlaan 4
1062 HE Amsterdam
T 020-6761144
F 020-6752536
e-mail ggh@ggharchitecten.nl
website www.ggharchitecten.nl

Opgericht / Founded: 1958
Aantal medewerkers / Staff: 20
Contactpersonen / Contacts: Martien van Goor, architect AvB BNA, ir Eric Huijten, architect BNA
Lidmaatschappen / Memberships: BNA, STAGG, OISTAT

Voorbeelden van projecten:
Theaters: renovatie / restauratie Koninklijk Theater Carré Amsterdam, nieuwbouw theater De Spiegel Zwolle;
Musea: renovatie en uitbreiding Van Gogh Museum Amsterdam, renovatie en uitbreiding Rijksmuseum van Oudheden Leiden;
Gezondheidszorg: Academisch Psychiatrisch Centrum bij het AMC in Amsterdam, renovatie en uitbreiding polikliniek AMC Amsterdam, Sinai Centrum Amstelveen, nieuwbouw driehonderd plaatsen GGZ Noord- en Midden-Limburg in Venray, woonzorgwijk Saffierstraat Alphen aan den Rijn;
Kantoren: renovatie gebouw De Volharding Den Haag, uitbreiding Stadskantoor Velsen, kantoor Raad van Bestuur AMC De Meren Amsterdam;
Woningbouw: nieuwbouw 74 woningen op het Servaasterrein in Venray, woningen Saffierstraat Alphen aan den Rijn;
Scholen: Mulock Houwerschool Amersfoort, Prisma kinderdienstencentrum Alphen aan den Rijn;
Hotels: renovatie en uitbreiding nH Hotel Krasnapolsky Amsterdam, hotel Jan Tabak Bussum;
Interieur: interieur kantoor Autoriteit Financiële Markten Amsterdam, entreegebieden Atlascomplex Amsterdam Zuid-Oost (van de meeste projecten van ons bureau wordt door ons ook het interieur ontworpen);
Tentoonstellingen: Mihotentoonstelling Rijksmuseum van Oudheden Leiden, tentoonstelling 'Van Gogh en Gauguin' in de Nieuwe Vleugel van het Van Gogh Museum Amsterdam;
Stedenbouwkundige plannen: globaal stedenbouwkundig plan voor het Servaasterrein in Venray (in samenwerking met buro Mien Ruys).

Examples of projects:
Theatres: Royal Carré Theatre renovation and restoration (Amsterdam), new construction De Spiegel Theatre (Zwolle);
Museums: Van Gogh Museum renovation and expansion (Amsterdam), National Museum of Antiquities renovation and expansion (Leiden);
Healthcare facilities: new construction Academic Psychiatric Centre at the AMC (Amsterdam), renovation of AMC outpatients' clinics (Amsterdam), Sinai Centre (Amstelveen), new construction of three hundred places for the GGZ North and Central Limburg (Venray), Saffierstraat assisted living neighbourhood (Alphen aan den Rijn);
Offices: renovation of De Volharding building (The Hague), expansion of Council Offices (Velsen), AMC De Meren Board of Governors' offices (Amsterdam);
Housing: construction of 74 dwellings on the Servaas grounds (Venray), Saffierstraat dwellings (Alphen aan den Rijn);
Schools: Mulock Houwer school (Amersfoort), Prisma children's service centre (Alphen aan den Rijn);
Hotels: renovation and expansion of NH Hotel Krasnapolsky (Amsterdam), Jan Tabak Hotel (Bussum);
Interior design: for most of the buildings we design we also make the interior design; office of Financial Markets Authority (Amsterdam), entrance areas of Atlas complex (South-East Amsterdam);
Exhibitions: Miho exhibition in the National Museum of Antiquities (Leiden), 'Van Gogh and Gauguin' exhibition in the New Wing of the Van Gogh Museum (Amsterdam);
Urban design plans: global urban design plan for the Servaas grounds (Venray) in collaboration with Buro Mien Ruys).

Groosman Partners architecten

Schouwburgplein 34
3012 CL Rotterdam
Postbus 1750
3000 BT Rotterdam
T 010-2014000
F 010-2014010
e-mail info@gp.nl
website www.gp.nl

H

Henket & partners architecten

Hal 13a, den Eikenhorst
5296 PZ Esch
Postbus 2126
5260 CC Vught
T 0411-601618
F 0411-601887
e-mail info@henket.nl
website www.henket.nl

Van den Hout & Kolen architecten

Wilhelminapark 18
5041 EB Tilburg
T 013-4681070
F 013-4681090
e-mail info@charcoal.nl
website www.charcoal.nl

hvdn architecten
stedelijke woningbouw | utiliteitsbouw | stedenbouw | research

Westzaanstraat 10
1013 NG Amsterdam
T 020-6885025
F 020-6884793
e-mail info@hvdn.nl
website www.hvdn.nl

I

IAA Architecten
www.iaa-architecten.nl

IAA Architecten - Enschede
M.H. Tromplaan 55
Postbus 729
7500 AS Enschede
T 053-4804444
F 053-4804488

IAA Architecten - Almelo
Koornmarkt 19
Postbus 102
7600 AC Almelo
T 0546-535050
F 0546-810014

e-mail info@iaa-architecten.nl
website www.iaa-architecten.nl

Inbo

Postbus 57
3930 EB Woudenberg
T 033-2868211
F 033-2863414
e-mail info@inbo.com
website www.inbo.com

Advies Stedenbouw Architectuur Bouwkunde:
INBO DENKT VERDER DAN DE OPGAVE

Wat is Inbo?
Inbo is een onafhankelijk en toonaangevend bureau op het gebied van architectuur, ruimtelijk beleid, vastgoedadvies, stedenbouw, landschapsarchitectuur en bouwmeesterschap. Inbo levert mooie, duurzame en inspirerende oplossingen voor uiteenlopende ontwerp-, advies- en onderzoeksopgaven. Het werkgebied strekt zich uit over heel Nederland en daarbuiten. De circa 370 medewerkers werken vanuit zelfstandige groepen in Amersfoort, Amsterdam, Drachten, Eindhoven, Rijswijk, Rotterdam en het hoofdkantoor in Woudenberg.

Waar staan we voor?
Inbo zet zich in voor de toekomst, de betekenis en identiteit van ruimte en gebouwen. Ons hoofddoel is met veel plezier werken aan een eindresultaat waarop iedereen trots kan zijn: opdrachtgever én Inbo. Daarom voelen wij ons persoonlijk betrokken bij de mensen en organisaties voor wie wij werken en met wie wij samenwerken. In een duurzame relatie met onze opdrachtgevers werken wij aan de groei van de maatschappelijke en culturele betekenis van ons werk.

Onze werkwijze?
We benaderen het werkveld integraal: vanuit alle vestigingen bieden wij onze opdrachtgevers het volledige scala aan dienstverlening als architecten, adviseurs, stedenbouwkundigen en landschapsarchitecten. Ieder gedreven in het eigen vak werken wij hecht en met plezier samen. Door de uitwisseling van ideeën, kennis en ervaring stimuleren wij inhoudelijke vernieuwing en de voortgaande ontwikkeling van ons vakmanschap. Door te werken vanuit zelfstandige groepen verbinden wij de kracht van de persoonlijke benadering met de kracht van een groot bureau.

Consulting Urban Planning Architecture Construction:
INBO THINKS BEYOND THE ASSIGNMENT

What is Inbo?

Inbo is an independent and tone-setting firm in the field of architecture, zoning policy, real estate consulting, urban planning, landscape architecture and construction. Inbo delivers beautiful, sustainable and inspiring solutions for a wide range of design, consulting and research assignments. Its working field extends to the whole of the Netherlands and beyond. Approximately 370 employees work out of independent groups in Amersfoort, Amsterdam, Drachten, Eindhoven, Rijswijk, Rotterdam and the head office in Woudenberg.

What do we stand for?

Inbo is committed to the future, the meaning and identity of space and buildings. Our main goal is to enjoy working on a final result that everybody can be proud of: the client and Inbo.
So we feel personally involved in the people and organizations we work for and with. In a sustainable relationship with our clients, we work on enhancing the social and cultural meaning of our work.

How do we work?

We take an integral approach to our field of work: from all our offices, we offer our clients the entire gamut of our services as architects, consultants, urban planning experts and landscape designers. All driven by our own area of expertise, we enjoy working closely together. By exchanging ideas, knowledge and experience, we stimulate renewal and continuous evolution of our craftsmanship. By working out of independent groups, we combine the strength of the personal approach with the strength of a major firm.

J

Jeanne Dekkers Architectuur

Papenstraat 7
2611 JB Delft
Postbus 3001
2601 DA Delft
T 015-2152969
F 015-2152960
e-mail info@jeannedekkers.nl
website www.jeannedekkers.nl

K

K3 architectuur en planning bv BNA

Utrechtsestraat 67
6811 LW Arnhem
Postbus 612
6800 AP Arnhem
T 026-3515951
F 026-4457027
e-mail info@k3architectuur.nl
website www.k3architectuur.nl

Klous + Brandjes Architecten bna

Zijlweg 199
2015 CK Haarlem
T 023-5320840
F 023-5423741
e-mail info@klousbrandjes.nl
website www.klousbrandjes.nl

Opgericht / Founded: 1952
Aantal medewerkers / Staff: 27
Contactpersonen / Contacts: Lindy van Eck, Marieke Draeck
Lidmaatschappen / Memberships: BNA, Stawon, AetA

Werkgebieden / Fields of work
Binnenstedelijk / stadsvernieuwing, stedenbouw, eengezinswoningen, gestapelde woningbouw, combinatieprojecten (wonen), zorg intramuraal / extramuraal, utiliteitsbouw inclusief culturele projecten, restauratie, renovatie en onderhoud, interieur, prijsvraag.
City centre and urban renovation, urban planning, single-family housing, multi-level housing, combination projects (housing), intramural / extramural health and social care, public-utility buildings including cultural projects, restoration, renovation and maintenance, interior, competition.

Architectenbureau Korbee
architecten BNA

Nieuwe Zeeweg 66
2202 HB Noordwijk
T 071-3620700
F 071-3615478
e-mail info@korbee.nl
website www.korbee.nl

KOW

KOW Den Haag
Esperantoplein 19
2518 LE Den Haag
Postbus 205
2501 CE Den Haag
T 070-3466600
F 070-3561260

KOW Amsterdam
KNSM-laan 163
1019 LC Amsterdam
T 020-5091120
F 020-5091121

KOW Eindhoven
Klokgebouw 111
5617 AB Eindhoven
T 040-2503232
F 040-2503233

e-mail info@kow.nl
website www.kow.nl

Opgericht / Founded: 1998
Aantal medewerkers / Staff: 185
Contactpersonen / Contacts:
ir. Hans Kuiper – directeur, architect
Aad Wubben A.v.B. – directeur, architect
Arend Hilhorst, directeur
ir. Anjelica Cicilia – directeur, stedenbouwkundige
ir. René Marey – directeur, architect
ir. Tjerk Reijenga – architect
Lidmaatschappen / Memberships: BNA, IWA, STAGG, STARO, Revit Gebruikersgroep, Revit User Group
Prijzen / Awards: Nominatie Amsterdamse Nieuwbouwprijs 2008 – 't Waterfort, Amsterdam
2008 Creative Festival Award for Annual Distinguished Creative Company – KOW DDC, Shanghai China
2e prijs Woonaward Haaglanden 2008 – De Singelhof, Maasland
Premio Internazionale Architettura Sostenibile 2007 – 21 Zero Energy Houses De Keen, Etten-Leur
Eervolle Vermelding Architectuurprijs Helmond 2007 – De Veste, Brandevoort Helmond
VKG architectuurprijs 2007 – De Boulevard, Enschede
Nominatie Woonaward Haaglanden 2006 – De Masemude, Monster
Eervolle Vermelding Ideeënprijsvraag Zorgzame Architectuur College Bouw Zorginstelling 2006 – La Vida Verde, 's-Hertogenbosch
Publieksprijs 'Drijvende woning Groote Wielen' – Casa Aquarius, Den Bosch, 2006
Publieksprijs 2004 – CentreCourt, Den Haag
Nominatie staalontwerp 2002 – De Bolder
Nominatie staalprijs 2002 – De Bolder
Nominatie Nationale Renovatieprijs 2001 – Het Magazijn
De Nieuwe Stad Prijs 2001 – Het Magazijn
Nomination Amsterdam New Built Award 2008 – The Waterfort, Amsterdam
2008 Creative Festival Award for Annual Distinguished Creative Company – KOW DDC, Shanghai China
2nd prize Housingaward Haaglanden 2008 – De Singelhof, Maasland
Premio Internazionale Architettura Sostenibile 2007 – 21 Zero Energy Houses De Keen, Etten-Leur
Nomination Architecture Prize Helmond 2007 – De Veste, Brandevoort Helmond
VKG Architecture Prize 2007 – De Boulevard, Enschede
Nomination Housingaward Haaglanden 2006 – De Masemude, Monster
Honourable mention Netherlands Board for Health Care Institutions 2006 – La Vida Verde, 's-Hertogenbosch
Public Design Award 'Floating House Groote Wielen' – Casa Aquarius, Den Bosch, 2006
Public Design Award 2004 – CentreCourt, Den Haag
Nomination Steel Design 2002 – De Bolder
Nomination National Renovation Award 2001 – Het Magazijn
The New Urban Design Award 2001 – Het Magazijn

Bureauprofiel / Profile
KOW is een van de grootste zelfstandige architectenbureaus in Nederland. Veelgevraagd, veelzijdig en met een heldere visie op ontwerpen. KOW ontwerpt functionele, duurzame en mooi vormgegeven oplossingen op het gebied van architectuur, stedenbouw, stedelijke vernieuwing, renovatie, restauratie en interieurontwerp.

De kracht van KOW is het vermogen om in verschillende stijlen te ontwerpen en te bouwen, met een diversiteit aan materialen. KOW dicteert geen stijl, maar kiest een architectuur die past bij de identiteit van het gebied. In een inspirerende dialoog met de opdrachtgever komt het uiteindelijke ontwerp tot stand.
Bij KOW gaat het niet alleen om de architectuurstijl, maar ook om identiteit. KOW stemt de architectuur van een gebouw of gebied af op de identiteit van de locatie: de Betekenis van de Plek.

Architecten van KOW hebben een sterke verbeeldingskracht en kunnen in vele stijlen en variaties ontwerpen. Bij het ontwerp komt de vorm al zoekend tot stand met het Programma van Eisen als kader. Die werkwijze levert de veelzijdigheid aan beelden op en de rijkdom aan stijlen, die zo kenmerkend zijn voor KOW.

Zekerheid biedt KOW ook. Vanaf het begin van de samenwerking is het vastgestelde budget ons kader. KOW ontwerpt en bouwt kostenbewust: programma en budget zijn altijd maatgevend.

De betekenis van de plek koppelen wij aan het belang van de gebruiker. Consumentgericht ontwerpen is in onze werkmethode verankerd. Wij vinden de wensen van de uiteindelijke gebruiker van cruciaal belang. KOW heeft methoden ontwikkeld en uitgevoerd om tot prachtige detaillering en variëteit te komen binnen budget. Daarmee draagt KOW bij aan het creëren van draagvlak en momentum in ontwikkelingen.
Vanuit onze jarenlange ervaring met woningbouw in alle schalen, markten en regio's zijn wij in staat maatwerk te leveren voor elke woningbouwopgave.

Duurzaamheid is de kern waar omheen onze visie is opgebouwd. Duurzame ontwikkeling gaat verder dan energetische oplossingen. KOW is ervaren in herstructurering en renovatie van bestaande gebouwen. Met de komst van Tjerk Reijenga (voorheen BEAR architecten uit Gouda) biedt KOW de mogelijkheid om betrouwbare nieuwe concepten en technologieën te ontwikkelen, zoals een betaalbare nul energiewoning.

KOW heeft een bredere opvatting over de rol van de architect in het ontwikkelproces. De estafetterace waarbij in elke schakel faalkosten ontstaan kan worden vermeden in een zogenaamd integraal ontwerpproces (collaborative design). Centraal hierin staat de toepassing van BIM, de opvolger van CAD tekenen. In een 3D model wordt alle informatie beheerd en beschikbaar gesteld aan de verschillende adviseurs en partijen.

Eigenzinnig, integraal en duurzaam, vanzelfsprekend KOW.

KOW is one of the largest independent architectural firms in the Netherlands and facilitates specialised disciplines, including architecture, urban planning, urban renewal, renovation, restoration and interior design. Versatile and with a clear vision on form and design, the organisation produces functional, sustainable and attractive design solutions in both the Netherlands and abroad.

KOW's particular strength lies in its ability to design and build in a wide range of styles, with diverse materials. KOW does not dictate a style, but rather selects architecture that reflects the identity of the surrounding

area. The final design is developed in an inspiring dialogue with the client.
At KOW, it is not only the architectural style that counts, but also identity. KOW adapts the architecture of a building or area to the identity and context of the location: the Significance of the Site.

KOW architects have a vivid imagination and are capable of designing in many styles and variations. In the design process the form materialises in a creative search, within the framework of the schedule of requirements framework.

Right from the start, the budget you have in mind is the starting point. KOW is constantly aware of costs during the design and build process. The schedule of requirements and budget are always determining factors.

We couple the identity and context of the location to the interest of the user. User oriented designs have been anchored in our working method. The wishes of the user are of vital importance.

Our experience and knowledge of building methods, architectural details and construction enables us to stay within both the architectural concept and the building budget. KOW is experienced in the restructuring of existing buildings.

Sustainability forms the core of our building vision. Sustainable development goes further than just applying energetic solutions. With the arrival of Tjerk Reijenga (formerly BEAR architects from Gouda) KOW designs reliable new concepts and innovative technologies such as a zero energy house.

KOW takes its responsibility further than just the designing process. In order to meet the client's wishes within the process of developing the project we offer an integrated design approach. 3D models and BIM applications enable us to manage and control the process. All the necessary information is distributed from one communication to all involved parties.

Unique, integrated and sustainable, no doubt it's KOW.

Werkgebieden / Fields of work
Woningbouw, kantoren, bedrijfsgebouwen, combinatiegebouwen, binnenstedelijke vernieuwingen, stedenbouw, interieur, restauratie, stedelijke herstructurering en renovatie, marketing & communicatie.
Housing, offices, industrial buildings, urban planning and urban renewal, interior, marketing and communication.

Opdrachtgevers / Clients
Projectontwikkelaars, woningbouwcorporaties, zorg- en onderwijsinstellingen, gemeenten en overheidsinstellingen.
Developers, housing corporations, care and education institutions, municipalities and government institutions.

Projecten / Projects
CentreCourt – Den Haag, De Bolder – Schiedam, Brandboxx – Almere, 't Waterfort – Osdorp, Amsterdam, MFC De Veste – Brandevoort, Helmond, Euromax – Maasvlakte, Rotterdam.
CentreCourt – The Hague, The Bolder – Schiedam, Brandboxx – Almere, The Waterfort – Osdorp, Amsterdam, MFC De Veste – Brandevoort, Helmond, Euromax – Maasvlakte, Rotterdam.

KuiperCompagnons
Ruimtelijke Ordening, Stedenbouw, Architectuur, Landschap bv
City & Regional Planning, Urban Design, Architecture, Landscape

Van Nelle Ontwerpfabriek
Schiegebouw
Van Nelleweg 6060
3044 BC Rotterdam
Postbus 13060
3004 HB Rotterdam
T 010-4330099
F 010-4045669
e-mail kuiper@kuiper.nl
website www.kuiper.nl

L

Bureau van der Laan
architectuur + bouwtechniek

Oude Dieze 19
5211 KT 's-Hertogenbosch
Postbus 1394
5200 BK 's-Hertogenbosch
T 073-6142177
F 073-6138569
e-mail info@bureauvanderlaan.nl
website www.bureauvanderlaan.nl

Opgericht / Founded: 1946
Aantal medewerkers / Staff: 5
Contactpersoon / Contact: ir. J.W. van der Laan
Lidmaatschap / Membership: BNA

Bureauprofiel / Profile
Het bureau is opgericht in 1946 en is werkzaam op het gehele gebied van de ruimtelijke vormgeving. Ons werk is gericht op een eenvoudige, nuchtere functionaliteit en een expressiviteit, die daar direct op geënt is. Maar waar het ons vooral om gaat, is bij elk ontwerp iets te laten blijken van de basisvoorwaarden voor ruimtelijkheid in de architectuur. Deze inspiratie wordt gevoed door de studies van de Bossche School, die in 1977 door Dom Hans van der Laan zijn samengevat in 'De Architectonische Ruimte'. De ideeën die in dat kader ontwikkeld zijn, zijn voor ons nog steeds actueel.
Our firm was founded in 1946 and is involved in the entire field of spatial design. Our work is aimed at a simple and modest functionality and an expressiveness which is directly grafted onto this. But what we are mainly concerned with is to show something in all our designs of the basic conditions for spatiality in architecture. This inspiration is based on the studies of the 'Bossche School' which are summarised in 'The Architectonic Space' by Dom Hans van der Laan in 1977. For us, the ideas developed within that framework are still up-to-date.

Werkgebieden / Fields of work
Het opdrachtenpakket is gevarieerd en bestaat uit woning- en utiliteitsbouw, aangevuld met stedenbouwkundige studies, particuliere woonhuizen, renovaties en restauraties en diverse interieuropgaven. De huidige werkzaamheden betreffen vooral grotere woningbouwprojecten en enkele opgaven in de zorgsector.
Our portfolio of commissions is very varied and comprises residential and utility buildings, supplemented with urban planning, private houses, renovations and various interior design projects. Our current activities relate mainly to larger housing projects and a number of assignments in the care sector.

Opdrachtgevers / Clients
Bureau van der Laan bedient een breed scala aan opdrachtgevers, zowel in de publieke als de private sfeer. Hierbij ligt de nadruk op diverse woningcorporaties, professionele vastgoedontwikkelaars, gemeenten en zorginstellingen.
Bureau van der Laan services a wide range of clients, in both the public and private sphere. The emphasis lies on various housing corporations, professional property developers, municipalities and care institutions.

luijten|smeulders|architecten

Wilhelminapark 11
5041 EA Tilburg
T 013-5360530
F 013-5359961
e-mail info@luijten-smeulders.nl
website www.luijten-smeulders.nl

M

MIII architecten

Gen. Berenschotlaan 211-213
2283 JM Rijswijk
T 070-3944349
F 070-3944234
e-mail info@m3architecten.com
website www.m3architecten.com

Maat architecten BNA

Strevelsweg 700-212
3083 AS Rotterdam
Postbus 57658
3008 BR Rotterdam
T 010-2934880
F 010-2934888
e-mail info@maatarchitecten.nl
website www.maatarchitecten.nl

Marge Architecten

's-Gravendijkwal 39
3021 EC Rotterdam
T 010-2440242
F 010-4772704
e-mail info@marge-architecten.nl
website www.marge-architecten.nl

Aantal medewerkers / Staff: 12
Contactpersonen / Contacts: Louis Aussen (architect-directeur), Rico Vermeulen (projectcoördinator), Ernst-Jan van der Rhee (architect)

Bureauprofiel / Profile
Ons bureau bestaat uit een team van ontwerpers en technici. Deze twaalf mensen vertegenwoordigen met elkaar alle disciplines voor ontwikkeling en uitwerking van projecten: stedenbouw, haalbaarheidsstudies, architectuur, interieur, presentatie, inspraakbegeleiding, bouwtechniek, projectmanagement, bestek, kostenbeheersing en bouwfysica.
De opdrachtgever en gebruiker(s) staan in onze architectuurbenadering voorop. Ons bureau werkt voor een brede kring opdrachtgevers, van sociale woningbouwverenigingen en vastgoedontwikkelaars tot particulieren.
Our firm consists of a team of designers and technicians. These twelve people represent all the disciplines for developing and elaborating projects in the fields of urban design, feasibility studies, architecture, interior design, presentation, supervision of local discussions, construction engineering, project management, specifications, cost containment and construction physics.
The client and user(s) are the first matter of importance in our approach to architecture. Our firm works for a wide circle of clients, from social housing associations and property developers to private individuals.

Werkgebieden / Fields of work
Ons huidige werkgebied beslaat nieuwbouw, herstructurering en renovatie in de woning-, utiliteits- en zorgsector in het gehele land. Wij ontwerpen vanuit locatiekenmerken en zijn bekend met de complexer wordende voorschriften, eisen en keurmerken.
Our current field of work encompasses new construction, renovation and redevelopment in the housing, utility and healthcare sectors nationwide. Our designs are based on the characteristics of the site and we are familiar with the increasingly complex regulations, requirements and marks of quality.

Mei Architecten en stedenbouwers

Lloydstraat 138
3024 EA Rotterdam
Postbus 6194
3002 AD Rotterdam
T 010-4252222
e-mail info@mei-arch.nl
website www.mei-arch.nl

Opgericht / Founded: 1992
Aantal medewerkers / Staff: 35
Lidmaatschappen / Memberships: BNA, BNSP, Booosting
Prijzen / Awards: Staalprijs 2008, nominatie Jobsveem, 2008
Staalprijs 2008, nominatie Kraton 230, 2008
BNA Gebouw van het jaar, regio Delta, nominatie Kraton 230, 2008
BNA Gebouw van het jaar, regio Oost, nominatie LOC, 2008
Geveltotaal Architectuurprijs, 1e prijs met Schiecentrale fase 4A, gietijzeren gevelpanelen, 2008
Living Steel International Architecture Competition for Sustainable Housing (Londen), short-listed, 2007
De Nederlandse Designprijzen, nominatie voor gietijzeren gevelpanelen Schiecentrale fase 4A, 2006
Unorthodocks prijsvraag, ontwerp voor RDM terrein Rotterdam, 2e prijs met Park van Noach, 2006
IFD-subsidie, verkregen voor woningcorporatie PWS in verband met 200 flexibele woonwerkeenheden in Schiecentrale fase 4B, 2004
Designprijs Rotterdam, 3e prijs met Smarthouse, 2003
Duurzaam Bouwen prijs (Gemeente Rotterdam) voor 25kV-gebouw, 2001
Royaal Wonen prijsvraag, 1e prijs met de Gedoogwoning, 2001
Stadskantoor Rotterdam prijsvraag, nominatie voor Het Volkspaleis, 2001
Nationale Staalprijs 2000, nominatie voor 25 kV-gebouw, 2000
EO Wijersprijsvraag, eervolle vermelding voor Het Wilde Noorden, 1998
Kerk van de 21e eeuw prijsvraag, 1e prijs, 1997
Glazen huis prijsvraag, 3e prijs met Mi Casa es su Casa, 1996
Pleinenprijsvraag Roosendaal, eervolle vermelding voor De Stolling van Roosendaal, 1995
Steel Prize 2008, nomination Jobsveem, 2008
Steel Prize 2008, nomination Kraton 230, 2008
BNA Building of the Year, Delta region, nomination Kraton 230, 2008
BNA Building of the Year, Eastern region, nomination LOC, 2008
Total Facade Architecture Prize, 1st prize with Schiecentrale phase 4A, cast-iron cladding, 2008
Living Steel International Architecture Competition for Sustainable Housing (London), short-listed, 2007
Dutch Design prizes, nomination for cast-iron cladding Schiecentrale phase 4A, 2006
Unorthodocks competition, design for RDM terrein Rotterdam, 2nd prize with Park van Noach, 2006
IFD-subsidy granted for PWS housing corporation in connection with 200 flexible living and working units in Schiecentrale phase 4B, 2004
Rotterdam Design Prize, 3rd prize with Smarthouse, 2003
Sustainable Building Prize (Municipality of Rotterdam) for 25kV building, 2001
Spacious Living competition, 1st prize with the Gedoog dwelling, 2001
Rotterdam City Office competition, nomination for Het Volkspaleis, 2001
National Steel Prize 2000, nomination for 25 kV building, 2000
EO Wijers competition, honourable mention for Het Wilde Noorden, 1998
Church for the 21st Century competition, 1st prize, 1997
Glass House competition, 3rd prize with Mi Casa es su Casa, 1996
Roosendaal Squares competition, honourable mention for De Stolling van Roosendaal, 1995

Werkgebieden / Fields of work
Woningbouw, utiliteit, hergebruik, duurzaamheid, studie, bouwtechnologie, gebiedsontwikkeling.
Housing, utility buildings, re-use, sustainability, research, construction technology, area development.

Opdrachtgevers / Clients
Projectontwikkelaars, gemeenten, woningbouwverenigingen, particulieren.
Project developers, municipalities, housing associations, individual clients.

Min2 bouw-kunst

Hoflaan 1
1861 CP Bergen NH
Postbus 246
1860 AE Bergen NH
T 072-5821070
F 072-5821079
e-mail min2@min2.nl
website www.min2.nl

Opgericht / Founded: 1982
Aantal medewerkers / Staff: 12
Contactpersonen / Contacts: Jetty en Maarten Min
Architecten: ir. Jan Willem Dragt, ir. Jesse van der Veen, ir. Jacopo Tenani

Lidmaatschap / Membership: BNA
Prijzen / Awards:
Afstuderen: TU Delft, cum laude bij Aldo van Eijk (Maarten Min), eervolle vermelding (Jesse van der Veen)
Prijsvragen: eerste prijs Kant Dreieck Berlijn (Haus Rucker Co), eerste prijs Schiphol NRC
Meervoudige opdrachten: ca. twaalf plannen geselecteerd en gerealiseerd
Exposities: Biënnale jonge Architecten '85, stedelijke musea Alkmaar, Gorcum, woonexpo 2001 Almere
Publicaties: diverse architectuurtijdschriften, o.a. Jaarboek '94 / '95
Eigen publicatie: autobiografie in stripvorm, in voorbereiding
Nominaties voor architectuurprijzen: Alkmaar / 30 jaar Almere / internationale houtprijs Nordic Timber Council
Diverse uitzendingen radio / tv
Onderwijs / lezingen: regelmatig
Welstand / Q-teams / supervisie: diverse plaatsen in Nederland
Graduation: TU Delft cum laude under Aldo van Eijk (Maarten Min), honourable mention (Jesse van der Veen)
Prizes: 1st. prize Berlin, 1st. prize Schiphol NRC
Multiple assignments: ± twelve plans selected and realized
Exhibitions: Biennial young architects '85, municipal museum Alkmaar / Gorcum
Publications: among others, Yearbook '94 / '95
Own publication: autobiography in the form of a comic, in preparation
Nominations for architectural prizes: Alkmaar / 30 years Almere / international wood prize Nordic Timber Council
Several radio and TV broadcasts
Teaching / reading: frequently
Aesthetic commissions / Q-teams / supervision: several places in the Netherlands

Bureauprofiel / Profile
Onze ontwerpopdrachten worden benaderd vanuit onze visie: een combinatie van verbeelding en functionaliteit, geplaatst in een context. Wij maken planologische studies en werken op alle terreinen van architectuur, interieur en kunst. Technische realisatie in samenwerking met onder andere buro Saarberg & partners.
ATLJ Min2, Workin' Ideas is een laboratorium voor studie en reflectie.
We approach our design commissions from our own perspective: a combination of imagination and functionality, placed in the proper context. We produce planning studies and work in every area of architecture, interior design and art. Technical realization is carried out in cooperation with Saarberg & partners, among other offices.
ATLJ Min2 laboratory is an initiative for study and reflection.

Werkgebieden / Fields of work
Planologie, stedenbouw, woningbouw, kantoren, winkelbebouwing, sociaal-culturele gebouwen, gebouwde omgeving, woonhuizen, interieurs, design en exposities.
Planning, urban design, housing development, offices, shops, social / cultural buildings, the built environment, dwellings, interiors, design and exhibitions.

Opdrachtgevers / Clients
Gemeenten, woningbouwcorporaties, ontwikkelaars, ontwikkelende aannemers, investeerders, bedrijven, zorginstellingen, particulieren.
Local governments, housing corporations, developers, developing contractors, investors, companies, health care institutes, private clients.

Molenaar & Van Winden *architecten*

Maerten Trompstraat 25
2628 RC Delft
Postbus 716
2600 AS Delft
T 015-2568444
F 015-2578859
e-mail info@molenaarenvanwinden.nl
website www.molenaarenvanwinden.nl

Aantal medewerkers / Staff: 50
Contactpersonen / Contacts: ir. J.J.H.M. Molenaar, ir. W.A.M. van Winden

Bureauprofiel / Profile
Molenaar & Van Winden *architecten* is in 1985 opgericht door ir. Joris Molenaar en ir. Wilfried van Winden. Beide architect-directeuren hebben hun opleiding genoten aan de Technische Universiteit Delft. Naast het bureauwerk verrichten zij onderzoek, publiceren en maken deel uit van adviescommissies.
Het bureau werkt landelijk en is sterk in ontwerpen voor complexe stedelijke vernieuwingsopgaven, in ontwerpen van gebouwen met bijzondere programma's waarvoor een eigen typologie en architectonische karakteristiek is vereist, en in restauratie en herbestemming van jonge monumenten van bouwkunst.
De diensten van het bureau beslaan de architectenwerkzaamheden zoals omschreven in De Nieuwe Regeling (DNR) van de Bond Nederlandse Architecten. Het accent ligt hierbij op het architectonisch ontwerp en de bouwkundige detaillering en uitwerking. Het bureau maakt gebruik van diensten van derden voor calculatie, bouwfysica, bestekschrijven en directievoering.
Molenaar & Van Winden *architecten* was established in 1985 by Joris Molenaar and Wilfried van Winden, both of whom trained as architects at Delft University of Technology. Besides running the office, they carry out research, write for various publications and serve on a number of advisory boards.
The office works throughout the Netherlands and has demonstrated its skills in three specialist areas: designs for complex urban renewal projects, designs for exceptional buildings requiring an individual typology and architectural identity and the restoration and conversion of recent architectural heritage.
The office's services cover the full range of architectural activities as defined in The New Regulation of the Royal Institute of Dutch Architects (BNA), with a particular focus on architectural design, constructional detailing and implementation. Our office makes use of third-party services for calculation, building physics, specifications and site management.

Werkgebieden / Fields of work
Complexe stedenbouwkundige vernieuwingsopgaven (centrumontwikkelingen en herstructurering van wijken), plannen op het raakvlak van architectuur en stedenbouw, bijzondere gebouwen met specifieke programma's (voorzieningen, uitvaartcentra en dergelijke), restauratie / herbestemming (jonge) monumenten, woningbouw, particuliere woonhuizen.
Complex urban development renewal assignments (centre developments and restructuring of suburbs), plans with common grounds of architecture and urban planning, special buildings with specific schedules (facilities, funeral parlours and suchlike), restoration / redesignation of (young) heritage buildings, residential buildings, private residences.

Opdrachtgevers / Clients
Gemeenten, woningcorporaties, vastgoedontwikkelaars, beleggers, institutionele- en particuliere opdrachtgevers.
Municipalities, housing corporations, property developers, investors, institutions and private individuals.

O

Odeon Architecten bv

Essenstraat 1
5616 LG Eindhoven
Postbus 1280
5602 BG Eindhoven
T 040-2447716
F 040-2433875
e-mail mail@odeon.nl
website www.odeon.nl

Aantal medewerkers / Staff: 16
Contactpersoon / Contact: ir. W.J.M. van der Pasch
Lidmaatschappen / Memberships: BNS, BNA, BNI, STAGG, STARO
Prijzen / Awards: Architectuurprijs Gemeente Eindhoven 2001 (Het Atelier) en 2005 (kantoor 'de Obelisk')
Municipality of Eindhoven Architecture Prize 2001 (Het Atelier) and 2005 ('De Obelisk' office)

Bureauprofiel / Profile
Odeon Architecten realiseert hoogwaardige stedenbouw-, architectuur- en interieurprojecten voor opdrachtgevers met ambitie. Wij overtreffen daarbij wensen en verwachtingen en creëren een meerwaarde voor alle betrokkenen: van opdrachtgever en medewerker tot maatschappij en milieu. Odeon Architecten verzorgt opdrachten van initiatief- tot en met gebruiksfase. Analyse en ontwerp, bestek- en kostendeskundigheid en uitvoeringsbegeleiding behoren tot de standaard takenportefeuille.
Odeon Architecten realizes high-quality projects in the fields of urban planning, architecture and interior design for clients with ambition. We surpass wishes and expectations and create extra value for all those involved, from client and employee to society and environment. Odeon Architecten takes care of all stages of a commission, from start to finish. Analysis and design, specifications and costs expertise and construction supervision are all part of the standard portfolio of tasks.

van den Oever, Zaaijer & Partners architecten

Planetarium, Kromwijkdreef 11
1108 JA Amsterdam Zuidoost
Postbus 22565
1100 DB Amsterdam Zuidoost
T 020-6919115
F 020-6965349
e-mail info@oz-p.nl
website www.oz-p.nl

Opgericht / Founded: 1990
Aantal medewerkers / Staff: 90
Contactpersonen / Contacts:
ir. J.B.W. Bosch architect BNA
mr. V.L.M. Frequin
ir. J.S.A. Heijstee architect BNA
ir. J.R. van den Oever architect BNA
ir. C.J.J. den Ouden architect
ir. L. Vosmer architect
ir. W.M. Zaaijer architect BNA
ir. C. Zwiers architect stedenbouwkundige
Lidmaatschappen / Memberships: BNA, KIVI, Stichting Hoogbouw, ARCAM, NAi
Prijzen / Awards: MIPIM Award 2003 en RIBA Award voor 'Renovatie en uitbreiding World Trade Center Amsterdam' in samenwerking met Kohn Pederson Fox, Londen; Het WTC Amsterdam heeft in 2008 de MIPIM Award 2008 gewonnen voor 'Refurbished Office Buildings'
MIPIM Award 2003 and RIBA Award for 'Renovation and Expansion of World Trade Center Amsterdam' in collaboration with Kohn Pederson Fox, London; the WTC Amsterdam won the MIPIM Award 2008 for 'Refurbished Office Buildings'

Bureauprofiel / Profile
Organisatie
- OZ-P Architectuur – ontwerpt en realiseert een grote verscheidenheid aan gebouwen: van kantoorgebouwen tot hotels, van woningbouwprojecten tot sportcomplexen en van scholen tot theaters.
- OZ-P Stedenbouw – legt het accent op herstructurering van wijken, stedelijke centra en industriegebieden.
- OZ-P Interieur – ontwerpt interieurs en werkt plannen uit voor de afbouw en inrichting van door het bureau ontworpen gebouwen.
- OZ-P Bouwkunde – verzorgt de technische uitwerking voor zowel de eigen ontwerpen als voor de ontwerpen van collega-architecten.

Filosofie / maatschappelijk verantwoord ontwerpen
'van den Oever, Zaaijer & Partners architecten' richt zich op het realiseren van moderne, functionele, kwalitatief hoogwaardige architectuur en stedenbouw. Het bureau ziet de architect als dienstverlener die zich ten doel stelt de huisvestingswens en het programma van eisen van de opdrachtgever optimaal te vertalen naar een functioneel en architectonisch hoogwaardig resultaat.
Het bureau beschouwt het als een uitdaging aspecten als functionaliteit, duurzaamheid, innovatie, kostenbewustzijn en ruimtelijke beleving met elkaar in balans te brengen tot een architectonisch spannend en tot in detail kwalitatief hoogwaardig resultaat.
Om dit doel te kunnen bereiken heeft 'van den Oever, Zaaijer & Partners architecten' een efficiënte werkwijze ontwikkeld in een heldere organisatie waarbij het ontwerp- en uitvoeringsproces goed op elkaar zijn afgestemd.
Onder de noemer maatschappelijk verantwoord ontwerpen geeft OZ-P invulling aan haar bijdrage aan het duurzaam bouwen. Daarbij verenigt het bureau belangrijke elementen zoals maatschappelijk verantwoord ondernemen, duurzaam bouwen en klantgericht werken.

Kwaliteitszorgsysteem
De kwaliteit van de projecten wordt bewaakt door het binnen ons bureau gehanteerde kwaliteitszorgsysteem. Het ontwerpproces volgt de procedures die in het kwaliteitszorgsysteem zijn vastgelegd. Sinds december 1998 is 'van den Oever, Zaaijer & Partners architecten' officieel in het bezit gekomen van het ISO-9001 Kwaliteitssysteemcertificaat voor het ontwerpen en begeleiden van bouwprojecten. In december 2001 is dit omgezet in het ISO-9001:2000 certificaat. Centraal in dit nieuwe kwaliteitssysteem staat de klant / opdrachtgever. Alle processen binnen het bureau zijn hierop gebaseerd.
Organisation
- OZ-P Architecture – designs and realizes a great variety of buildings: from office buildings to hotels, from housing projects to sports complexes and from schools to theatres.
- OZ-P Urban Design – puts the accent on redeveloping districts, urban centres and industrial zones.
- OZ-P Interior – designs interiors and elaborates plans for the finishing and furnishing of buildings designed by the office.
- OZ-P Building Engineering – takes care of technical production for both its own designs and those of fellow architects.

Philosophy / socially responsible designs
'van den Oever, Zaaijer & Partners architecten' specialises in the realization of modern, functional, high-quality architecture and urban development. The firm sees the architect as a service provider whose goal is to optimally translate the client's accommodation wishes and brief into a functional and high-quality architectural result. The firm regards it as a challenge to harmonise such aspects as functionality, sustainability, innovation, cost-consciousness and spatial experience, so as to achieve an architecturally exciting result with high quality down to the smallest detail.
In order to achieve this aim, 'van den Oever, Zaaijer & Partners architecten' has developed an efficient, clearly organised way of working in which the processes of design and realization are well attuned.
Under the heading of socially responsible designs, OZ-P gives substance to its contribution to sustainable building. The office unites important elements such as socially responsible ventures, sustainable building and client-oriented work.

Quality control system
Our office employs a quality control system to monitor the quality of the projects. The design process follows the procedures laid down in the quality control system. Since December 1998, 'van den Oever, Zaaijer & Partners' is officially in the possession of the ISO-9001 Quality System Certificate for designing and supervising building projects. This was converted into the ISO-9001:2000 Certificate in December 2001. This new quality system focuses on the client / commissioner. All processes within our firm are based on this.

Werkgebieden / Fields of work
'van den Oever, Zaaijer & Partners architecten' is een veelzijdig architectenbureau, dat projecten in binnen- en buitenland realiseert. De lijst bestrijkt een breed spectrum van het vakgebied: van stedenbouw tot interieur, van restauratie tot renovatie.
'van den Oever, Zaaijer & Partners architecten' is a versatile architectural office that realizes projects in the Netherlands and other countries. The list covers a broad spectrum: from urban development to interior design, from restoration to renovation.

Opdrachtgevers / Clients
Projectontwikkelaars, bedrijven, overheidsinstanties, particulieren, woningbouwcorporaties, zorginstellingen.
Project developers, companies, government agencies, private individuals, housing corporations, healthcare organisations.

Ontwerpwerk
multidisciplinary design

Prinsestraat 37
2513 CA Den Haag
Postbus 45
2501 CA Den Haag
T 070-3132020
F 070-3132094
e-mail info@ontwerpwerk.com
website www.ontwerpwerk.com

Contactpersonen / Contacts: Guus Boudestein, Ed Annink

Opdrachtgevers / Clients
Nike, Rijksmuseum voor Oudheden, Gemeente Den Haag, Akzo Nobel, Utrecht Manifest, Museum voor Communicatie, Koninklijke Schouwburg, Museon, Stadsgewest Haaglanden, Messe Frankfurt.

OPL Architecten

Maliesingel 38
3581 BK Utrecht
Postbus 2448
3500 GK Utrecht
T 030-2511005
F 030-2545210
e-mail info@oplarchitecten.nl
website www.oplarchitecten.nl

Contactpersonen / Contacts: Flip Luger, Mario Witteveen, Mariska Verkleij

Oving Architekten bv

Hoge der A 26
9712 AE Groningen
Postbus 1268
9701 BG Groningen
T 050-3146111
F 050-3138819
e-mail buro@ovingarchitekten.nl
website www.ovingarchitekten.nl

P

PBV architecten

Rijksstraatweg 352
2242 AC Wassenaar
T 070-5119260
F 070-5117734
e-mail info@pbv.nl
website www.pbv.nl

Poolen Architekten

Charlotte de Bourbonlaan 2
3818 DJ Amersfoort
T 033-4612486
F 033-4610957
e-mail info@poolen.nl
website www.poolen.nl

Opgericht / Founded: 1991
Aantal medewerkers / Staff: 20
Contactpersonen / Contacts: Ir. J. Poolen (architect BNA, directeur), Ir. R. van Aggelen (architect)
Lidmaatschappen / Memberships: BNA, Architectenregister, STARO (in voorbereiding), Amersfoort in C – centum voor moderne kunst en architectuur, Stichting Architectuur Leusden
BNA, Architectenregister, STARO (in preparation), Amersfoort in C – centre for modern art and architecture, Stichting Architectuur Leusden
Recent gewonnen prijsvragen onder andere:
- Woningbouwplan 't Buitenhof, Culemborg
- Woningbouwplan Weidevenne, Purmerend
- Binnenstedelijke ontwikkeling Landsherenkwartier, Deventer
- Wellantcollege (ROC), Houten
- Immanuëlschool, Oudewater
- De Sniep (woningbouw & commerciële ruimte), Diemen
- Virieupark (woningbouw & commerciële ruimte), Zaltbommel

Recently won competitions, including:
- Housing plan 't Buitenhof, Culemborg
- Housing plan Weidevenne, Purmerend
- Inner city development Landsheren Quarter, Deventer
- Wellantcollege (ROC), Houten
- Immanuëlschool, Oudewater
- De Sniep (housing & commercial space), Diemen
- Virieupark (housing & commercial space), Zaltbommel

Bureauprofiel / Profile
Poolen Architekten is een jong en ambitieus bureau dat zich specialiseert in architectuur, interieur en stedenbouw. Elke nieuwe opgave vormt een zoektocht naar doelbewuste en vernieuwende ontwerpuitgangspunten. Hiernaast bestaat er binnen het bureau tevens een fascinatie voor de wisselwerking tussen de conceptuele uitgangspunten en de uitvoering. Dit proces wordt mogelijk gemaakt door een team van specialistische mensen en een goede samenwerking met externe adviesbureaus.
Poolen Architekten is a young and ambitious firm specializing in architecture, interior and urban planning. Each new assignment is a quest for focused and innovative points of departure in design. Alongside this, there is also within the firm a fascination for the interaction between conceptual points of departure and their implementation. This process is made possible by a team of specialists and good collaboration with external advisory agencies.

Werkgebieden / Fields of work
Stedenbouw, woningbouw en utiliteitsbouw, interieur, restauratie en hergebruik, bijzondere projecten in zorg en onderwijs. Samenwerkingsverbanden met experts in constructie en bouwtechniek, bouwfysica, milieu en energie, kosten, procesmanagement, grafische vormgeving, kunst en fotografie.
Urban planning, housing and utility construction, interior, restoration and re-utilization, special projects in care and education. Collaborations with experts in construction and building technology, construction engineering, environment and energy, costs, process management, graphic design, art and photography.

Opdrachtgevers / Clients
Gemeenten, projectontwikkelaars, woningcorporaties, (bouw)bedrijven, (school)besturen, zorginstellingen, particulieren.
Municipalities, project developers, housing corporations, (construction) companies, (school) boards, care institutions, private individuals.

Q

Quadrant Architecten bna

Markt 24
4761 CE Zevenbergen
Postbus 133
4760 AC Zevenbergen
T 0168-328255
F 0168-328354
e-mail mail@qarch.nl
website www.qarch.nl

Quant Architectuur

Stalbergweg 316
5913 BW Venlo
T 077-3513125
F 077-3548678
website www.quantarchitectuur.nl

S

SATIJNplus Architecten

Kasteelhof 1
6121 XK Born
Postbus 210
6120 BA Born
T 046-4205555
F 046-4205566
e-mail info@satijnplus.nl
website www.satijnplus.nl

Opgericht / Founded: 1963
Aantal medewerkers / Staff: 85
Contactpersonen / Contacts: partners: ir. Rob Brouwers, ir. Leo Petit, ir. Marc Vola, ir. Joop Petit, Wim Heuts, AA
Lidmaatschappen / Memberships: BNA, BNI, NVBK
Prijzen / Awards: Kruisherenhotel Maastricht: European Hotel Design Award 2005 – categorie Best Restauration Londen, Victor de Stuers Monumentenprijs Maastricht 2005, nominatie MIPIM Award 2006 – categorie Hotels and Tourism resorts Cannes, nominatie prix Villégiature 2006 Parijs, Le Trophée des Renommées d'Or du Tourisme International 2007 Parijs, Bouwfonds Award voor Vitale Monumenten 2007 Den Bosch
Kruisherenhotel Maastricht: European Hotel Design Award 2005 – category Best Restoration London, Victor de Stuers Monuments Prize Maastricht 2005, nomination MIPIM Award 2006 – category Hotels and Tourism resorts Cannes, nomination prix Villégiature 2006 Paris, Le Trophée des Renommées d'Or du Tourisme International 2007 Paris, Building Fund Award for Vital Monuments 2007 Den Bosch

Bureauprofiel / Profile
SATIJNplus Architecten is een breed samengesteld bureau met 45 jaar ervaring en biedt naast de reguliere architectenwerkzaamheden integrale oplossingen voor ruimtelijke, architectonische en bouwtechnische vraagstukken. Kenmerkend voor deze geïntegreerde dienstverlening is het samenspel van stedenbouw, architectuur, renovatie & restauratie en bouwtechniek. Momenteel werken er ca. 85 medewerkers vanuit drie divisies, ieder met zijn eigen deskundigheid:
- Restauratie, renovatie en herbestemming
- Gebiedsontwikkeling, stedenbouw en utiliteitsbouw
- Woningbouw en zorg
Deze divisies worden ondersteund door een zelfstandig werkende interieurdivisie.
SATIJNplus Architecten is a broadly made up firm with 45 years of experience, offering integrated solutions for spatial, architectural and engineering problems, in addition to regular architectural activities. This integrated provision of services is characterised by the combination of urban design, architecture, renovation & restoration and construction technology.
At the moment approximately 85 members of staff work on the basis of three divisions, each with its own expertise:
- Restoration, renovation and conversions
- Area development, urban design and utility buildings
- Housing and healthcare
These divisions are supported by an independently working interior design division.

Werkgebieden / Fields of work
Restauratie, renovatie & herbestemming, gebiedsontwikkeling, stedenbouw & utiliteitsbouw, woningbouw & zorg.
Restoration, renovation and conversion, area development, urban design and Utility buildings, Housing and Care.

Opdrachtgevers / Clients
Vitalis WoonZorg Groep, Universiteit Maastricht, TCN, NS Vastgoed, 3W Vastgoed, ALDI Vastgoed, Hogeschool Zuyd, Servatius Wonen & Vastgoed, Woonpunt, Wonen Limburg Vastgoedontwikkeling, Zorgboog, Laudy Bouw & Ontwikkeling, Rijksgebouwendienst, Zorgstichting Vivre, Meulen Projectontwikkeling, AM Wonen, Maastricht Aachen Airport, Zorgorganisatie Sevagram, Mondriaan Zorggroep, Bouwbedrijf Jongen etc.

SCALA architecten
Mieke Bosse en Peter Drijver

Oude Molstraat 36b
2513 BB Den Haag
Postbus 134
2501 CC Den Haag
T 070-3638476
F 070-3631115
e-mail postbox@scala-architecten.nl
website www.scala-architecten.nl

Soeters Van Eldonk architecten

Kerkstraat 204
1017 GV Amsterdam
Postbus 15550
1001 NB Amsterdam
T 020-6242939
F 020-6246928
e-mail arch@soetersvaneldonk.nl
website www.soetersvaneldonk.nl

Spring architecten

Weena-Zuid 110
3012 NC Rotterdam
Postbus 2202
3000 CE Rotterdam
T 010-4132790
F 010-4143778
e-mail info@spring-architecten.nl
website www.spring-architecten.nl

Opgericht / Founded: 1914
Aantal medewerkers / Staff: 40
Contactpersonen / Contacts: R. Roovers, ir. J.A.J.M. de Moor, ir. A.H.A. Hams, ir. E. Kooij
Lidmaatschappen / Memberships: BNA, STARO, STAWON, NIROW, Leliman, Stagg, IWA, Kring Rijnmond van de BNA, Juridische commissie BNA, Lighthouse Club, Energieraad Breda
Prijzen / Awards: 2000: 3e prijs Woningen in de 20e eeuw Centraal Wonen Hilversum
2002: eervolle vermelding ruimtelijke kwaliteitsprijs Z-H voor het project Singelcrescent
2000: 3rd Prize, Houses in the 20th Century, Centraal Wonen, Hilversum
2002: South Holland prize for spatial quality, honourable mention for the Singelcrescent project

Bureauprofiel / Profile
Spring architecten is een full-service architectenbureau met veertig medewerkers. Het is actief in alle marktsegmenten, maar richt zich in het bijzonder op combinatieprojecten. Ons kantoor aan het Weena in Rotterdam is na een recente ingrijpende verbouwing het visitekaartje.
Er wordt gehandeld vanuit een voortdurende aandacht voor het proces en de liefde voor de architectuur, maar het is ook het bureau dat als een van de eerste ging ontwerpen met de computer en zich kan laten voorstaan op state-of-the-art automatisering. Spring

architecten zoekt naar de essentie – de oorsprong en de bron van inspiratie – maar is niet gespeend van realisme.
De aandacht gaat uit naar heldere ruimtelijke concepten, maar ook naar innovatieve oplossingen voor de keuze van techniek en materiaal. Spring architecten wil samenwerken met opdrachtgevers die bereid zijn af te wijken van platgetreden paden. Wij analyseren en zoeken naar intelligente oplossingen die leiden tot onverwachte vondsten. Door in te springen op de wensen van onze principalen komen we tot een overtuigend ontwerp dat dicht bij de kern van de zaak blijft, erop vertrouwend dat het uiteindelijke bouwwerk – bestemd voor die plek en die functie – een eigen kracht bezit en geen verdere toevoegingen nodig heeft. Wie in staat is een visie te ontwikkelen en zich erop toelegt deze te realiseren, trekt de toekomst naar het heden. En de toekomst creëren doe je met hart en ziel, met alle consequenties, in alle uitingsvormen van je identiteit. Met je gedrag, communicatie en symboliek.

Spring architecten is a full-service architectural firm with a staff of forty. It is active in all segments of the market but concentrates in particular on combined projects. Our office on the Weena in Rotterdam, which has recently undergone radical alterations, is our calling card.
The firm follows the process attentively, with a love for architecture. But this is also the company that was one of the first to design with a computer and can pride itself on state-of-the-art techniques. Spring architecten looks for the essence – the origin and source of inspiration – but is by no means lacking in realism. The emphasis is on clear spatial concepts, but also on innovative solutions as regards techniques and materials. Spring architecten likes to work with clients who are prepared to deviate from beaten paths. We make analyses and search for intelligent solutions that can lead to unexpected discoveries. By embracing the requests of our clients, we come up with convincing designs that remain close to the heart of the matter, trusting that the final construction – designed for a particular place and function – has a power of its own and needs no further extension. Those who are capable of developing a vision and focusing on its realization draw the future to the present. And creating the future is done with your heart and soul, with all of the consequences, in all expressions of your identity. With your conduct, communications and symbolism.

Werkgebieden / Fields of work
Woningbouw, scholenbouw, gezondheidszorg, utiliteitsbouw, renovatie, interieur.
Housing, schools, healthcare, utility buildings, renovation, interiors.

Opdrachtgevers / Clients
Spring architecten werkt nagenoeg uitsluitend voor professionele opdrachtgevers, zoals gemeenten, projectontwikkelaars, woningbouwcoöperaties, schoolbesturen, besturen in de gezondheidszorg en ontwikkelende aannemers.
Spring architecten works almost exclusively for professional clients, such as municipalities, project developers, housing corporations, school governing boards, healthcare administrators and new development contractors.

Stijl Architectuur BV

Voorstraat 48
3311 ER Dordrecht
T 078-6489607
F 078-6489608
e-mail info@stijlarchitectuur.nl
website www.stijlarchitectuur.nl

SVP Architectuur en Stedenbouw

't Zand 17
3811 GB Amersfoort
Postbus 465
3800 AL Amersfoort
T 033-4701188
F 033-4700611
e-mail info@svp-svp.nl
website www.svp-svp.nl

T

TANGRAM Architekten

Cronenburg 150
1081 GN Amsterdam
T 020-6761755
F 020-6768737
e-mail info@tangramarchitekten.nl
website www.tangramarchitekten.nl

Van Tilburg Ibelings von Behr architecten bv

Rivium Quadrant 81
2909 LC Capelle aan den IJssel
Postbus 4255
3006 AG Rotterdam
T 010-2021900
F 010-2021999
e-mail info@tibarchitecten.nl
website www.tibarchitecten.nl

Opgericht / Founded:
2006 Van Tilburg Ibelings von Behr architecten
1994 Van Tilburg en partners, architecten en stedenbouwkundigen
1983 Architectenbureau A.S. van Tilburg
Aantal medewerkers / Staff: 17
Contactpersonen / Contacts: Aat van Tilburg architect BNA stedenbouwkundige BNSP, Martin Schoenmakers adjunct-directeur, ir. Marc Ibelings architect BNA, ir. Florian von Behr architect BNA
Lidmaatschappen / Memberships: BNA / BNSP, FSC Nederland, DUBOregister Utiliteitsbouw
Prijzen / Awards:
Kantoor Koningsweg Den Bosch, 2007
Woningbouw Permekeplein Roosendaal, 2007
Studie Woongebouw Vijfhuizen, 2007
Hoofdkantoor Quion Capelle aan den IJssel, 2006
Hoofdkantoor OPG Wetering-Zuid Utrecht, 2005
Appartementen Zuurland Brielle, 2005
Amstelcampus Amsterdam, renovatie en uitbreiding Kohnstammhuis, 2004
Nieuwbouw kantoor Stabiplan Bodegraven, 2004
Betonprijs hoofdkantoor DaimlerChrysler Utrecht, 2003
Gemeenschaps- en cultuurhuis Doorn, 2002
Kantoor Woonstichting 3B Wonen Bergschenhoek, 2001
Hoofdkantoor Waterleidingbedrijf Amsterdam, 1999
Waterschapsgebouw Vallei en Eem Leusden – voorbeeldproject Duurzaam Bouwen Ministerie VROM, 1996
Office, Koningsweg, Den Bosch, 2007
Housing, Permekeplein, Roosendaal, 2007
Housing study, Vijfhuizen, 2007
Head office of Quion, Wetering-Zuid, Utrecht, 2006
Head office of OPG Wetering-Zuid, Utrecht, 2005
Zuurland apartments, Brielle, 2005
Amstel Campus Amsterdam, renovation and expansion of Kohnstammhuis, 2004
New construction of Stabiplan office, Bodegraven, 2004
Betonprijs for Daimler Chrysler head office, Utrecht, 2003
Community and Cultural Centre, Doorn, 2002
Office of Woonstichting 3B Wonen, Bergschenhoek, 2001
Head office of Municipal Water Company, Amsterdam, 1999
District waterworks building Vallei and Eem, Leusden (Durable Construction model project for the Ministry for Housing, Regional Development and the Environment), 1996

Bureauprofiel / Profile
Voor Van Tilburg Ibelings von Behr architecten is iedere ontwerpopgave uniek. Ontwerpen is een proces. Iedere nieuwe opdracht wordt onderzocht op de mogelijkheden van de locatie in relatie tot het programma van eisen. Dit gebeurt in intensief overleg met de opdrachtgever en de adviseurs. De verschillende studiemodellen worden getoetst op functionaliteit, stedenbouwkundige aspecten, flexibiliteit, duurzaamheid, conceptuele kracht en haalbaarheid. Door zorgvuldige afweging worden keuzes gemaakt.
Typerend voor het werk van Van Tilburg Ibelings von Behr architecten is het vermogen om een architectonisch concept te vertalen in een heldere bouwstructuur. Architecten en projectleiders werken een project in detaillering en materiaalgebruik consequent uit. De ontwerpen kennen een grote interne ruimtelijkheid, die communicatie en ontmoetingen stimuleert en de integratie van innovatieve klimaatconcepten mogelijk maakt.

For Van Tilburg Ibelings von Behr architecten, every design assignment is unique. Designing is a process. For each new assignment, the possibilities of the location are investigated in relation to the programme of requirements. This occurs in intensive consultation with the client and advisers. Various study models are tested for functionality, urban planning aspects, flexibility, durability, conceptual strength and feasibility, with choices being made after careful consideration.
The ability to translate an architectural concept into a building with a clear structure is characteristic of the work of Van Tilburg Ibelings von Behr architecten. Architects and project directors employ consistency in working out the use of materials and detailing of a project. The designs typically have great interior spaciousness, which stimulates communication and personal encounters and makes it possible to integrate innovative climate control concepts.

Werkgebieden / Fields of work
Stedenbouw: herstructurering naoorlogse wijken.
Utiliteit: hoofdkantoren voor eigenaar / gebruiker, kantoren voor de markt, stadhuizen, scholen en winkelcentra.
Woningbouw: appartementengebouwen, seriematige woningbouw, woongebouwen gecombineerd met voorzieningen, winkels etc., inpassing in bestaande stadsstructuren.
Zorg: woonzorggebouwen, verpleeghuizen.
Interieur: kantoorinrichting, representatieve ruimten.
Urban development: restructuring of post-war districts.
Utility construction: head offices for owner / user, offices for the market, town halls, schools and shopping centres.
Housing: apartment buildings, serial housing, residential buildings combined with services, shops etc., incorporating housing in existing urban structures.
Care: assisted living complexes, nursing homes.
Interiors: office interiors, representative spaces.

Opdrachtgevers o.a. / Clients a.o.
Delta Projectontwikkeling (Dordrecht), Aramis (Roosendaal), Stahl Holdings (Waalwijk), Rondom Wonen (Pijnacker), Woonstichting Etten-Leur, AM Wonen (Zoetermeer), Modulus (Rijswijk), Gemeente Pijnacker-Nootdorp, Woongroep Holland (Amstelveen), Hogeschool Avans (Tilburg), ING Real Estate (Den Haag), Volker Wessels Vastgoed (Zoetermeer), Woonpartners Middenholland (Waddinxveen), Trimp & van Tartwijk (Amsterdam), Waternet Amsterdam, Objectum (Capelle aan den IJssel), BAM Vastgoed (Utrecht), Ballast Nedam Ontwikkelingsmaatschappij (Nieuwegein), Blauwhoed Eurowoningen (Rotterdam), Bouwfonds MAB Ontwikkeling (Hoevelaken), Willemsen Minderman (Capelle aan den IJssel).

Topos Architecten bv

Middelburgseweg 1a
2741 LB Waddinxveen
Postbus 37
2740 AA Waddinxveen
T 0182-394344
F 0182-395878
e-mail info@toposarchitecten.nl
website www.toposarchitecten.nl

Aantal medewerkers / Staff: 35
Contactpersonen / Contacts: R.J. de Rooij, K.R. Jongelie
Lidmaatschappen / Memberships: BNA, STAGG STARO, STAWON, SAB

Bureauprofiel / Profile
De architecten Kees Jongelie, Ronald de Rooij, Sander Kreijns, Mariëlle van Ooi, Ernst Verboom, Katinka van der Koogh en Piet Jan Versluis tonen in hun werk een eigen handschrift met de geïntegreerde professionele ondersteuning van alle disciplines binnen het bureau, in

kleine teams gericht op het project. Met visie, ervaring en ambitie worden woningen, scholen, kinderdagverblijven, bedrijfsgebouwen en gebouwen voor wonen, zorg en verpleging in verschillende combinaties gerealiseerd.

The work of architects Kees Jongelie, Ronald de Rooij, Sander Kreijns, Mariëlle van Ooi, Ernst Verboom, Katinka van der Koogh and Piet Jan Versluis bears a distinctive signature, reinforced by integrated professional support from all the disciplines represented within the studio, working in small teams focused on the project. Dwellings, schools, day nurseries, commercial buildings and buildings for various combinations of nursing and assisted living are realised with vision, experience and ambition.

Werkgebied / Fields of work:
Woningbouw, scholenbouw, kinderdagverblijven en buitenschoolse opvang, verzorgings- en verpleeghuizen, utiliteitsbouw.
Residential buildings, schools, day care centres and after-school care centres, nursing homes and residential care centres, utility buildings.

U

UArchitects

Klokgebouw 233
5617 AC Eindhoven
T 040-2366535
F 040-2366541
e-mail info@uarchitects.com
website www.uarchitects.com

V

architektenburo irs. VEGTER b.i.

Harlingerstraatweg 26
8916 BC Leeuwarden
T 058-2150975
F 058-2125126
e-mail vegter@planet.nl
www.architektenburovegter.nl

W

Architectenbureau Weeda van der Weijden bv

Tijs van Zeventerstraat 15
3062 XP Rotterdam
Postbus 4180
3006 AD Rotterdam
T 010-2121588
F 010-2122428
website www.wvdw.com

Frank Willems Architecten bna

Javastraat 68
6524 MG Nijmegen
Postbus 1196
6501 BD Nijmegen
T 024-3608971
F 024-3609261
e-mail info@frankwillemsarchitecten.nl
website www.frankwillemsarchitecten.nl

De Witte - Van der Heijden Architecten

Emmastraat 135
7513 BB Enschede
T 053-4303835
F 053-4321672
e-mail enschede@dwvdh.nl
website www.dewittevanderheijden.nl

Deken Hooijmansingel 4
7141 EC Groenlo
T 0544-461201
F 0544-462899
e-mail groenlo@dwvdh.nl

Z

De Zwarte Hond

Hoge der A 11
9712 AC Groningen
Postbus 1102
9701 BC Groningen
T 050-3134005
F 050-3185460
e-mail info@dezwartehond.nl
website www.dezwartehond.nl

Aert van Nesstraat 45
3012 CA Rotterdam
Postbus 25160
3001 HD Rotterdam
T 010-2409030
F 010-2409025
e-mail info@dezwartehond.nl
website www.dezwartehond.nl

Opgericht / Founded: 1984
Aantal medewerkers / Staff: 100
Contactpersonen / Contacts: Jurjen van der Meer, Willem Hein Schenk, Jeroen de Willigen, Eric van Keulen
Lidmaatschap / Membership: BNA
Prijzen / Awards: BNA Gebouw van het Jaar 2008, winnaar Regio Noord
BNA Building of the Year 2008, Northern Region winner

Bureauprofiel / Profile
De Zwarte Hond is een multidisciplinair ontwerpbureau met jarenlange ervaring in een breed werkveld. Ongeveer honderd mensen op de vestigingen in Rotterdam en Groningen werken aan de verschillende projecten. Binnen de hedendaagse complexe maatschappelijke, ruimtelijke en economische context, is De Zwarte Hond goed in staat een uitgebalanceerd en bijzonder ontwerp te maken van hoog niveau. Iedere nieuwe opgave wordt met grote nieuwsgierigheid en gretigheid opgepakt. Voor het bepalen van ontwerpstrategieën wordt gezocht naar de synergie tussen stedenbouwkundige, architectonische en landschappelijke oplossingen.
De Zwarte Hond is a multidisciplinary design office with many years' experience in a broad sphere of action. Approximately one hundred people work on various projects at our offices in Rotterdam and Groningen. Within today's complex social, spatial and economic context, De Zwarte Hond is well equipped to make a balanced and special design at a high level. Each new assignment is taken on with a great deal of curiosity and eagerness. In determining design strategies, a search is made for the synergy between urban design, architectural and landscape solutions.

Werkgebieden / Fields of work
Woningbouw, utiliteitsbouw, stedenbouw, landschap.
Housing, utility buildings, urban design, landscape.

Opdrachtgevers / Clients
Zie www.dezwartehond.nl.
See www.dezwartehond.nl.

Interieurarchitecten /
Interior architects

H

Ontwerpburo Heilig & Buit

Wolfsenstraat 4
2064 XL Spaarndam
T 023-5133020
F 023-5133022
e-mail heilig-buit@planet.nl
website www.heilig-buit.nl,
www.lottiebuit.nl

M

MERKX + GIROD BV
ARCHITECTEN BNI BNA

Gietersstraat 23
1015 HB Amsterdam
T 020-5230052
F 020-6201329
e-mail arch@merkx-girod.nl

O

StudiOzo

Donklaan 61
2254 AB Voorschoten
T 071-5605560
F 071-5134777
e-mail info@studiozo.nl

W

workshop of wonders

Oudegracht 362
3511 PN Utrecht
T 030-2318686
e-mail info@workshopofwonders.nl
website www.workshopofwonders.nl

**Stedenbouwkundigen en landschapsarchitecten /
Urban planners and landscape architects**

B

BURO 5 MAASTRICHT
architectuur, stedenbouw, landschap en planologie

Louis Loyensstraat 5
6221 AK Maastricht
Postbus 959
6200 AZ Maastricht
T 043-3253223
F 043-3255996
e-mail info@buro5.nl
website www.buro5.nl

C

Crepain Binst Architecture nv
Stedenbouw, architectuur, interieur en design

Vlaanderenstraat 6
2000 Antwerpen, België
T +32 (0)3-2136161
F +32 (0)3-2136162
e-mail mail@crepainbinst.be
website www.crepainbinst.be

Opgericht / Founded: 1973
Aantal medewerkers / Staff: 70
Contactpersonen / Contacts: Jo Crepain, gedelegeerd bestuurder (architect-stedenbouwkundige), Luc Binst (gedelegeerd bestuurder, architect), Dirk Engelen (partner, architect), Lieven Louwyck (partner, architect), Jo Taillieu (partner, architect)
Prijzen / Awards: een twintigtal nationale en internationale prijzen waaronder de Andrea Palladioprijs in 1989. Verder onder meer:
- Prijs voor het beste bedrijfsgebouw voor de renovatie van de Uco-gebouwen te Gent
- Laureaat voor de wedstrijd Monument Koning Boudewijn te Antwerpen
- Laureaat voor ontwerp campus voor de Universitaire Instelling Antwerpen: 10.000 m²
- Laureaat voor de renovatie van het kantoorgebouw van het WTCB en VKB te Brussel: 7.500 m²
- Laureaat stedenbouwkundige wedstrijd voor het Ringpark te Tilburg
- Laureaat woningbouwproject Uithoorn
- Winnend wedstrijdontwerp voor het bouwen van een 160-tal woningen te Goirle
- Winnend wedstrijdontwerp Vogelsang, honderd wooneenheden te Leerdam
- Laureaat besloten wedstrijd voor de bouw van een nieuw campusgebouw voor de Katholieke Hogeschool Leuven, 11.000 m²
- Laureaat besloten wedstrijd voor de aanleg van een marktplein en bouw van 41 seniorenwoningen en winkels in Geulle
- Laureaat besloten wedstrijd herbestemming van monumentaal bejaardentehuis Mariëngaarde van architect Kropholler tot luxe seniorenappartementen met zorgvoorzieningen in Tilburg
- Provinciale prijs West-Vlaanderen 2003 en energie-award voor het kantoorgebouw Renson te Waregem
- Prijs voor beste bedrijfsgebouw van het jaar 2004, Telindus te Haasrode
- 'Artevelde Hogeschool' laureaat wedstrijd voor de bouw van een nieuw schoolgebouw, Campus Kantienberg met een oppervlakte van 20.000 m² te Gent in functie van 3500 studenten
- 'Campus Mortsel' laureaat besloten wedstrijd voor de bouw van een basisschool voor 650 leerlingen (5.500 m²) in een bestaand park-masterplan
- 'Grave' laureaat wedstrijd voor de bouw van 45 appartementen en 1.600 m² winkels in het historisch centrum
- 'Heijlaar' laureaat besloten wedstrijd voor een stedenbouwkundige visie van de ontwikkeling van een landgoed te Breda met plm. 80 woningen en 24 percelen in functie van de verkaveling
- 'West Vlaamse Energie Maatschappij' laureaat besloten wedstrijd voor de nieuwbouw van kantoren, magazijnen en omgevingsaanleg
- 'Appartementen het Eilandje' laureaat wedstrijd voor nieuwbouw met gemengde bestemming in opdracht van Brabo
- The Marble Architectural Award, Europe (Luc Binst) – vrijstaande loftwoning Luc Binst.

Twenty national and international prizes, including the Andrea Palladio Prize in 1989. Further, among others:
- Prize for the best commercial building for the renovation of the Uco buildings in Ghent
- Laureate in the King Boudewijn Monument competition Antwerp
- Laureate for the design of the University of Antwerp campus: 10,000 m²
- Laureate for the renovation of the WTCB and VKB office building, Brussels: 7,500 m²
- Laureate in the urban planning competition for the Ringpark, Tilburg
- Laureate for housing project, Uithoorn
- Winning design in the competition for building 160 dwellings in Goirle
- Winning design in the Vogelsang competition, a hundred residential units in Leerdam
- Laureate in the closed competition for building a new campus building for the Catholic University of Leuven: 11,000 m²
- Laureate in the closed competition for the construction of a market square and 41 apartments for the elderly and shops in Geulle
- Laureate in the closed competition for the conversion of the monumental Mariëngaarde old people's home by architect Kropholler into luxury apartments with care facilities for the elderly in Tilburg
- West-Flanders Provincial Prize 2003 and energy award for the Renson office building in Waregem
- Prize for Telindus, the best commercial building of the year 2004, in Haasrode
- 'Artevelde Hogeschool', laureate in the competition for constructing a new school building, Campus Kantienberg, with a floor area of 20,000 m² serving 3,500 students in Ghent
- 'Campus Mortsel', laureate in the closed competition for constructing a primary school for 650 pupils (5,500 m²) in an existing park master plan
- 'Grave', laureate in the competition for the construction of 45 apartments and 1,600 m² shops in the historic centre
- 'Heijlaar', laureate in the closed competition for a planning concept for developing a country estate in Breda with ca. 80 dwellings and 24 parcels of land
- 'West Flemish Energy Company', laureate in the closed competition for new offices, warehouses and surroundings
- 'Het Eilandje Apartments', laureate in the competition for new buildings with mixed usage commissioned by Brabo
- The Marble Architectural Award, Europe (Luc Binst) - detached loft building for Luc Binst

Bureauprofiel / Profile
Crepain Binst Architecture staat voor de stijlfusie van de architect-stedenbouwkundigen Jo Crepain (*1950) en Luc Binst (*1973). Het is de start van een tweede jeugd met een aangescherpte ambitie en frisse wind die ons vanuit een breed spectrum aan projecten dichter moet brengen bij de essentie en werking van een topbureau met een artistieke présence en vele mogelijkheden.
Crepain Binst Architecture hanteert architectuur als een artistiek medium om opdrachten pragmatisch te vertalen tot gebouwde abstracte creaties van conceptuele logica en eenvoud. Uit elke site, met haar randvoorwaarden en eigen identiteit, worden steeds de bruikbare signalen gedistilleerd als basis en setting voor elk ontwerpproces. Samen met de door de opdrachtgever aangereikte verlangens, beperkingen, eisen en gangbare normen wordt er steeds intensief gezocht door middel van een communicatief en creatief proces. Conceptuele zuiverheid, verhouding, dynamiek, expressie, licht, kleur, ruimte en schaal zijn hierbij onze kernwoorden. De ontwerpen worden vertaald in concrete realisaties met onderzoek naar vernieuwend materiaalgebruik, conceptueel ondersteunende detaillering en geraffineerde textuurtoepassing tot een eigen duidelijk herkenbare identiteit. Naast verbouwingen of nieuwbouw van woon-, kantoor- en publieke gebouwen, behoren ook kruisbestuivingen met andere creatieve media tot het opdrachtenspectrum.
Crepain Binst Architecture is een multidisciplinair team samengesteld uit een zeventigtal ingenieur-architecten, architecten, interieurarchitecten en stedenbouwkundigen, waardoor een totaal design of ontwerp gerealiseerd kan worden.

Crepain Binst Architecture stands for the merger of styles between architects and urban designers Jo Crepain (*1950) and Luc Binst (*1973). It marks the start of a second youth, with heightened ambition and a breath of fresh air, providing access to a broader range of projects, and bringing us closer to the essence and operation of a top-notch firm with a strong artistic presence and many opportunities.

Crepain Binst Architecture deals with architecture as a practical artistic medium to transform assignments into abstractly built creations of conceptual logic and simplicity. The useful signals are constantly distilled from every site, with its peripheral conditions and its own identity, as basis and the setting for every designing process. Considering the client's requirements, limitations, demands and acceptable standards, we continue to look for solutions through communication and creativity. Conceptual purity, proportion, dynamics, expression, light, colour, space and scale form our core values. The designs are turned into actual realizations following research into the use of renewable materials, conceptually supporting detail and a refined application of texture, to reflect our own clearly recognizable identity. Apart from alterations or the construction of new homes, offices and public buildings, a 'cross-pollination' by other creative media also forms part of the range of assignments.

Crepain Binst Architecture is a multidisciplinary team comprising some seventy engineer-architects, architects, interior architects and urban designers that is capable of realizing designs in their totality.

Werkgebieden / Fields of work

Stedenbouw
Het kantoor telt diverse stedenbouwkundige opdrachten, zowel in België als in Nederland, met als belangrijkste in het oog springende: De Balije, 850 woningen in de Leidsche Rijn, de herontwikkeling van de Boelwerfsite in Temse, verkavelingen in Wondelgem en Kuringen van telkens 500 woningen en appartementen en het stedenbouwkundig plan Antwerpen Nieuw-Zuid: een 1000-tal woningen en 150.000m² kantoren als eerste stadsuitbreiding op de rechteroever sinds 1930.

Architectuur
Het kantoor heeft een zeer ruime ervaring, gaande van woningen tot grote wooncomplexen, schoolgebouwen, stadhuizen, industriële gebouwen en kantoren, zowel nieuwbouw als renovatie. Voorname realisaties zijn: renovatie Dexia Pachecolaan Brussel; het nieuwbouw kantoor Renson te Waregem dat een energie-award in de wacht sleepte; het nieuwbouw kantoor Telindus te Haasronde (verkozen tot beste bedrijfsgebouw van 2003) en het Stadhuis te Lommel. Enkele lopende projecten zijn de kantoren aan het Station van Leuven (60.000m²); Niko te Sint-Niklaas, de Arteveldehogeschool te Gent, de kantoren van de West Vlaamse Energiemaatschappij in Torhout, appartementen bij de Stadsfeestzaal, aan de Jordaens-kaai en op het Eilandje te Antwerpen; de renovatie van het Telexgebouw Belgacom te Brussel en vele andere. In Nederland zijn het Wladiwostokcomplex op het Java-eiland in Amsterdam, de 175 luxe-appartementen langs de IJssel en de 55 appartementen in de Polstraat, beiden in Deventer, het kasteel Haverleij in 's Hertogenbosch, het Carré met 145 woningen in Etten-Leur en de 100 appartementen in Limos in Nijmegen, bijna de meest bekende projecten. Enkele andere complexen zijn in volle ontwikkeling zoals: IJburg Amsterdam, Gershwin Amsterdam, Kavel 3A op het Oosterdokseiland te Amsterdam en Presikhaaf te Arnhem.

Interieur & design
Interieur & design vormen samen een belangrijke discipline in het kantoor, het interieurteam werd het afgelopen jaar verder uitgebouwd tot een sterk zeskoppig team van complementaire medewerkers. Het team heeft een rijke ervaring in het inrichten van woningen, appartementen en volledige kantoren, en dit binnen diverse kostprijscategorieën. Door de jarenlange ervaring is het kantoorconcept geëvolueerd tot een uiterst flexibel en uitgepuurd geheel. Zij werken binnen een architectuurdossier complementair het interieurgedeelte uit, tevens werken zij onafhankelijk aan interieurdossiers en geven advies en ondersteuning in verband met materialen, techniek, armaturen. In het verleden werden ook diverse tentoonstellingen als 'Ogen-blik', 'Sport in Hellas' en onze eigen modulaire tentoonstelling 'Crepain Binst Architecture' mede door hen vormgegeven. Als kruisbestuiving met andere disciplines zoals design en fashion zijn als belangrijkste realisaties te vermelden: JOFFICE (Jo's office), een kantoormeubelserie verdeeld door Ahrend in de Benelux, Engeland en Frankrijk en het ELIKS lichtarmatuur in samenwerking met KREON met een internationale verdeling. Stilaan werken wij aan de vormgeving van een eigen collectie objecten die in samenwerking met diverse fabrikanten op de markt komen. Zowel de firma's DARK als LENSVELT-GISPEN lanceren in 2008 één van onze ontwerpen die vanuit 'de basis' geconcipieerd werden terwijl andere concepten nog in volle opstartfase zijn.

Urban planning
The firm handles various urban development projects both in Belgium and in the Netherlands, of which the most eye-catching ones are: De Balije, 850 houses in the Leidsche Rijn; the urban redevelopment of the Boelwerf site in Temse; the housing estate in Wondelgem, with 350 houses and apartments; and the Antwerp Nieuw-Zuid urban development plan, with some 1,000 houses and 150,000 m² offices, as the first urban expansion on the right river bank since 1930.

Architecture
The office boasts a very wide range of experience, ranging from homes to large residential complexes, school buildings, town halls, industrial buildings and offices, both new constructions and renovation. The most important actualisations are: the renovation of Dexia Pachecolaan Brussels; the newly build Renson office in Waregem that bagged an energy-award; the newly constructed Telindus office in Haasrode (also voted best commercial building of 2003) and the Town Hall in Lommel.
Some current projects are the offices at the Leuven Station (60,000m²); Niko in Sint-Niklaas, the Artevelde college in Ghent, the offices of the West Vlaamse Energiemaatschappij in Torhout, apartments at the Stadsfeestzaal, at the Jordaens quay and on the Island in Antwerp; the renovation of the Belgacom Telex building in Brussels and many more.
In the Netherlands, the Wladivostok complex on Java-island in Amsterdam, the 175 luxury apartments along the IJssel and the 55 apartments in Polstreet, both in Deventer, the castle of Haverleij in 's Hertogenbosch, the Carré with 145 homes in Etten-Leur, and the 100 apartments in Limos in Nijmegen, are amongst the most well-known projects. The development of some other complexes are in full swing, such as: IJburg Amsterdam, Gershwin Amsterdam, Lot 3A on the Oosterdok island in Amsterdam and Presikhaaf in Arnhem.

Interior & design
Together, interior & design form an important discipline in the office. Last year, the interior design team was developed further into a strong team consisting of five complementary employees. The team has a wealth of experience in the decoration of homes, apartments and entire offices, and this within different cost-price categories. Due to the experience that was gained over many years, the office setup evolved into an extremely flexible and refined entirety. They prepare a complementary interior design within an architectural folder, they also work independently on interior folders and offer advice and support as far as materials, techniques and fittings are concerned. In the past, various exhibitions such as 'Ogen-blik', 'Sport in Hellas' and our own modular exhibition 'Crepain Binst Architecture' were also co-designed by them. As a cross-pollination with other disciplines such as design and fashion, the most important actualisations to be mentioned: JOFFICE (Jo's office), an office furniture series distributed by Ahrend in the Benelux, UK and France and the ELIKS light fittings in cooperation with KREON with an international distribution. We are also slowly but certainly working on the design of our own collection of objects that will be marketed in cooperation with various manufacturers. In 2008, the companies DARK, and LENSVELT-GISPEN will each be launching one of our designs that was conceived from 'the basis', while other concepts are still in startup stage.

Opdrachtgevers / Clients
België (kantoorbouw): Uco (Gent), Telindus (Haasrode), Ultrak (Wommelgem), Renson (Waregem), Duval Guillaume Advertising (Brussel), VVL/BBDO (Brussel), Mercator-Noordstar (Antwerpen), Dexia (Brussel), Fortis (Brussel), Niko (Sint-Niklaas).
Nederland: sociale woningbouwverenigingen: woningbouwvereniging Het Oosten (Amsterdam), de Woonunie (Deventer), TBV (Tilburg), gemeentelijke overheden (Amersfoort, Geleen, Beverwijk), projectontwikkelaars: Heijmans Projectontwikkeling, Bouwfonds Vastgoedontwikkeling, Johan Matser, IBC, Rabo, ING, Grondmij, Amstelland, AM, AB, Multi Vastgoed, DC Development, Koningsveen projectontwikkeling, Boers aannemingsmaatschappij.
Belgium (office buildings): Uco (Ghent), Telindus (Haasrode), Ultrak (Wommelgem), Renson (Waregem), Duval Guillaume Advertising (Brussels), VVL/BBDO (Brussels), Mercator-Noordstar (Antwerp), Dexia (Brussels), Fortis (Brussels), Niko (Sint-Niklaas).
The Netherlands: public sector housing associations: Het Oosten housing association (Amsterdam), de Woonunie (Deventer), TBV (Tilburg), local governments (Amersfoort, Geleen, Beverwijk), project developers: Heijmans Projectontwikkeling, Bouwfonds Vastgoedontwikkeling, Johan Matser, IBC, Rabo, ING, Grondmij, Amstelland, AM, AB, Multi Vastgoed, DC Development, Koningsveen projectontwikkeling, Boers aannemingsmaatschappij.

Croonen Adviseurs bv
strategie, ordening & vorm

Hoff van Hollantlaan 7
5243 SR Rosmalen
Postbus 435
5240 AK Rosmalen
T 073-5233900
F 073-5233999
e-mail info@croonen.nl
website www.croonenadviseurs.nl

G

G84
bureau voor tuin- en landschapsarchitectuur

G84 AMERSFOORT
Barchman Wuytierslaan 72
3818 LK Amersfoort
T 033-4618411
F 033-4657341
e-mail amersfoort@G84.nl
website www.G84.nl

G84 MAASHEES
Gildelandt 31
5823 CH Maashees
T 0478-636814
F 0478-636891
e-mail G84-maashees@hetnet.nl
website www.G84.nl

Contactpersonen / Contacts:
G84 AMERSFOORT: ir. Robert van Baarsen BNT, ing. Robert-Jan Esveldt, ir. Erik van Oosten BNT, ir. André Rabsztyn BNT
G84 MAASHEES: ing. Anjo Verhoeven

Werkgebieden / Fields of work
Groen- en landschapsplannen: landschapsplan, groenvisie, groenstructuurplan, groenbeleidsplan, groenbeheerplan, groenonderhoudsplan, bomenplan, beplantingsplan.
Inrichtingsplannen: terreininrichtingsplan, woonomgevingsplan, buitenruimteplan, herinrichtingsplan.
Werkvoorbereiding: civiel- en cultuurtechnische werktekeningen, werkomschrijving, besteksbegroting, bestek RAW-systematiek.
Aanbesteding en Toezicht: openbare en onderhandse aanbesteding, directievoering.
Projectleiding: supervisor, procesmanagement, plancoördinatie.
Park and landscape plans in the field of design, management and maintenance.
Site and redevelopment plans for public and private space.
Work planning related to civil and land development (RAW system estimate).
Tender and supervision both public and private.

Project management, planning coordination and supervision.

Opdrachtgevers / Clients
Gemeentelijke overheden, projectontwikkelaars, woningbouwverenigingen, (zorg-) instellingen, bedrijven, kantoren, particulieren.
Local governments, project developers, housing associations, (social) institutions, companies, offices, private individuals.

Rein Geurtsen & partners

Stationsplein 14
2611 BV Delft
T 015-2123002
F 015-2148275
e-mail stadsontwerp@reingeurtsen.nl
website www.reingeurtsen.nl

Bureauprofiel / Profile
Stedelijke ontwikkeling als culturele opgave, in de breedste zin van het woord: daar ligt onze fascinatie. Veel projecten gaan over ingrijpende vernieuwing van bestaande stedelijke gebieden. Daarbij zoeken we naar een verbinding tussen de nieuwe opgave en het ruimtelijke erfgoed, de weerslag van de geschiedenis van het stedelijk landschap. Dat zijn spannende zoektochten, samen met alle betrokken partijen. De ondersteuning van bewonersparticipatie is daarbij een van onze specialisaties.
Stedelijke vernieuwing heeft doorgaans een lange looptijd. Dat betekent een langdurige betrokkenheid bij de planvorming, waarbij we in veel projecten tevens regie voeren over de ruimtelijke kwaliteit van openbare ruimte en gebouwen.

Urban development as a cultural assignment, in the broadest sense: that's what fascinates us. Many of our projects involve a radical renewal of existing urban areas. We seek to create a link between the new assignment and the location's legacy, the reflection of the history of the urban landscape. Quests such as these are exciting, and we undertake them in collaboration with all parties involved. Encouraging the participation of residents is one of our specialities in this regard.
Urban renewal generally takes quite a long time. This means a lengthy involvement in the planning stage, during which in many projects we also supervise the environmental quality of public spaces and buildings.

Grontmij

De Holle Bilt 22
3732 HM De Bilt
Postbus 203
3730 AE De Bilt
T 030-2207911
F 030-2200174
e-mail marielle.kok@grontmij.nl
website www.grontmij.com

H

HOLLANDSCHAP / EUROLANDSCAPE
Adviesburo voor Stad- en Landschapsinrichting
ing. P. van Loon, Landschapsarchitect BNT / directeur

Moerdijkstraat 23
2751 BE Moerkapelle
Postbus 13
2750 AA Moerkapelle
The Netherlands
T 079-5931819
F 079-5932498
e-mail mail@hollandschap.nl /
mail@eurolandscape.com
website www.hollandschap.nl /
www.eurolandscape.com

K

K3 architectuur en planning bv BNA

Utrechtsestraat 67
6811 LW Arnhem
Postbus 612
6800 AP Arnhem
T 026-3515951
F 026-4457027
e-mail info@k3architectuur.nl
website www.k3architectuur.nl

M

MARCELIS WOLAK
landschapsarchitectuur
de Ziel van de Plek – Betrokkenheid – Integrale Benadering

Italiaanseweg 6
6865 NC Doorwerth
Postbus 155
6860 AD Oosterbeek
T 026-3390151
F 026-3390107
e-mail info@marceliswolak.nl
website www.marceliswolak.nl

O

van den Oever, Zaaijer & Partners architecten

Planetarium, Kromwijkdreef 11
1108 JA Amsterdam Zuidoost
Postbus 22565
1100 DB Amsterdam Zuidoost
T 020-6919115
F 020-6965349
e-mail info@oz-p.nl
website www.oz-p.nl

Opgericht / Founded: 1990
Aantal medewerkers / Staff: 90
Contactpersonen / Contacts:
ir. J.B.W. Bosch architect BNA
mr. V.L.M. Frequin
ir. J.S.A. Heijstee architect BNA
ir. J.R. van den Oever architect BNA
ir. C.J.J. den Ouden architect
ir. L. Vosmer architect
ir. W.M. Zaaijer architect BNA
ir. C. Zwiers architect stedenbouwkundige
Lidmaatschappen / Memberships: BNA, KIVI, Stichting Hoogbouw, ARCAM, NAi
Prijzen / Awards: MIPIM Award 2003 en RIBA Award voor 'Renovatie en uitbreiding World Trade Center Amsterdam' in samenwerking met Kohn Pederson Fox, Londen; Het WTC Amsterdam heeft in 2008 de MIPIM Award 2008 gewonnen voor 'Refurbished Office Buildings'
MIPIM Award 2003 and RIBA Award for 'Renovation and Expansion of World Trade Center Amsterdam' in collaboration with Kohn Pederson Fox, London; the WTC Amsterdam won the MIPIM Award 2008 for 'Refurbished Office Buildings'

Bureauprofiel / Profile
Organisatie
- OZ-P Architectuur – ontwerpt en realiseert een grote verscheidenheid aan gebouwen: van kantoorgebouwen tot hotels, van woningbouwprojecten tot sportcomplexen en van scholen tot theaters.
- OZ-P Stedenbouw – legt het accent op herstructurering van wijken, stedelijke centra en industriegebieden.
- OZ-P Interieur – ontwerpt interieurs en werkt plannen uit voor de afbouw en inrichting van door het bureau ontworpen gebouwen.
- OZ-P Bouwkunde – verzorgt de technische uitwerking voor zowel de eigen ontwerpen als voor de ontwerpen van collega-architecten.

Filosofie / maatschappelijk verantwoord ontwerpen
'van den Oever, Zaaijer & Partners architecten' richt zich op het realiseren van moderne, functionele, kwalitatief hoogwaardige architectuur en stedenbouw. Het bureau ziet de architect als dienstverlener die zich ten doel stelt de huisvestingswens en het programma van eisen van de opdrachtgever optimaal te vertalen naar een functioneel en architectonisch hoogwaardig resultaat.
Het bureau beschouwt het als een uitdaging aspecten als functionaliteit, duurzaamheid, innovatie, kostenbewustzijn en ruimtelijke beleving met elkaar in balans te brengen tot een architectonisch spannend en tot in detail kwalitatief hoogwaardig resultaat.
Om dit doel te kunnen bereiken heeft 'van den Oever, Zaaijer & Partners architecten' een efficiënte werkwijze ontwikkeld in een heldere organisatie waarbij het ontwerp- en uitvoeringsproces goed op elkaar zijn afgestemd.
Onder de noemer maatschappelijk verantwoord ontwerpen geeft OZ-P invulling aan haar bijdrage aan het duurzaam bouwen. Daarbij verenigt het bureau belangrijke elementen zoals maatschappelijk verantwoord ondernemen, duurzaam bouwen en klantgericht werken.

Kwaliteitszorgsysteem
De kwaliteit van de projecten wordt bewaakt door het binnen ons bureau gehanteerde kwaliteitszorgsysteem. Het ontwerpproces volgt de procedures die in het kwaliteitszorgsysteem zijn vastgelegd. Sinds december 1998 is 'van den Oever, Zaaijer & Partners architecten' officieel in het bezit gekomen van het ISO-9001 Kwaliteitssysteemcertificaat voor het ontwerpen en begeleiden van bouwprojecten. In december 2001 is dit omgezet in het ISO-9001:2000 certificaat. Centraal in dit nieuwe kwaliteitssysteem staat de klant / opdrachtgever. Alle processen binnen het bureau zijn hierop gebaseerd.
Organisation
- OZ-P Architecture – designs and realizes a great variety of buildings: from office buildings to hotels, from housing projects to sports complexes and from schools to theatres.
- OZ-P Urban Design – puts the accent on redeveloping districts, urban centres and industrial zones.
- OZ-P Interior – designs interiors and elaborates plans for the finishing and furnishing of buildings designed by the office.
- OZ-P Building Engineering – takes care of technical production for both its own designs and those of fellow architects.

Philosophy / socially responsible designs
'van den Oever, Zaaijer & Partners architecten' specialises in the realization of modern, functional, high-quality architecture and urban development. The firm sees the architect as a service provider whose goal is to optimally translate the client's accommodation wishes and brief into a functional and high-quality architectural result. The firm regards it as a challenge to harmonise such aspects as functionality, sustainability, innovation, cost-consciousness and spatial experience, so as to achieve an architecturally exciting result with high quality down to the smallest detail.
In order to achieve this aim, 'van den Oever, Zaaijer & Partners architecten' has developed an efficient, clearly organised way of working in which the processes of design and realization are well attuned.
Under the heading of socially responsible designs, OZ-P gives substance to its contribution to sustainable building. The office unites important elements such as socially responsible ventures, sustainable building and client-oriented work.

Quality control system
Our office employs a quality control system to monitor the quality of the projects. The design process follows the procedures laid down in the quality control system. Since December 1998, 'van den Oever, Zaaijer & Partners' is officially in the possession of the ISO-9001 Quality System Certificate for designing and supervising building projects. This was converted into the ISO-9001:2000 Certificate in December 2001. This new quality system focuses on the client / commissioner. All processes within our firm are based on this.

Werkgebieden / Fields of work
'van den Oever, Zaaijer & Partners architecten' is een veelzijdig architectenbureau, dat projecten in binnen- en buitenland realiseert. De lijst bestrijkt een breed spectrum van het vakgebied: van stedenbouw tot interieur, van restauratie tot renovatie.
'van den Oever, Zaaijer & Partners architecten' is a versatile architectural office that realizes projects in the Netherlands and other countries. The list covers a broad spectrum: from urban development to interior design, from restoration to renovation.

Opdrachtgevers / Clients
Projectontwikkelaars, bedrijven, overheidsinstanties, particulieren, woningbouwcorporaties, zorginstellingen.
Project developers, companies, government agencies, private individuals, housing corporations, healthcare organisations.

P

Palmbout-Urban Landscapes bv

Schiedamsedijk 44
3011 ED Rotterdam
T 010-4332649
F 010-4115773
e-mail bureau@palmbout.nl
website www.palmbout.nl

Opgericht / Founded: 1990
Aantal medewerkers / Staff: 20
Contactpersonen / Contacts: Frits Palmboom, Jaap van den Bout, Jeroen Ruitenbeek

Werkwijze / Working approach
In het ontwerpproces hanteren we een beeldende werkwijze. Alle technieken handschetsen, maquettes en ruimtelijke 3D-simulaties, zijn hierin van waarde. De verbeelding betreft altijd zowel de inbedding van het project in de grote schaal van stad en landschap, als de uitwerking in typologie, detail en materiaal. Daarmee zoeken we naar een verhouding tussen houvast en flexibiliteit, die een goed stedenbouwkundig plan hoort te bieden.
Vanuit ons specialisme als ruimtelijk ontwerpers zoeken we de samenwerking met andere disciplines, met bestuurders, projectontwikkelaars, corporaties, gemeentelijke diensten, bewoners en gebruikers. Een intensieve samenwerking tijdens het ontwerpproces maakt dat het plan gedragen wordt door alle betrokkenen. Hierin speelt het ontwerp een katalyserende, sturende en inspirerende rol.
In het bureau zijn de disciplines stedenbouw, architectuur en landschapsarchitectuur vertegenwoordigd. Afhankelijk van de omvang en de inhoud van het opdrachtenpakket werken we samen met een aantal freelance medewerkers. De huidige omvang biedt optimale condities voor overzicht, voor onderlinge wisselwerking en voor een duidelijke eindverantwoordelijkheid.
Naast het ontwerpwerk zijn we ook actief in het onderwijs, en bij lezingen, debatten en publicaties. Jaap van den Bout is o.a. gastdocent voor afstudeerders aan de TU Delft. Frits Palmboom was o.a. gasthoogleraar aan de Katholieke Universiteit van Leuven. Jeroen Ruitenbeek is o.a. medeauteur van het boek Van Pendrecht tot Ommoord over de naoorlogse wijken van Rotterdam. Diverse medewerkers dragen bij aan het onderwijs op de TU en Academies van Bouwkunst.
Generating visual images is the quintessence of our design approach. All techniques, from a freehand sketch, model to digital simulation, contribute equally. The images always concern both the embedment of the project in the larger scale of city and landscape, and its elaboration in terms of typology, details and materials. In this way we seek a relation between solidity and flexibility, which a good urban design plan should offer.
With our specialism as designers as a starting point, we seek the cooperation of other disciplines, decision makers, developers, housing associations, municipal services, residents and users. Close cooperation at the design stage makes all parties involved support the plan. In this process the role of the design is to catalyse, steer and inspire.
Our practice embraces the following range of disciplines: urban design, architecture and landscape architecture. Depending on the quantity and nature of our workload, we work together with a number of freelancers. The current size of the practice offers optimum conditions for an overview, interaction among the staff, and well-defined final responsibility.
Besides the design work, we are also active in the field of education as well as lectures, debates and publications. Jaap van den Bout, for example, is a guest lecturer at the TU Delft graduates' course. Frits Palmboom was a visiting professor at the Catholic University in Louvain. Jeroen Ruitenbeek is co-author of the book Van Pendrecht tot Ommoord, concerning the post-war housing areas of Rotterdam. Various staff members contribute to the education at TU Delft and Academies of Architecture.

Werkgebieden / Fields of work
Het bureau heeft sinds de oprichting gewerkt aan een groot aantal opdrachten, variërend van grote stadsuitbreidingen, nieuwe woonbuurten, studies voor de inpassing van infrastructurele werken, ontwerpen voor de vernieuwing van naoorlogse woonwijken, herstructureringsplannen voor complexe gebieden op de rand van historische binnensteden, studies naar nieuwe patronen van verstedelijking en landschapsvorming, en gedetailleerde inrichtingsplannen voor de buitenruimte.
Since its establishment, our practice has worked at a wide range of commissions, ranging from large-scale urban extensions, new residential neighbourhoods, studies of the integration of infrastructural structures, designs for the regeneration of post-war residential districts, restructuring plans for complex areas on the edge of historic city centres, studies of new urbanisation and landscape formation patterns, and detailed landscape plans.

Q

atelier Quadrat
atelier voor stedenbouw, landschap en architectuur

Scheepmakershaven 56
3011 VD Rotterdam
T 010-4133088
F 010-4132916
e-mail atelier@quadrat.nl
website www.quadrat.nl

Opgericht / Founded: 1992
Aantal medewerkers / Staff: 15-18
Contactpersonen / Contacts: Paul Achterberg, Roy Bijhouwer, Stefan Gall
Lidmaatschap / Membership: NVTL

Bureauprofiel / Profile
De maatschap Quadrat, atelier voor stedenbouw, landschap en architectuur, bestaat uit P. Achterberg, landschapsarchitect, R. Bijhouwer en S. Gall, beiden stedenbouwkundige-architect. Wanneer de vraag zich voordoet, worden deskundigen uit een persoonlijk netwerk bij de opgave betrokken voor bijdragen op het terrein van verkeer en vervoer, planologie, ecologie, sociologie, civiel-techniek, publiek recht, presentatie, ontwikkelingsstrategie, proces- en projectmanagement, enzovoort. Het atelier neemt op meerdere wijzen deel aan planprocessen: soms kortstondig, bijvoorbeeld bij studieopdrachten, workshops of advieswerk, soms langdurig, als maker van uitvoeringsplannen, planbegeleider of supervisor. Daarnaast houden de maatschapsleden zich bezig met de ontwikkeling van de vakken stedenbouw en landschapsarchitectuur, door middel van docentschappen, lezingen, publicaties en ontwerpen. Binnen atelier Quadrat zijn de disciplines stedenbouw, landschap en architectuur nauw verbonden. Het bureau vindt alle schaalniveaus van planvorming van even grote waarde en werkt veelal door de schaalniveaus heen. In oktober 2000 is de BNA-Kubus, de jaarlijkse prijs van de Bond van Nederlandse Architecten (BNA), aan atelier Quadrat toegekend.
The Quadrat partnership is a studio for urban design, landscape and architecture. It consists of P. Achterberg, landscape architect, R. Bijhouwer and S. Gall, both of whom are urban design architects. When required, experts from a personal network are involved in the assignment for contributions in areas relating to traffic and transport, planning, ecology, sociology, civil engineering, public law, presentation, development strategy, process and project management, and so on. The studio takes part in planning processes in several ways: sometimes briefly, as with study assignments, workshops or advisory work, sometimes for prolonged periods, as when creating site layout plans and supervising plans. The members of the partnership are also involved with promoting the subjects of urban planning and landscape architecture through teaching, giving lectures and producing publications and designs. The disciplines of urban planning, landscape and architecture are closely connected within atelier Quadrat. The firm regards all levels of the planning process as equally important and often works across these levels. The BNA Cube, the annual prize of the Royal Institute of Dutch Architects (BNA), was awarded to atelier Quadrat in October 2000.

Werkgebieden / Fields of work
Stedenbouw, landschap, architectuur.
Urban design, landscape, architecture.

Opdrachtgevers / Clients
Overheden, woningcorporaties, projectontwikkelaars.
Governments, housing corporations, property developers.

S

Soeters Van Eldonk architecten

Kerkstraat 204
1017 GV Amsterdam
Postbus 15550
1001 NB Amsterdam
T 020-6242939
F 020-6246928
e-mail arch@soetersvaneldonk.nl
website www.soetersvaneldonk.nl

Strootman Landschapsarchitecten

Piraeusplein 37
1019 NM Amsterdam
T 020-4194169
F 020-4190617
e-mail bureau@strootman.net
website www.strootman.net

Z

De Zwarte Hond

Hoge der A 11
9712 AC Groningen
Postbus 1102
9701 BC Groningen
T 050-3134005
F 050-3185460
e-mail info@dezwartehond.nl
website www.dezwartehond.nl

Aert van Nesstraat 45
3012 CA Rotterdam
Postbus 25160
3001 HD Rotterdam
T 010-2409030
F 010-2409025
e-mail info@dezwartehond.nl
website www.dezwartehond.nl

Opgericht / Founded: 1984
Aantal medewerkers / Staff: 100
Contactpersonen / Contacts: Jurjen van der Meer, Willem Hein Schenk, Jeroen de Willigen, Eric van Keulen
Lidmaatschap / Membership: BNA
Prijzen / Awards: BNA Gebouw van het Jaar 2008, winnaar Regio Noord
BNA Building of the Year 2008, Northern Region winner

Bureauprofiel / Profile
De Zwarte Hond is een multidisciplinair ontwerpbureau met jarenlange ervaring in een breed werkveld. Ongeveer honderd mensen op de vestigingen in

Rotterdam en Groningen werken aan de verschillende projecten. Binnen de hedendaagse complexe maatschappelijke, ruimtelijke en economische context, is De Zwarte Hond goed in staat een uitgebalanceerd en bijzonder ontwerp te maken van hoog niveau. Iedere nieuwe opgave wordt met grote nieuwsgierigheid en gretigheid opgepakt. Voor het bepalen van ontwerpstrategieën wordt gezocht naar de synergie tussen stedenbouwkundige, architectonische en landschappelijke oplossingen.

De Zwarte Hond is a multidisciplinary design office with many years' experience in a broad sphere of action. Approximately one hundred people work on various projects at our offices in Rotterdam and Groningen. Within today's complex social, spatial and economic context, De Zwarte Hond is well equipped to make a balanced and special design at a high level. Each new assignment is taken on with a great deal of curiosity and eagerness. In determining design strategies, a search is made for the synergy between urban design, architectural and landscape solutions.

Werkgebieden / Fields of work
Woningbouw, utiliteitsbouw, stedenbouw, landschap.
Housing, utility buildings, urban design, landscape.

Opdrachtgevers / Clients
Zie www.dezwartehond.nl.
See www.dezwartehond.nl.

**COLOFON/
PUBLICATION DATA**

**UITGEVER/
PUBLISHER**

BIS Publishers bv
Het Sieraad Building
Postjesweg 1
1057 DT Amsterdam
The Netherlands

T 020-5150230
F 020-5150239
bis@bispublishers.nl
www.bispublishers.nl

**SALES MANAGEMENT/
SALES MANAGEMENT**

Marijke Wervers
marijke@bispublishers.nl

**PRODUCTIECOÖRDINATIE/
PRODUCTION COORDINATION**

Bite grafische vormgeving, Amsterdam

**ONTWERP OMSLAG EN VOORWERK/
DESIGN COVER AND PRELIMINARY PAGES**

Lesley Moore, Amsterdam

**AUTEUR ARTIKEL/
AUTHOR OF ARTICLE**

David Keuning, Amsterdam

**ONTWERP PRESENTATIEPAGINA'S/
DESIGN PRESENTATION PAGES**

Bite grafische vormgeving, Amsterdam

**VERTALING/
TRANSLATION**

Michael Gibbs, Amsterdam

**DRUK/
PRINTING**

D2Print Pte Ltd

**MET DANK AAN/
WITH ACKNOWLEDGEMENTS TO**

Veerle de Muijnck, Piet Vollaard

© 2009 BIS Publishers

ISBN 978-90-6369-196-7

Alle rechten voorbehouden.
All rights reserved.
Printed in Singapore.